21世纪经济类核心教材

国际贸易实务

（第五版）

叶德万　陈　原　李　忱　胡志强　编著

华南理工大学出版社
SOUTH CHINA UNIVERSITY OF TECHNOLOGY PRESS
·广州·

内 容 简 介

本书以国际货物买卖合同为主线，全面系统地阐述了合同条款、合同磋商和签订、合同履行的基本知识、国际惯例及操作技能，并简要介绍了几种常用的贸易方式。

本次修订全面介绍和应用了 *UCP600* 和 *INCOTERMS 2020*，每一章都增加了内容提要和自测题，加上原来的思考题及案例分析，为学习者掌握和考核该章的主要知识点提供了帮助。教材内容与时俱进，编写体例针对教学特点，突出实用是本书修订追求的目标。

本书可作为高等院校相关专业教材，也可作为广大外贸管理人员学习参考用书。

图书在版编目（CIP）数据

国际贸易实务/叶德万等编著. —5 版. —广州：华南理工大学出版社，2022. 1（2024. 1 重印）

ISBN 978 - 7 - 5623 - 6886 - 1

Ⅰ. ①国… Ⅱ. ①叶… Ⅲ. 国际贸易 - 贸易实务 - 教材 Ⅳ. ①F740. 4

中国版本图书馆 CIP 数据核字（2021）第 235888 号

Guoji Maoyi Shiwu（Di-wu Ban）

国际贸易实务（第五版）

叶德万 陈 原 李 忱 胡志强 编著

出 版 人：柯 宁

出版发行：华南理工大学出版社

（广州五山华南理工大学 17 号楼，邮编 510640）

http：//hg. cb. scut. edu. cn E-mail：scutc13@ scut. edu. cn

营销部电话：020 - 87113487 87111048（传真）

责任编辑：吴翠微 胡 元

责任校对：梁樱雯

印 刷 者：广州小明数码印刷有限公司

开 本：787mm × 960mm 1/16 印张：18. 25 字数：386 千

版 次：2022 年 1 月第 5 版 2024 年 1 月第 16 次印刷

定 价：49. 00 元

第五版前言

本书自2012年第四版修订出版后，中国外贸格局和中国在全世界的外贸地位都发生了重大变化。至2018年，中国已经成为世界最大的货物贸易国。中国外贸业务实践不断创新，外贸新模式、新业态层出不穷，不断涌现。特别是跨境电子商务引领的线上与线下业务的融合，让中国外贸实务突破了以往的市场空间。以技术驱动的贸易已经把中国外贸实践带到了新的发展阶段。

全球市场也在不断发生转型，出现众多新的贸易主体，产品、服务、贸易方式的创新让全球贸易规则面临挑战。为了适应国际贸易实务的最新发展，国际商会于2016年9月正式启动《国际贸易术语解释通则》的第八次修订工作，并在全球进行广泛的意见征询，与来自各国和各地区的法律、保险、银行、进出口、海关等行业的专家展开研讨。2019年9月10日，国际商会正式向全球发布《2020年国际贸易术语解释通则》，成为国际商会第723E号出版物，于2020年1月1日生效。这也是本书修订的主要背景。因此，第五版改动较大的内容主要体现在“国际贸易术语”一章；同时考虑到跨境电商已经作为单独一门课程，本次修订删除了第十一章“电子商务与国际贸易”；其他章节虽有修改和完善，但基本保留了原有的内容。

对于书中可能存在的不妥之处，敬请读者批评指正，以便再版时修正完善。

作　者

2021年9月

第四版前言

国际贸易惯例是国际货物买卖业务的“游戏规则”，因此，凡从事进出口贸易教学和实际业务的工作者，无不重视对有关国际贸易惯例的学习和研究，及时跟踪其发展变化。本书第四版的修订正是为了适应国际贸易形势的发展和变化，使教材内容适应现行的国际贸易惯例和国际贸易实践领域发生的新变化。为此，本次修订的重点内容包括：根据《2010年国际贸易术语解释通则》对第二章“国际贸易术语”作了全新的改写，根据《2009年伦敦协会货物条款》对第四章“国际货物运输保险”的相关内容作了修订，根据国际贸易中电子化交易发展的最新情况，对第十一章“电子商务与国际贸易”进行了修订。

限于编者水平，书中如有不妥之处，敬请读者指正，以便再版时予以修正完善。

作　者

2011年12月

第三版前言

本书第二版于2004年2月出版，因内容新颖、实用而受到广大读者的欢迎，已重印多次。本次修订是因为：国际商会《跟单信用证统一惯例》2007年修订本（*UCP600*）已于2007年7月1日起生效实施，因此，必须对第二版的相关内容进行修订。为此，重点修订了本书的第六章“国际货款的收付”及第九章“国际货物买卖合同的履行”，使之完全符合*UCP600*的规定。

同时，结合编者这几年在从事教学和科研过程中积累的一些心得和认识，并参考最新出版的同类教材，对第一章“合同的标的”、第二章“国际贸易术语”、第三章“国际货物运输”、第四章“国际货物运输保险”、第五章“商品的价格”、第六章“国际货款的收付”和第九章“国际货物买卖合同的履行”这七章的部分内容进行了修订，对第十一章“电子商务与国际贸易”进行了全新改写。

经修订补充后，本书内容更完善、更新颖、更实用。

限于编者水平，书中如有不妥之处，敬请读者指正。

作　者

2007年10月

第二版前言

在本书的编写过程中，作者尽可能做到理论与实际相结合，力求通俗易懂，突出实用性。因此，自1999年1月出版以来，深受广大读者的欢迎，已重印多次，并获得中南地区大学出版社1999—2000年度优秀教材二等奖。

1999年3月15日，第九届全国人大审议通过了新的统一的合同法，即《中华人民共和国合同法》（于1999年10月1日起施行），本书第一版涉及的《涉外经济合同法》已被废止。1999年9月，国际商会公布了《国际贸易术语解释通则》的最新版本*INCOTERMS 2000*（于2000年1月1日起生效），本书第一版使用的*INCOTERMS 1990*也被新版本所替代。因此，有必要对本书进行修订。

本次修订的重点是根据*INCOTERMS 2000*对本书第二章“国际贸易术语”作了重新改写，根据《中华人民共和国合同法》对本书第七章“贸易纠纷的预防和处理”、第八章“国际货物买卖合同的商订”及第九章“国际货物买卖合同的履行”的部分内容作了修订。同时，结合作者在从事教学和科研过程中新积累的一些心得和认识，并参考最新出版的同类教材，对其他章节也进行了部分修订。为更有利于教学，本书在附录部分更新了一些单证，增加了两种国际惯例。

目前，电子商务和电子报关日益普及，为了反映这一时代气息，紧跟实际业务的最新变化，本书新增加了一章“EDI和电子报关”，由对这一方面颇有研究和心得的陈原博士撰写。

由于编者水平所限，本书缺点和不足在所难免，恳请读者多提宝贵意见，以便再次修订时更臻完善。

作　者

2003年10月

前　言

随着国际分工的日益发展，国际贸易对各国经济发展的作用越来越大。我国自改革开放以来，对外贸易发展很快。随着我国外向型经济的不断发展，大经贸格局的形成和深化发展，越来越多的企业、人员参与了国际经贸交往。中国市场已融入世界大市场，世界也已经成为一个“地球村”，有“村规民约”，中国的对外经贸一定要与国际经贸接轨，因此，我们应该重视国际贸易实务的研究和学习。

本书作者凭其多年从事国际贸易实务的教学经验和不断积累的实践知识，根据国内外最新修订、公布的有关法规和国际贸易惯例，并结合近年来国际贸易实践中出现的新情况及采取的新做法，编写了这本教材。

为适应不断加入的外经贸行业人员业务学习的需要，本书力求通俗易懂，结构完整，内容翔实，理论与实际相结合，并具有可操作性和实用性，集中反映国际贸易的最新发展。本书可供高等院校经济类各专业的师生使用，也是针对外经贸工作人员的一本很有实用价值的学习参考资料。

本书具体的编写分工是：叶德万（绪论、第一至第六章）；李忱（第七至第十章）。由卢如顺主审。

由于编者水平有限，缺点和不足之处难免，敬请读者和使用本教材的教师不吝赐教。

作　者

1998 年 10 月

目　录

绪 论

“国际贸易实务”是国际经济与贸易专业的一门核心专业基础必修课，也是其他经济类专业普遍开设的一门专业课。要学好这门重要的课程，首先必须了解本课程的研究对象、国际货物买卖业务的特点及其基本程序，以及本课程的学习方法等。

一、本课程的研究对象

国际贸易是指世界各国或各地区之间货物、服务和技术的交换活动，包括货物贸易、服务贸易、技术贸易三大内容。其中，货物贸易（货物进出口）是最早、最基本的国际贸易形式之一，目前仍是国际贸易的主要构成部分，也是各国或各地区间经济往来的主要表现形式。本课程的研究对象是国家或地区之间有形商品交换的具体运作过程，包括国际货物买卖的有关原理，实际进出口业务过程所经历的环节、操作方法和技能，以及应遵循的法律和惯例等行为规范。

具体而言，本课程是以我国进出口业务为对象，以国际货物买卖合同为中心，对各个业务环节的理论、知识、技能和运用进行介绍，并阐释当今国际贸易中广泛使用的各种贸易方式。本课程的目的是使学生和外贸工作人员在学过本课程之后，能够较全面和较熟练地掌握有关的基础理论、基本知识、基本技能、法律规定和国际贸易惯例，并初步懂得如何在实际业务中灵活运用。

二、国际货物买卖业务的特点

国际贸易具有不同于国内贸易的特点，其交易过程、交易条件、贸易做法及所涉及的问题，都远比国内贸易复杂。国际货物买卖业务具有以下特点：

（1）环节多。国际贸易的中间环节多，涉及面广，除交易双方当事人外，还涉及商检、运输、保险、金融、车站、港口和海关等部门以及各种中间商和代理商。若一个部门或一个环节出了问题，就会影响整笔交易的正常进行，并可能引起法律上的纠纷。

（2）业务复杂。从卖方发货到买方收货，中间要办理许多手续，如申领出口许可证、商检、办理出口手续、托运、投保、装船、交单、卸货、申领进口许可证、办理进口手续、复验等；还有许多费用要支付，如出口税、运费、保险费、进口税等；货款的收付也有一些专门的做法。因此，办理国际货物买卖业务是一项复杂的工作。

（3）风险大。买卖双方分处两个国家或地区，一般都相距较远，运输途中发生各种危险损失的可能性较大，而且还会受到对方资信、市场变化和国际政治经济形势变动的影响。因此，经营国际货物买卖业务的风险很大。

（4）法律性强。交易双方处在不同的国家和地区，在洽商交易和履约过程中，涉及各自不同的法律、法令、政策措施、贸易惯例和习惯做法、风俗习惯等，如果发生贸易纠纷，还会涉及国际私法的问题。因此，国际货物买卖业务的法律性比较强。

三、国际货物买卖业务的基本程序

国际货物买卖是围绕合同进行的，买卖双方开展各项业务工作都是为了订立合同和履行合同。这里以出口业务为例，一笔出口业务的全部工作可归纳如下：

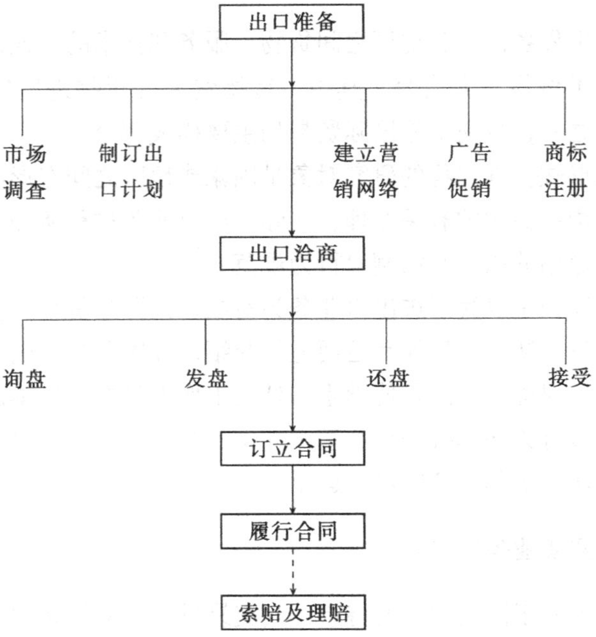

出口业务程序图

（虚线表示该环节不一定发生）

说明：

在出口业务中，卖方的主要工作环节如下：

在进行交易洽商之前，应当做好一系列准备工作，包括进行市场调研、制订出口计划、建立营销网络、开展广告宣传和商标注册等。出口准备工作的详细内容将在第八章介绍。

在做好准备工作的基础上，同国外进口商进行交易洽商。洽商的主要内容是国际贸易的各项交易条件，包括：商品的名称与品质、数量、包装、价格、运输、保险、支付、商检、索赔、不可抗力、仲裁。其中，商品的名称和品质、数量、包装、价格、装运和支付等六项为主要交易条件。交易洽商的形式主要有函电和口头两种。以函电或口头方式洽商交易，一般要经过五个环节，即询盘、发盘、还盘、接受和签订合同。其中发盘和接受是达成交易、成立合同关系所必不可少的两个基本环节。关于各项交易条件的详细内容及有关法律知识将在第一章至第七章介绍，交易洽商的五个环节的详细解释及有关法律知识将在第八章介绍。

合同订立后，买卖双方应按照合同和有关的法律、惯例履行各自的义务。在履行出口合同时，卖方应做的工作，视合同中所采用的价格和支付等条件的不同而不同。一般常见的情况是：买方开来信用证，卖方备货和办理商检、租船订舱、投保、报关、装运、制备各项单据、通过当地银行向国外信用证付款行收回外汇货款，这些工作可概括为证、货、船、款四大环节，详细内容将在第九章介绍。

若在履行合同过程中，发生违反合同规定的行为，从而造成一方受损，就要进行索赔和理赔工作。

综上所述，出口业务的全过程可以概括为出口前的准备阶段、出口交易洽商和订立合同阶段、履行合同阶段。进口业务的基本原理和国际惯例等方面与出口业务完全相同，只是在具体的做法上有所区别。

四、本课程的学习方法和注意问题

根据本课程的性质、特点和研究对象，在学习中应掌握正确的方法并注意下列问题：

（一）要贯彻理论联系实际的原则

在本课程的教学中，应从实际出发，贯彻理论联系实际的原则，密切联系我国进出口业务的实际情况和国际市场的实际情况，运用案例分析的方法，不断提高学生发现问题、分析问题和解决问题的能力。

（二）要把实务与法律、惯例联系起来，注意研究和运用国际惯例

如前所述，国际货物买卖业务是围绕合同进行的，而合同的成立必须经过一定的法律步骤。国际货物买卖合同是对合同当事人双方有约束力的法律文件，履行合同是一种法律行为，处理履约当中的争议亦是解决法律纠纷问题，而且履约过程中所涉及的各种当事人如银行、承运人等，也受有关的国际惯例约束。因此，本课程所涉及的法律、法规和国际惯例很多，其中比较重要的有：《中华人民共和国合同法》，联合国制定的《联合国国际货物销售合同公约》，国际商会制定的《国际贸易术语解释通则》《跟单信用证统一惯例》《托收统一规则》，等等。学习本课程时，要注意结合各个业务环节的需要，选学一些密切相关的中外法律和国际贸易惯例并学会灵活运用，把我国的进出口业务做好做活。

（三）要把“学”和“用”结合起来

由于“国际贸易实务”是一门实践性很强的应用学科，因此在教学中，要善于

总结国际贸易实际业务中的经验教训，进行案例教学；要让学生进行案例分析，多做操作练习，加强基本技能的训练，做到学以致用，这样才能收到事半功倍的效果。

(四) 要注意及时补充新知识、新内容

国际贸易的做法和规定是在不断发展变化的，在学习中应注意经常和及时地补充新的资料，研究新法规、新术语、新业务、新操作，以把握时代的脉搏，适应形势发展的要求。

第一章　合同的标的

【本章提要】

本章阐述了品质的含义及表示方法、重量的计算方法及溢短装条款、包装标志等，并介绍了合同中品质、数量和包装条款的规定方法及注意问题。

合同的标的包括商品的名称、品质、数量和包装。它们都是洽商交易和订立买卖合同时必须首先明确的交易条件。

第一节　商品的名称

一、列明品名的意义

在国际贸易中，交易双方在洽商交易和签订合同时，很少见到具体商品，一般只是凭借对拟买卖商品作必要的描述来确定交易的标的。同时，按照有关的法律和惯例，对交易的标的物的描述，是构成商品说明（description）的一个主要组成部分，是买卖双方交接货物的一项基本依据，它关系到买卖双方的权利和义务。若卖方交付的货物不符合约定的品名或说明，买方有权提出损害赔偿要求，甚至拒收货物或撤销合同。因此，列明合同标的物的具体名称，具有重要的法律和实践意义。

二、品名条款的内容

国际货物买卖合同中的品名条款一般比较简单，通常都是在“商品名称”或“品名”（name of commodity）的标题下，列明缔约双方同意买卖的商品名称。有时为省略起见，也可以不加标题，只在合同的开头部分，列明双方同意买入卖出某种商品的文字。

就一般商品而言，在只列明双方意欲买卖的商品名称时，由于一种商品有许多不同的品种、型号、等级，为明确起见，可以涵盖有关具体品种、等级或型号的概括性描述。有时甚至涵盖商品的品质规格，在这种情况下，它就不单是品名条款，而是品名条款与品质条款的合并。

三、品名条款的规定方法

品名的选用要遵循易使双方明白接受的原则。对国际市场已有的商品，应采用惯用的品名，而不宜别出心裁地去“发明”一个；对打算出口的新产品，取名也应考虑对方的理解。商品取名的方法很多，主要有以下几种：

（1）以商品的主要用途取名，如旅游鞋、运动服等。

（2）以商品的主要原材料取名，如羊毛衫、皮鞋、玻璃杯等。

（3）以商品的主要成分取名，如人参蜂王浆、巧克力奶糖等。

（4）以商品的外观特点取名，如蝙蝠衫、高跟鞋等。

（5）以商品的制作工艺取名，如精制油、蒸馏水等。

商品的品名在一定程度上体现了商品的自然属性、用途以及主要的性能特征。加工程度低的商品，取名一般较多地反映该商品所具有的自然属性；加工程度高的商品，取名一般较多地体现出该商品的性能特征。

四、规定品名条款应注意的问题

（1）必须明确、具体。要能确切反映交易标的物的特点，避免空泛、笼统，以利于合同的履行。

（2）针对商品实际作出实事求是的规定。合同条款中规定的品名，必须是卖方能够提供的商品，凡无法实现或不必要的描述性词句，都不应列入，以免给履行合同带来不利影响。

（3）尽可能使用国际上通用的名称。有些商品的名称在各地的叫法不同，为了避免误解，应尽可能使用国际上通行的称呼。若使用地方性名称，交易双方应事先就其含义取得共识。对于某些新商品的定名及译名，应力求准确、易懂，并符合国际上的习惯称法。

第二节　商品的品质

一、品质的含义及重要性

商品的品质（quality of goods）是指商品的外观形态和内在质量的综合。商品的外观形态是人们的感官直接可感觉到的外形特征，如商品的大小、长短、结构、造型、款式、色泽、光滑粗糙及味觉、嗅觉等。商品的内在质量则是指商品的物理和机械性能、化学成分、生物特征、技术指标等。

商品品质的优劣，直接影响到商品的使用效能、销路和市场价格，关系到买卖双方的利益。在当今国际市场竞争空前激烈的条件下，各国都把提高商品质量、力争以质取胜作为非价格竞争的一个主要组成部分。因此，在我国进出口贸易中，要重视商品品质，严格把好进出口商品的质量关。

由于国际贸易的商品种类繁多，即使是同一种商品，在品质方面也会存在种种差别，这就要求买卖双方在合同中就品质条件作出明确规定。合同中的品质条款，是买卖双方交接货物的依据。英国的《1893年货物买卖法案》（1979年修正本）把品质条件作为合同的要件（condition）。《联合国国际货物销售合同公约》规定，卖方交付货物，必须符合约定的质量。如卖方交货不符合约定的品质条件，买方有权要求损害赔偿，也可以要求修理或交付替代物，甚至拒收货物和撤销合同，由此可见品质的重要性。

二、表示商品品质的方法

确定商品品质的方法主要取决于商品的性质、特点及其在国际贸易中长期以来形成的习惯做法。在国际贸易中，表示商品品质的方法可分为凭样品表示和凭文字说明表示两大类。

（一）凭样品表示商品品质的方法

样品（sample）通常是指从一批货物中抽取出来或由生产和使用部门设计加工出来的能够代表出售货物品质的少量实物。凡以样品表示商品品质并以此作为交货依据的，称为凭样品买卖。凭样品买卖的方法一般适用于难以标准化、规格化，难以用文字说明其品质的商品，如部分工艺品、服装、土特产品、轻工产品等。

单纯凭样品表示品质的交易在国际贸易中并不多见。一般是规定商品的某些方面以样品为依据，如采用“色彩样品”（colour sample）来表示服装的色彩，采用“款式样品”（pattern sample）来表示工艺品的造型，其他方面的质量指标则用文字说明来表示。

凭样品买卖通常是由卖方提出样品，但有时也可由买方提出。按照前者所进行的交易，称为凭卖方样品买卖，该样品称为“原样”；按照后者所进行的交易，称为凭买方样品买卖，在我国出口业务中亦称“来样成交”。无论是凭卖方样品买卖还是凭买方样品买卖，合同一旦成立，凭以成交的样品就成为买卖双方交接货物的品质依据，卖方必须承担交货时商品的品质与样品完全一致的责任。

在我国出口业务中，如采用凭样品成交方式时，应注意以下问题：

（1）应争取凭我方样品成交，并注意取样要具有代表性。既不能以高于交货质量的样品作为成交样品，给日后的交货工作带来困难，也不能以低于交货质量的样品作为成交样品，造成经济上的损失。

（2）对外寄送样品应留存复样。所谓复样（duplicate sample），是指选择或制造与所寄送样品品质一致的实物。对外寄出的每一种样品或成交的样品，都应留存复样，以备交货或处理品质纠纷时作核对之用。复样除由出口公司自存一份外，对需经商检局检验的商品，还应另备一份送商检局备查。

（3）如货样难以保证完全一致，应在合同中加列“品质与样品大致相同”（quality to be considered as being about equal to the sample）的字样。因为按一般法律的规定，如果卖方所交货物与样品不符，买方有权拒收货物，并可请求损害赔偿。

（4）如凭来样成交，应考虑对方来样在政治和经济上有无不良影响，还应注意我方生产技术条件和工艺水平能否做到。

（5）在买方来样时，为了防止日后交货困难及避免发生纠纷，最好将“来样成交”改为凭“对等样品”成交。所谓“对等样品”（counter sample）又称“回样”，是指卖方按买方来样复制或提供的，并回寄给买方确认，经确认后作为交货品质依据的样品。这种做法实际是把交易的性质由“凭买方样品买卖”转变为“凭卖方样品买卖”。

（6）注意来样不要侵犯他人的工业产权，包括专利权和商标权。磋商时，涉及工业产权的，应要求对方提供有效证件，证明对方享有该项产权的合法权利。签合同时，为防止我方被卷入法律纠纷，应在合同中明确规定：“如由于买方来样发生侵犯第三者权利时，由买方承担一切经济和法律责任。”

无论凭卖方样品买卖还是凭买方样品买卖，必要时可使用“封样”（sealed sample）的做法，即由公证机构在一批货物中抽取若干份同样品质的样品，在每份样品上加以铅封或烫上火漆，供交易双方使用。

此外，买卖双方为了发展贸易关系、介绍商品而相互寄送的样品，应标明“仅供参考”（for reference only）字样，以免与标准样品混淆。参考样品对买卖双方均无约束力。

（二）凭文字说明表示商品品质的方法

在国际货物买卖业务中，除少数情况是凭样品买卖外，大部分是采用凭文字说明表示商品品质的方法进行买卖。具体可分为以下几种。

1. 凭规格、等级、标准买卖（sales by specification，grade or standard）

凡按这类方式成交时，卖方所交货物必须与合同规定的规格、等级、标准相符。否则，买方有权要求扣减品质差价，甚至可以拒收货物、撤销合同并要求赔偿损失。

规格（specification）是指用来反映商品品质的一些主要指标，如成分、含量、纯度、性能、长短、粗细等。用规格来确定货物的品质进行买卖，即“凭规格买卖”。凭规格买卖比较方便、准确，在国际货物买卖中应用最广。

等级（grade）是指对同类商品按照规格中若干主要指标的差异，用文字、数字或符号所作的分类。“凭等级买卖”只需说明其级别，即可明确所买卖货物的品质。例如：皮蛋按重量大小分为套、排、特、顶、大五级，套级为每千只75千克以上，其后每低一级，减5千克。

标准（standard）是指商品规格的标准化。商品的标准一般由标准化组织、政府机关、行业协会、商品交易所等规定并公布。世界各国都有自己的标准，如英国为BS，美国为ANSI，法国为NF，德国为DIN，日本为JIS等。另外，还有国际标准，如国际标准化组织（ISO）、国际电工委员会（IE）等制定的标准。在当今的国际贸易中，具备 ISO 9000、ISO 14000 两证的产品容易成交。

ISO 9000 系列标准是国际标准化组织为适应国际贸易发展的需要而制定的国际品质保证标准，ISO 9000 证书具有国际通行证的作用。ISO 14000“环境管理”系列标准是国际标准化组织为规范企业的环境行为，控制和减少企业在生产经营过程中对环境造成的破坏而制定的环境管理标准，ISO 14000 证书是表明产品符合国际环保潮流的环保证书，符合 ISO 14000 系列标准的企业为绿色企业，其生产的产品经认可成为环保产品。两证齐全的产品在国际市场上具有较强的竞争力。

随着科学技术、生产技术的发展，商品的标准不断地被修改或变动，同一组织颁布的某类商品的标准往往有不同年份的版本。版本不同，品质标准内容也不相同。在合同中援引标准时，应注明采用标准的版本名称及其年份。

对于某些品质容易变化的农副土产品，买卖双方有时还采用“良好平均品质”（fair average quality，FAQ）来表示其品质。良好平均品质即我们习惯所说的“大路货”，是指在一定时期内某地出口商品的中等平均品质。要注意约定哪一地、哪一年的 FAQ，如东北大豆，2021 年收成，FAQ。

2. 凭牌号或商标买卖（sales by brand or trade mark）

牌号或商标都是以品质为基础的，是生产者或销售者用以区别其他同类商品的一种标志。牌号是商标的名称，商标是牌号的标记，两者不能脱离对方而单独存在。用牌号或商标表示品质，一般都是在国际市场上有良好信誉、品质稳定的商品，例如美加净牙膏、海尔电器等。

3. 凭产地名称买卖（sales by origin）

有些受自然条件和传统生产技术影响较大的商品，由于历史较长，地区条件较好，产品质量优良，并具有一定的特色，产地名称也就成为代表该项产品质量的主要标志。这类产品可凭产地名称进行买卖，如天津红小豆、龙口粉丝等。

4. 凭说明书和图样买卖（sales by description and illustration）

机、电、仪产品，特别是大型成套设备，由于其结构、性能都比较复杂，无法用几个简单的指标来表示其品质的全貌，必须凭说明书来详细地说明其构造、性能、用材和使用时的操作方法，并附上必要的图样照片。这种做法称为凭说明书和图样买卖。此时，合同中的品质条款无需详细填写，只需注明“详见说明书”即可，并注明所附说明书为合同不可分割的组成部分。

上文介绍了常用的表示商品品质的方法。除此之外，还有一些商品，例如珠宝首饰、特定的工艺制品，由于其性质独特，既无法用文字表述其品质，也不便采用样品交易，只能看货成交。

三、进出口合同中的品质条款

（一）品质条款的内容

合同中的品质条款一般需要列明商品品名、规格或等级、标准、牌号等。凭样品成交时，则应列明样品的编号和寄送日期，有时也附列简要的规格。

品质条款举例如下：

例1 白籼米：碎粒（最高）25%
水分（最高）15%
杂质（最高）0.25%

White Rice：Broken Grains（max.）25%
Moisture（max.） 15%
Admixture（max.） 0.25%

例2 中国一级钨砂
Chinese Tungsten Grade 1

例3 盐酸四环素糖衣片250毫克 按1993年版英国药典
Tetracycline HCl Tablets Sugar Coated 250mg BP 1993

例4 美加净牌牙膏
MAXAM Brand Dental Cream

例5 中国四川榨菜
Chinese Sichuan Preserved Vegetable

例6 布娃娃品质按×年×月×日卖方第×号样品，品质与样品大致相符。
Cloth Doll：Quality as per Seller's Sample No. ... dated.... Quality to be about equal to the Sample.

（二）订立出口合同的品质条款应注意的问题

（1）要采用能正确表示商品品质的适当方式。有些商品只适宜凭样品进行买卖，有的则需凭规格、等级、标准或说明书进行买卖。在具体业务中，如同时采用两种方式，应明确以何种为准，其余仅供参考。如果能使用一种方法表示，尽量不要使用两种方法。能用其他方法表示的，尽量不使用凭样品表示的方式。如果两种方式只是分别代表某一方面的要求，如样品表示商品的外形，规格表示商品的内在质量，则应在合同中作相应的规定，不要笼统订为“品质按样品和规格”。

（2）要有生产观念，要从实际出发，不能将品质标准订得过高或过低。

（3）要注意科学性和灵活性。科学性是指用词要明确、具体，不能含糊笼统。一般不用“大约”“左右”“合理误差”等字样，避免由于用词不当而引起不必要的纠纷。灵活性是指不要订得太死板、绝对化，要有一定的灵活性。对有些货物，特别是品质规格不易做到完全统一的货物，如某些农副产品、轻工业品及矿产品等，一般要有一定的灵活性。对这类货物，在合同中可规定品质机动幅度或品质公差。

品质机动幅度是指允许卖方所交货物的品质指标在一定幅度内灵活变动。规定品质机动幅度的方法有三：

①规定范围。例如：漂布，幅阔35/36英寸，即布的幅阔只要在35～36英寸范

围内，均为合格。

②规定极限。指对商品的某些品质指标规定允许有差异的上下极限，一般用最大、最小、最高、最低来表示。例如：活黄鳝每条75克以上。

③规定上下差异。例如：灰鸭毛　含绒量18%，允许上下误差1%。

品质公差（quality tolerance）是指为国际同行业所公认的产品品质的误差。在工业品生产过程中，产品的品质指标发生一定误差是难以避免的（如手表走时每天误差若干秒），这种为国际上所公认的品质误差，即使在合同中不作规定，只要卖方交货品质在公认的误差范围内，则认为符合合同。

（4）规格项目条款不宜订得太杂、太繁琐，只订主要表示品质的内容即可。

第三节　商品的数量

商品的数量是国际贸易中不可缺少的主要条件之一。正确掌握成交数量，对促进交易的达成和争取有利的价格具有重要的作用。数量是买卖双方交接货物的依据。

一、计量单位

在国际贸易中，确定买卖商品的数量时，必须明确采用什么计量单位。由于商品的种类和性质不同，所以采用的计量单位也不同。通常采用的计量单位有下列几种：

（1）重量（weight），如克、公斤、盎司、磅、公吨、长吨、短吨等。

（2）个数（number），如件、只、套、打、罗、令等。

（3）长度（length），如米、英尺、码等（1米=3.2808英尺=1.0936码）。

（4）面积（area），如平方米、平方英尺、平方码等。

（5）体积（volume），如立方米、立方英尺、立方码等。

（6）容积（capacity），如公升、加仑、蒲式耳等。

由于各国度量衡制度有所不同，在国际贸易中使用的计量单位存在着差异。通常采用的度量衡制度有：公制（the Metric System）、英制（the British System）、美制（the U. S. System）和国际单位制（the International System of Units）。就表示重量的吨而言，有公制的公吨、英制的长吨、美制的短吨，国际单位制没有吨这个概念，但有相应的千克。各种衡量制之间的换算关系是：

1公吨=0.984 2长吨=1.102 3短吨=1 000千克

即1长吨为1.016公吨，1短吨为0.907公吨。

在我国，国务院于1984年2月27日发布的《关于在我国统一实行法定计量单位的命令》和1986年颁布的《中华人民共和国计量法》明确规定：我国各行各业都要使用法定计量单位。我国的法定计量单位，是以国际单位制为基础，并考虑到国际组织和我国的实际情况，选定了部分非国际单位制单位。目前，除个别领域外，一般不许再使用非法定计量单位。我国出口商品，除照顾对方国家贸易习惯约定采用公制、英制和美制计量单位外，应使用我国法定计量单位。我国进口的机器设备和仪器等，应要求使用法定计量单位，否则一律不许进口。

二、计算重量的方法

在国际贸易中，有许多商品是按重量买卖的。按一般商业习惯，计算重量的方法有以下几种：

（1）毛重（gross weight）：是指商品本身的重量加上包装材料的重量（即皮重）。有些单位价值不高的商品，可采用按毛重计量的方法，也就是按毛重作为计算价格的基础。这种计量和计价的方法，在国际贸易中称作“以毛作净”（gross for net）。

（2）净重（net weight）：是指商品本身的实际重量，不包括包装材料的重量。有包装的商品如按净重计算时，应将包装重量扣除，即用毛重减去皮重。

计算皮重的方法有以下四种：

①实际皮重（actual tare），即将整批商品的包装逐一过秤所求得的重量。

②平均皮重（average tare），即在包装重量大体相同的情况下，以若干件包装的实际重量求出平均包装重量。

③习惯皮重（customary tare），有些比较规格化的包装，其重量已被公认。例如，装运粮食的机制麻袋，已被公认每只麻袋的重量为2.5磅。这种已被公认的皮重，即为习惯皮重。

④约定皮重（computed tare），即按买卖双方约定的包装重量为准，不必过秤。

如在合同中未明确规定用毛重还是净重计量、计价的，按惯例应以净重计。

（3）公量（conditioned weight）：是指用科学方法抽去商品中的水分后，再加上标准含水量所求得的重量。这种方法通常用于价值较高而水分含量极不稳定的货物，如羊毛、生丝、棉花等。其计算公式有下列两种：

$$公量 = 商品干净重 \times (1 + 公定回潮率)$$

$$公量 = 商品净重 \times \frac{1 + 公定回潮率}{1 + 实际回潮率}$$

（4）理论重量（theoretical weight）：某些有固定规格形状和尺寸的商品，如马口铁、钢板等，只要规格一致，每件重量大体相同，就可以按照其件数推算其总重量。这种计重方法称为理论重量。

三、合同中的数量条款

进出口合同中的数量条款一般需订明数量和计量单位。以重量计量的商品还需明确计量的方法，如毛重、公量等。

数量条款举例如下：

例1 漂白棉布25 000码，卖方可溢装或短装5%。

Bleached cotton clothing 25,000 yds. with 5% more or less at Seller's option.

例2 中国东北大豆：6 000公吨，以毛作净，卖方可溢装或短装3%。

Chinese Northeast Soybean: 6,000M/T gross for net, 3% more or less at Seller's option.

在规定数量条款时，要注意下列事项。

（一）正确掌握成交数量

1. 对出口商品数量的掌握

为了正确掌握出口商品的成交量，在商订具体数量时，应当考虑下列因素：

（1）国内货源供应情况。确定出口商品的成交数量，应当同国内的生产能力、货源供应状况相适应。在有生产能力和货源充沛的情况下，可适当扩大成交量；反之，如货源紧张，则不宜盲目成交，以免给生产企业和履行合同带来困难。

（2）国外市场的供求状况。当确定向某市场出口时，应了解该市场的需求量和各地对该市场的供应量，以便有效地利用市场供求变化规律，按国外市场实际需要合理确定成交量，保证我国出口商品能售得适当的价格。对我国出口商品的主销市场和常年稳定供货的地区和客户，应经常保持一定的成交量，防止因成交量过少或供应不及时而导致国外竞争者乘虚而入，使我们失去原有市场和客户。

（3）国外客户的资信状况和经营能力。出口商品的成交数量应与国外客户的资信状况和经营能力相适应，对资信情况不了解的客户和资信欠佳的客户，不宜轻易签订成交数量较大的合同；对小客户的成交数量也要适当控制；大客户的成交数量过小，势必缺少吸引力。总之，要根据客户的具体情况确定适当的成交量。

（4）市场价格动态。在确定出口商品的成交数量时，还应考虑该项商品的市场价格动态。当价格看跌时，如有货源，应争取多成交，尽快抛售；当价格看涨时，不宜急于大量成交，应争取在有利的时机抛售。

2. 对进口商品数量的掌握

为了正确掌握进口商品的成交数量，一般需要考虑下列因素：

（1）国内的实际需要。在洽购进口商品时，应根据国内生产建设和市场的实际需要来确定成交量，避免盲目进口。

（2）国内支付能力。进口商品数量应与国内支付能力相适应，当外汇充裕而国内又有需要时，可适当扩大进口商品数量；反之，如外汇短缺又非急需商品，则应控制进口成交数量，以免浪费外汇和出现不合理的贸易逆差。

（3）市场行情变化。在洽购进口商品时，还应根据国际市场行情变化情况确定成交数量，当市场行情发生对我方不利的变化时，应适当扩大成交数量；反之，则应适当控制成交数量。

（二）数量条款要明确具体

为了避免争议，合同中数量条款要明确具体。在数量上不要用大约（about）、左右（approximate）等带伸缩性的词语来说明，因为对这些词语的解释可能不一致。对计量单位的使用要完整，如用吨（ton），则要明确是公吨（M/T），还是长吨(L/T)或短吨（S/T）。对按重量计算的商品，还应规定计算重量的具体方法，如“以毛作净”。

（三）合理规定数量机动幅度

有些商品由于计量不易精确，或受包装和运输条件的限制，实际交货数量往往不易做到绝对准确。为了避免日后争执，买卖双方应事先谈妥在合同中订明交货数量的机动幅度。

数量机动幅度是指按买卖双方约定的某一具体数量多交或少交若干的幅度。常用的数量机动幅度方法是规定“溢短装条款”（more or less clause）。所谓溢短装条款，就是允许卖方交货时可多交或少交一定比例的数量。一个完整的溢短装条款应包括三项内容：第一，允许溢装或短装的比率。第二，实际交货时由谁决定溢短装。一般都是规定由卖方决定，但在由买方负责租整船接货的情况下，为便于同租船合同衔接，也可规定由买方决定。第三，溢短装部分的价格计算。通常都是按合同价格计算，但也可根据商品和市场情况按交货时的市价计算。如果溢短装条款中未订明第三项内容的，应理解为溢短装部分按合同价格计价。

第四节　商品的包装

在国际贸易中除少数商品因本身特点不需要包装外，大多数商品都需要有一定的包装。需要包装的商品称为包装货，不需要包装的商品称为散装货（bulk cargo）或裸装货（nude cargo）。

所谓散装货，是指未加任何包装、直接付运直至销售的货物，通常适用于不需要包装即可直接进入流通领域，或不容易包装或不值得包装的货物，例如煤炭、矿砂、粮食等。

裸装是指将商品略加捆扎或以其自身进行捆扎。裸装方式适用于一些形态上自然成件，能抵抗外界影响，或品质稳定，难以包装的货物，如钢材、木材、橡胶、车辆等。

包装是指按一定的技术方法，采用一定的包装容器、材料及辅助物包裹货物。包装是生产的继续。凡需包装的商品，只有通过包装，才算完成生产过程，才能进入流通领域和消费领域，实现其价值和使用价值。在国际市场上，包装好坏关系到货物售价的高低、销路的畅滞，也关系到一个国家和地区及其产品的声誉。同时，包装还是货物说明的组成部分。因此，包装亦是国际贸易的主要交易条件之一，应在合同中加以明确规定。

一、包装的种类和作用

在国际贸易中，根据商品包装在流通过程中作用的不同，可以分为运输包装和销售包装两种类型。

（一）运输包装

运输包装又称外包装或大包装，它的作用主要在于：保护商品并使之便于运输、装卸、储存和分配。

运输包装的方式主要有单件运输包装和集合运输包装两种。单件运输包装是指商品在运输过程中作为一个计量单位的包装，如纸箱、木箱、铁桶、麻袋、塑料袋等。集合运输包装又称成组化运输包装，是指将一定数量的单件运输包装组合成一件大包装或装入一个大的包装容器内。常见的有托盘、集装箱、集装包和集装袋。

（二）销售包装

销售包装又称内包装或小包装。在销售包装上，都印有图案及文字说明，这些图案及文字，称为装潢，是销售包装的重要组成部分。销售包装除了能保护商品外，还具有美化商品、宣传推广、便于销售和使用等作用。由于国际市场上竞争激烈以及超级市场的发展，出口货物的销售包装显得日益重要。

许多国家还普遍在商品包装上使用“条形码”（bar code），使销售包装增加了结算的功能。“条形码”由一组带有数字的黑白及粗细间隔不等的平行条纹所组成，它是一种利用光电扫描阅读设备为计算机输入数据的特殊代码语言。在商品包装上使用条形码，超级市场的收款员只需将顾客欲购的商品上所印刷的条形码标志对着光电扫描器，计算机就能自动识别条形码上的信息，确定商品的名称、品种、数量、生产日期、制造厂商、产地等，并据此在数据库查询其单价，进行货款结算并打印出购货清单。我国于1991年4月正式加入国际物品编码协会，目前加入该协会的国家（地区）已达111个。该协会编制的EAN条码由12位数字的产品代码和1位效验码组成。左起前7位数为“厂商识别代码”，其中前3位数为“前缀码”；第8至12位数为“商品项目代码”；第13位数为“效验码”。前缀码由国际物品编码协会分配给各国家（地区）。目前我国已启用的前缀码有6个：690—695。需要指出的是：前缀码不代表产品的原产地，而只能代表分配和管理有关厂商识别代码的国家（地区）的编码组织。中国物品编码中心在全国各地设有47个分中心，负责组织、协调和管理本地区的商品条码工作。

目前，国际市场上较流行的销售包装，按其形式和作用大致可分为三类：①便于陈列展销类，如“堆叠式包装”“挂式包装”等；②便于识别商品类，如“透明包装”“开窗包装”等；③便于使用类，如易开包装、喷雾包装等。

此外，衬垫物也是包装的重要组成部分，不容忽视。它的作用是防震、防碎、防潮、防锈等。衬垫物一般用纸屑、纸条、防潮纸和各种塑料衬垫物。应该注意的是，我国出口包装不准用报纸之类作衬垫物；有些国家不准用稻草、干草、棉絮等作为衬垫物。

二、包装标志

包装标志是指在运输包装上用文字、图形和数字制作的特定记号和说明事项，其作用是便于识别货物，便于运输、检验、仓储和海关等有关部门进行工作，以及便于收货人处理货物。包装标志按其用途可分为运输标志、指示性标志和警告性标志，如图 1-1 所示。

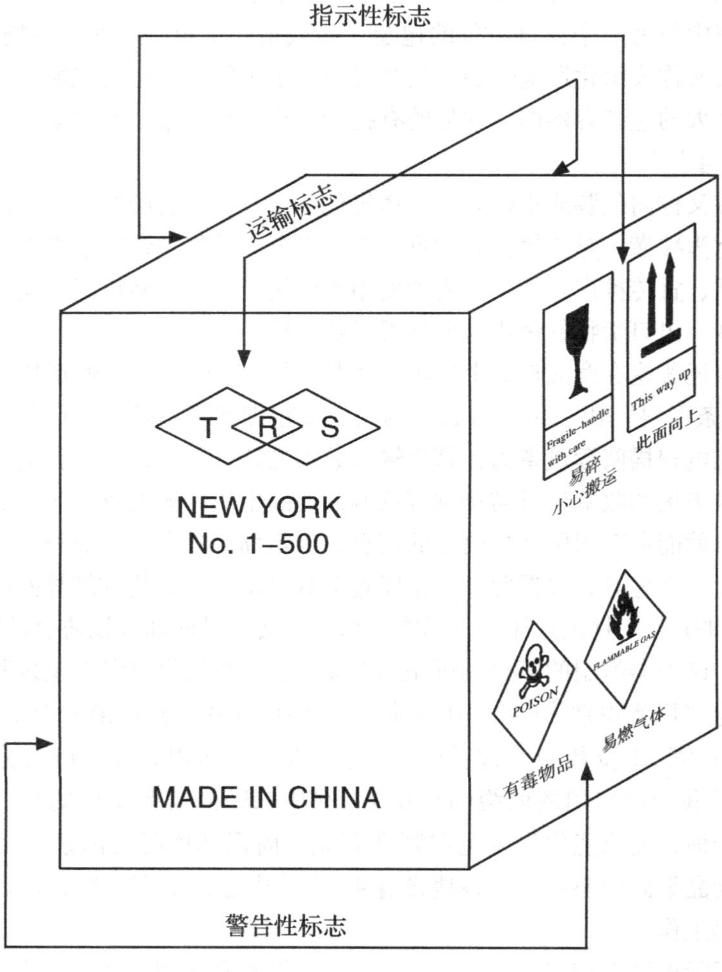

图 1-1　运输包装标志

（一）运输标志

运输标志（shipping mark），习惯上称为“唛头”，其作用是在装卸、运输、保管过程中，使有关部门便于识别货物，防止错发错运。

传统的运输标志一般由三部分组成：

(1) 收货人标志：一般为自己设计的图形和收货人或发货人的代号。

(2) 目的港（地）：如果货物要中途转运，还应印上转运港（地），如 "London via Hong Kong"，表示经香港转运到伦敦。

(3) 件号标志：对每件货物编号后印在包装上，如 No. 2 - 800，表示该批货物总共 800 件，该件货物是第二件。

随着电子交换数据（EDI）技术的发展，国际贸易正在走向"无纸贸易"。为了方便单据的传输，国际标准化组织（ISO）制定了"标准运输标志"，向全世界推荐使用。该标志取消了传统的图形，规定使用四行文字，每行不超过 17 个字母（包括数字和符号）。每行的内容分别代表：①收货人或买方名称的英文缩写字母或简称；②参考号，如运单号、订单号、发票号、合同号、信用证号等；③目的港（地）；④件号。例如：

GICL …………………………………………… 收货人英文缩写

SC - 6928 ………………………………………… 合同号

HUMBURG ……………………………………… 目的港

No. 1 - 100 ……………………………………… 件号

在刷制运输标志时，应注意标志必须刷在外包装的显著位置，并用不褪色的颜料刷写，不要加上任何广告性的宣传文字或图案。由于运输标志是识别货物的标志，其图形、文字、数字包括标点符号必须正确。结汇用的提单、发票等单据上的运输标志应与外包装上的运输标志完全相同。

（二）指示性标志

指示性标志是根据商品的特性，对容易破碎、损坏、变质的商品，用简单醒目的图形或文字作出的标志。它提醒有关人员在装卸、搬运、操作、储存过程中加以注意，如"此端向上""易碎—小心搬运"等，如图 1-2 所示。

（三）警告性标志

警告性标志又称危险品标志，是指对一些易燃品、爆炸品、有毒物品、腐蚀性物品、放射性物品等危险品在运输包装上清楚明显地标明危险性质的标志。它是由文字和特定的图案所组成的，如图 1-2 所示。我国目前一般按联合国组织制定的标准图案印制，并配上英文说明，如"Flammable Gas"（易燃气体）、"Poison"（有毒物品）等。

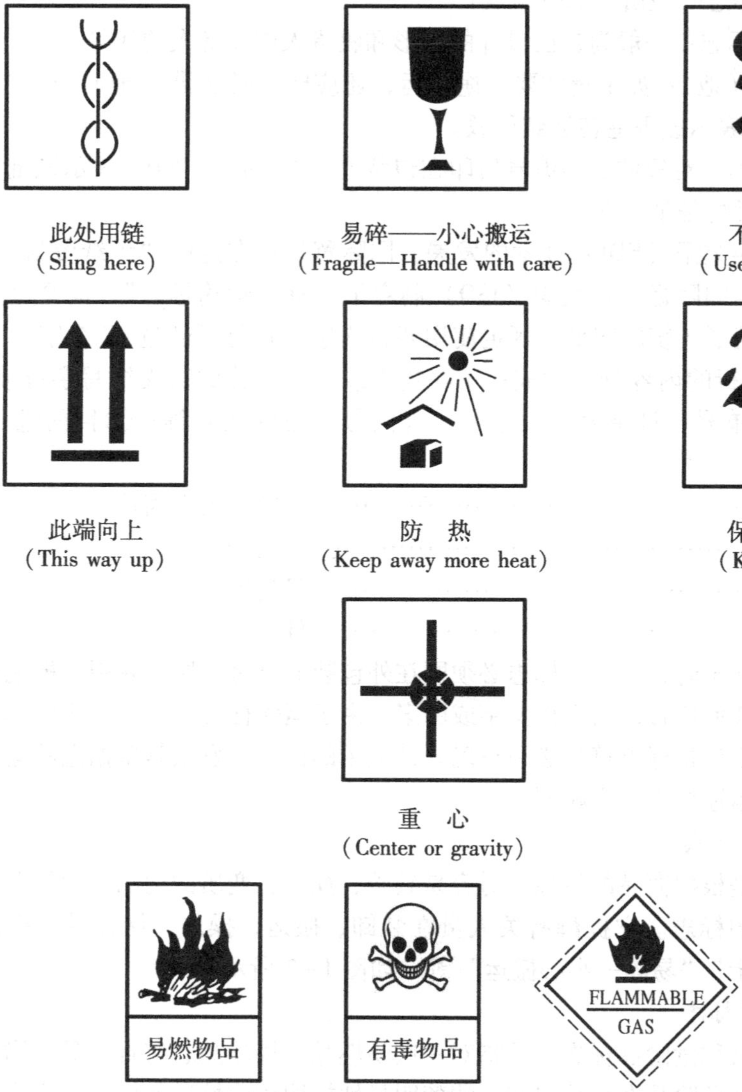

图1-2　部分指示性和警告性标志

除上述包装标志外，运输包装上一般还印有品名、毛重、净重、尺码、生产厂商和制造国等情况。

三、定牌和中性包装

定牌和中性包装，是国际贸易中的通常做法。在我国的出口业务中，有时也应客户的要求，采用这些做法。

定牌是指买方要求在出口商品包装上采用其指定的商标和牌号。采用定牌是为了利用买主（包括大百货公司、超级市场和专业商店）的经营能力和其企业商誉或名牌声誉，以提高商品售价和扩大销售数量。但对于已创立名牌的商品和畅销商品，则不宜接受定牌。另外，还要注意定牌可能涉及的工业产权方面的问题。在我国出口业务中，定牌有两种做法：一种是采用买方指定的商标和牌号，但标明“中国制造”字样；另一种是采用买方指定的商标和牌号，不加注“中国制造”字样，即定牌中性包装。

中性包装（neutral packing），是指在商品上和内外包装上均不注明生产国别、地名、厂名，也不注明原有商标或牌号。常用的中性包装有两种：一种是无牌中性包装，是指包装上既无生产国别，也无商标牌号；另一种是定牌中性包装。采用中性包装，是为了适应国外市场和交易的特殊需要，如转口销售等，它是出口商加强对外竞争和扩大出口的一种手段。

四、合同中的包装条款

合同中的包装条款包括“包装”和“运输标志”两项。其中“包装”主要规定包装方式、包装材料、包装规格、包装费用的负担等内容。现举例如下：

例 1 木箱装，每箱 20 打，每打用塑料袋包装。

In wooden cases of 20 dozens, each dozen in a polybag.

例 2 铁桶装，每桶净重 100 公斤。

In iron drums of 100 kgs net each.

例 3 纸箱装，每箱 10 匹，每匹 40 码。

In cartons containing 10 pcs. of 40 yds. each.

例 4 单层新麻袋，每袋约 50 公斤。

In new single gunny bags of about 50 kgs each.

在实际业务中，有时对包装条款只作笼统规定，例如使用“适合海运包装”(seaworthy packing)和“习惯包装”（customary packing）之类的术语。但此类术语含义模糊，无统一解释，容易引起争议，应避免采用。

包装费用通常已包含在货价内，不需另行订明。凡合同中未规定包装费用的，即表示由卖方负担，已计入货价内。有时根据买卖双方的需要，也可约定包装费另计，由买方负担，这时合同中应确定每件包装的价格及买方支付包装费用的办法。在少数特殊情况下，也可由买方提供包装，这时合同中应作较详细的规定，说明买方将包装运交卖方的方法和时间。

按国际贸易习惯，运输标志可以由卖方决定，也可以由买方指定，还可以是双方将协商同意的唛头写在合同中。如果由卖方按习惯制作，合同中只需注明“唛头由卖方决定”（shipping mark at Seller's option）即可。如果由买方指定，应在合同中规定买方指定唛头的时限，并订明若超过时限则由卖方自行决定。

【自测题】

一、单项选择题

1. 一种样品若没有标明是参考样品还是标准样品，应看作（　　）。

A. 参考样品　　B. 标准样品

C. 双方协商　　D. 参考国际标准

2. 在规格与样品同时使用的出口贸易中，国外买方验货的质量依据一般是（　　）。

A. 规格　　B. 样品　　C. 规格和样品　　D. 规格或样品

3. 如卖方所交货物品质低于样品品质，但在品质公差范围内，买方的处理方法是（　　）。

A. 拒收、拒付　　B. 收货、拒付　　C. 降价收货　　D. 按合同价收货

4. 买卖双方将已经确认的商品放于公证机构保存，作为交易及解决争端的依据的是（　　）。

A. 标准样品　　B. 封样　　C. 复样　　D. 对等样品

5. 如果合同中未明确规定以何种方法计重的话，则应按（　　）计重。

A. 毛重　　B. 净重　　C. 以毛作净　　D. 公量

6. 进口兰毛、生丝、原棉等纺织原料，应使用的计重方法是（　　）

A. 毛重　　B. 净重　　C. 理论重量　　D. 公量

7. 据《联合国国际货物销售合同公约》规定，买方若收取了卖方多交的货物，则货款的收取应按（　　）。

A. 合同价　　B. 装船时市价　　C. 到货时市价　　D. 双方协商

8. 如果合同中没有对溢短装部分规定作价方法，此部分应按（　　）计算价格。

A. 合同价　　B. 装船时市价　　C. 到货时市价　　D. 双方协商

9. 能成为货物特定化的标志，即货物已经划拨买方合同项下的标志是（　　）。

A. 附属标志　　B. 运输标志　　C. 指示性标志　　D. 警告性标志

二、多项选择题

1. 品质机动幅度和品质公差的不同之处有（　　）。

A. 适用产品范围不同

B. 机动幅度条款主要用于工业制成品价格调整

C. 机动幅度允许调整价格

D. 品质公差允许调整价格

E. 品质公差适用于工业制成品

2. 凭卖方样品成交时，卖方应注意的问题有（　　）。

A. 样品应有足够的代表性

B. 留一份或数份同样的样品，以备日后交货或处理争议时作核对之用

C. 可在合同中规定“大致相符”以留有余地

D. 要严格区分参考样品和标准样品

3. 某公司向国外某客商出口500台电冰箱，合同没有规定溢短装条款，卖方实际交了520台，买方可以（　）。

A. 收取520台　　B. 拒收520台

C. 收取多交货物中的10台　　D. 拒收多交的20台

4. 卖方同意以每公吨300美元的价格向买方出售1200公吨一级大米，合同和信用证金额都为36万美元。但卖方实际交货时，大米的价格发生了波动。因价格波动，一级大米的价格为350美元/公吨，而三级大米的价格为300美元/公吨，则（　）。

A. 卖方可交三级大米

B. 卖方应按合同规定交货

C. 因价格波动，卖方可按10%比例少交一些货物

D. 无论价格如何波动，只要卖方的交货符合合同和信用证的规定，卖方就能收回36万美元的货款。

5. 根据《联合国国际货物销售合同公约》的规定，若卖方的交货不符合约定的品质条件，买方有权（　）。

A. 要求损害赔偿　　B. 要求修理或交付替代货物

C. 拒收货物　　D. 撤销合同

6. 1991年4月，我国正式加入国际物品编码协会，该协会分配给我国的国别号为（　）。

A. 690　　B. 691　　C. 692　　D. 680

7. 出口到日本的商品销售包装上不宜选用（　）图案。

A. 鸭子　　B. 荷花　　C. 狐狸

D. 山羊　　E. 大象

三、判断题

1. 凭样品买卖能直接明了地表示出商品的质量，在国际贸易中应用最广。（　）

2. 凭产地名称买卖，多用于产地是商品品质和特色的标志的产品，如初级加工品和工艺品等。（　）

3. 为了便于履行合约并体现以质论价的原则，对于一些初级产品的交易，在品质条款中，除了规定质量指标外，往往还加上一定的品质机动幅度并附以价格调整条款。（　）

4. 若卖方交付货物的品质在约定的品质机动幅度或品质公差范围内，除非买卖双方另有约定，一般不另行增减价格。（　）

5. 在出口贸易中，表示品质的方法多种多样，为了明确责任，最好采用既凭样品又凭规格买卖的方法。 （　）

6. 运输包装上的标志都必须在运输单据上标明。 （　）

7. 买卖双方签订的贸易合同中，规定成交货物为不需包装的散装货，而卖方在交货时采用麻袋包装，但净重与合同规定完全相符，且不要求另外加收麻袋包装费。货到后买方以卖方交货的包装条件不符合合同的规定提出索赔，该索赔不合理。 （　）

8. 如果合同规定由买方确定运输标志但买方迟迟未告知卖方，则卖方可不在货物外包装上刷制运输标志。 （　）

9. 运输包装上的标志就是指运输标志，也就是通常所说的唛头。 （　）

【思考题】

1. 什么是商品的品质？表示品质的方法有哪些？试从法律的角度说明品质条款的重要性。

2. 解释下列名词：①样品；②对等样品；③FAQ；④品质机动幅度；⑤品质公差；⑥凭样品买卖。

3. 什么叫“以毛作净”？什么叫“公量”？什么叫“溢短装条款”？

4. 如卖方按每箱150美元的价格出售某商品1 000箱，合同规定“数量允许有5%增减，由卖方决定”。试问：(1) 这是一个什么条款？(2) 最多可装多少箱？最少可装多少箱？(3) 如实际装运1 040箱，买方应付多少货款？

5. 某公司出口生丝，合同为100公吨，溢短装5%，约定标准回潮率为11%。现有生丝104公吨，回潮率为9%，问：(1) 这批生丝符合约定回潮率的重量为多少？(2) 是否符合溢短装条款规定的重量？(3) 应取出多少回潮率为9%的生丝？

6. 出口商品包装分哪几种？其各自的作用如何？

7. 什么是中性包装和定牌？使用这些方法时应注意哪些问题？

8. 什么叫“唛头”？为什么要在商品的外包装上刷制“唛头”？它一般由哪些部分组成？

9. 规定品质条款时应注意哪些问题？

10. 合同中的包装条款一般包括哪些内容？具体应如何规定？

【案例分析】

1. 我国某公司与英国某公司签订出口一批大豆合同，数量为1 000长吨，单价为每长吨80英镑CIF利物浦，品质规格为：水分最高14%，杂质不超过2.5%。成交前我方公司曾向对方寄送过样品，签约后又电告对方，“所交货物与寄送的样品相似”。货物运抵英国后，该外国公司提出货物的品质比样品低，并出具了当地检验公司的检验证明，由此向我方提出降价5%的要求。而此时，我方留存的复样已遗失，但我方坚持所交货物品质符合合同规定，并有装运前的商检证明为证，所以坚持拒绝降价。双方争执不下，请问如何解决争议？

2. 我国某公司与日本一客户签署出售驴肉25公吨合同，按合同规定，该批货物应装于1 500只箱子，每箱净重16.6千克。按此规定装货，则所装总重量应为24.9公吨，所差100千克可以不再补交。当货物运抵日本后，海关人员在抽查该批货物时，发现每箱净重不是16.6千克而是20千克，即每箱多装了3.4千克。因此，此批货物实际装了30公吨，但是所有的单据上均注明装了24.9公吨。由于货物单据上的净重与实际重量不符，日本海关认为我方有帮助客户偷税的嫌疑，向我方提出异议。客户也以所交货物包装不符合合同规定，不利于在当地市场销售为由，拒绝提货，拒绝付款。请问：

(1) 我方应如何解决？

(2) 应从本案例中吸取哪些教训？

第二章　国际贸易术语

【本章提要】

本章阐述了贸易术语的含义、作用、分类及有关的国际惯例，包括国际商会《2020年国际贸易术语解释通则》（以下简称“*INCOTERMS 2020*”）中对11种贸易术语的解释，并着重阐述了其中6种常用贸易术语有关买卖双方的责任、费用和风险的划分及使用时应注意的问题，并总结了贸易术语的选用方法。

国际货物买卖业务都是围绕合同进行的，交易双方既享受合同赋予的权利，又要承担合同规定的义务。作为卖方，其基本义务是按照合同和法律、惯例的规定，交付货物，移交一切与货物有关的单据，并转移货物所有权；买方的对等义务则是接受货物和支付货款。在货物的交接过程中，有关责任、费用和风险的划分问题，是买卖双方在谈判和签约时需要加以明确的重要内容，因为这些都是影响商品价格的重要因素。在具体业务中，对于上述这些问题，一般都是通过交易中所使用的贸易术语来加以确定的。例如国际贸易的商品单价都是这样表示的：“每公吨200美元CIF New York”“每箱280港元FOB广州”，亦即除了计量单位、货币符号和单位金额外，还必须加上几个缩写的外文字母并附上一个地点名称，这几个外文字母就是贸易术语。这是买卖双方在洽谈交易和签订合同时，都必须明确的。一旦确定了采用什么术语，双方当事人在交接货物过程中有关责任、费用和风险的划分，都已有比较明确的规定和解释，无需在合同中详细说明。因此，学习和掌握国际贸易中现行的各种贸易术语及其有关的国际贸易惯例，对于正确应用这些术语来明确当事人的基本义务和合理规定价格，具有十分重要的意义。

第一节　贸易术语的含义、作用及分类

一、贸易术语的含义和作用

所谓贸易术语（trade terms），就是指用一个英文短语或英文缩写字母（如free on board或缩写为FOB）来说明商品的价格构成和买卖双方有关责任、费用和风险的划分。

国际贸易具有线长、面广、环节多、风险大等特点。货物从生产者手里转移到国外消费者手中，这中间要经过长途运输、多道关卡，牵涉银行、商检、海关、保险等

方方面面的工作；在这一过程中需要支付诸如运费、保险费等各项费用，货物还可能遭受各种风险损失。这许多的工作由谁去办，费用由谁负担，发生的风险由谁承担，都是买卖双方在洽商和签订合同时必须明确的。贸易术语正是为了解决这些问题，在实践中产生和发展起来的。因此，每一个贸易术语都包含了以下三大内容：

（1）责任划分问题。包括卖方如何交货（交货地点和交货方式——凭单交货还是实际交货），买方如何收货；从卖方交货到买方收货过程中必须办理的许多工作（如申领进出口许可证、商检、报关、投保、租船订舱、装卸货物等）由谁负责，以及买卖双方需要交接哪些有关的单据。

（2）费用负担问题。买卖双方交接货物过程中，需要支付许多费用（如进出口关税、仓储费、运费、装卸费、保险费及各项杂费等），这些费用分别由谁负担。

（3）风险划分问题。买卖双方在交接货物过程中，特别是长途运输过程中，货物可能发生意外，遭受损失，这些风险应由谁承担。这就需要在整个交接过程中划一界限，以明确双方各自承担的风险。

因此，使用不同的贸易术语意味着双方承担的责任、费用和风险不同，从而直接影响到定价的高低，所以贸易术语又称价格术语，也称贸易条件、价格条件。

综上所述，由于贸易术语对于买卖双方在交接货物过程中涉及的种种问题都有比较明确的规定和解释，所以，在进出口交易中，使用贸易术语可以简化交易洽商的内容和过程，缩短洽商时间和节省费用开支，并有助于贸易纠纷的处理，这对国际贸易的发展起着积极的作用。

由于贸易术语确定了买卖双方的部分合同义务，在磋商和订立合同时，采用了某种贸易术语，例如FOB或CIF，使该合同具有一定的特征，从而可分别称之为“FOB合同”或“CIF合同”。

二、贸易术语的分类

国际商会制定的《国际贸易术语解释通则》，是有关贸易术语的国际惯例中影响最广泛、运用最普遍的，其2020年版本*INCOTERMS 2020*规定了11种贸易术语。对这11种贸易术语，为了便于区别，可根据不同角度进行分类。

（一）按交货的地点不同分类

1. 在出口国交货的贸易术语

*INCOTERMS 2020*归纳的11种贸易术语中，有8种是在出口国的内陆或港口交货，它们是EXW，FCA，FAS，FOB，CFR，CIF，CPT和CIP。按这8种术语成交的合同被称为“装运合同”，即卖方只负责在出口国的内陆或港口按约定的交货地点及时提交合同规定的货物，并负担交货前的一切费用和风险，买方在上述交货地点受领货物时起，承担之后的一切费用和风险。

2. 在进口国交货的贸易术语

INCOTERMS 2020 归纳的11种贸易术语中，前8种均是卖方在出口国完成交货义务，其余3种则是在进口国边境、港口或内陆完成交货义务。这3种术语是DAP，DPU和DDP。凡按这些术语成交的合同被称为“到货合同”，即卖方须负责将合同规定的货物从起运地运到进口国目的地实际交给买方，买卖双方承担的责任、费用和风险以约定的目的地为界。

（二）按交货形式的不同分类

1. 实际交货的贸易术语

实际交货（actual delivery）即卖方需要把货物实际交给买方或其指定人，才算完成其交货义务，不能以交单代替交货。这类术语有EXW，FAS，DAP，DPU和DDP共5种。

2. 象征性交货的贸易术语

象征性交货（symbolic delivery）是指卖方不必把货物实际交给买方，只要及时提交齐全、正确的单据，就算完成其交货义务，即卖方是凭单履行交货，买方是凭单付款。只要卖方如期向买方提交合同规定的全套合格的单据（名称、内容和份数相符的单据），即使货物在运送途中损坏或灭失，买方也必须履行付款义务，而不能要求收货后才付款。反之，如果卖方提交的单据不符合要求，即使货物完全符合合同规定并且完好无损地运到了目的地，买方也可拒绝付款，拒绝受领货物。但是，必须指出，卖方履行其交单义务只是得到买方付款的前提条件，除此以外，卖方还必须按合同履行交货义务。如果卖方提交的货物不符合要求，买方即使已经付款，仍然可以根据合同的规定向卖方提出索赔或拒收货物。属于这类术语的有FOB，FCA，CFR，CIF，CPT和CIP共6种，这些都是国际贸易中最常用的贸易术语。

（三）*INCOTERMS 2020* 对贸易术语的分类

INCOTERMS 1990 首次对贸易术语进行分类，其划分标准是按交货地点即风险转移地点的不同和主运费负担方的不同，并且把开头字母相同的归在一组，把13种术语划分为E，F，C，D四组，其2000版本仍维持这种分类。

INCOTERMS 2010 则按运输方式的不同将11种贸易术语分成两类。第一类是适用于任何单一运输方式或多种运输方式的术语，包括EXW，FCA，CPT，CIP，DAT，DAP和DDP共7种。它们可以在完全没有海洋运输的情况下使用，也可在运输过程中的部分路段为海洋运输的情况下使用。例如：买卖双方所在国陆地毗邻，卖方以铁路运输将货物运送到买方国家关境前指定地点交货；或卖方从其所在国内陆以铁路运送货物到港口，转海运到进口国港口，从船上卸货后，再从公路运输货物到指定的目的地。

第二类是适用于海运和内陆水运的术语，包括FAS，FOB，CFR和CIF共4种。这类术语条件下，卖方交货的地点和货物运至买方的地点均是港口，所以“唯海运

(水运)不可”就是这类术语的标签。

INCOTERMS 2020 沿用了 *INCOTERMS 2010* 的分类方法，但不排斥按 E，F，C，D 分组的做法。就是说当事人仍可根据每个术语的开头字母了解它所处的组别，进而掌握它在交货地点、风险、责任和费用划分等方面的大致情况。因为按 E 组术语成交，是在货物的产地或所在地交货，风险、责任和费用亦在交货时由卖方转移给买方；按 F 组术语成交，是在装运港或装运地交货，买方承担此后的风险、责任和费用；按 C 组术语成交，也是在装运港或装运地交货，风险在交货时转移，但卖方承担的责任和费用延伸到进口地；按 D 组术语成交，交货地点在目的港或进口国的内陆，卖方所承担的风险、责任和费用也延伸到买方在目的地接受货物时。由此可见，从 E 组到 D 组，对卖方来说，其合同义务是由小到大的变化，而对买方来说，情况则恰恰相反。

第二节　有关贸易术语的国际贸易惯例

一、国际贸易惯例的性质

所谓国际贸易惯例，是指在国际贸易中具有普遍意义的一些习惯性的做法和解释，它是在长期的国际贸易实践中形成的。

国际贸易惯例的适用是以当事人的意思自治为基础的，因为惯例本身不是法律，它对贸易双方不具有强制性。因此，买卖双方有权在合同中做出与某项惯例不符的规定，只要合同有效成立，双方均遵照合同的规定执行。一旦发生争议，法院和仲裁机构也要维护合同的有效性。但是，国际贸易惯例对贸易实践仍具有重要的指导作用。这体现在：一方面，如果双方都同意采用某种惯例来约束该项交易，并在合同中做出明确规定时，那么这项约定的惯例就具有强制性。许多大宗交易的合同中也都做出采用何种惯例的规定，这有助于避免对贸易术语的不同解释而引起的争议。另一方面，如果双方对某一问题没有作出明确规定，也未注明该合同适用何种惯例，在合同执行中发生争执时，受理该争议案的司法和仲裁机构也往往会引用某一国际贸易惯例进行判决或裁决。对此，《联合国国际货物销售合同公约》指出：①双方当事人业已同意的任何惯例和之间确立的任何习惯做法，对双方当事人有约束力；②除非另有协议，双方当事人应视为默示地同意对他们的合同或合同的订立适用双方当事人已经知道或理应知道的惯例。由此可见，国际贸易惯例的法律地位和作用是不容忽视的，我们必须学习和掌握有关的国际贸易惯例，以避免或减少贸易争端；即使发生了争端，我们也可以引用某项惯例，争取有利地位，减少不必要的损失。

二、关于贸易术语的国际贸易惯例

如前所述，贸易术语是国际贸易发展到一定历史阶段的产物，它是适应国际贸易发展的客观需要，在长期的贸易实践中逐步形成的。所以，每个术语的含义和解释都有一个发展过程。在贸易实践中，虽然形成了对各种贸易术语的习惯解释，而且得到了广泛承认，但内容并不完全一致，容易引起纠纷。于是国际商会、国际法协会等国际组织以及美国一些著名商业团体经过长期努力，分别制定了解释国际贸易术语的规则，这些规则在国际上被广泛采用，因而成为一般的国际贸易惯例。其中在国际上影响较大的主要有以下三种。

（一）《1990 年美国对外贸易定义修正本》（*Revised American Foreign Trade Definition 1990*）

该修正本的前身是美国九大商业团体于 1919 年制定的《美国出口报价及其缩写》（*The U. S. Export Quotations and Abbreviations*）。其后，因贸易习惯发生了很多变化，在 1940 年召开的美国第 27 届对外贸易会议上对其进行了修订，并于 1941 年 7 月 31 日经美国商会、美国进出口协会和美国对外贸易协会所组成的联合委员会通过，称为《1941 年美国对外贸易定义修正本》。到 1990 年又对其加以修订，改称《1990 年美国对外贸易定义修正本》（以下简称《修正本》），其解释的贸易术语共有 6 种，其中 FOB 术语又分为 6 种，所以实际上其所解释的贸易术语共有 11 种之多。

《修正本》主要在美洲地区使用。由于《修正本》主要用于国际贸易报价，而《国际贸易术语解释通则》则对买卖双方的义务有详细的规定，且为世界多数国家贸易商所采用。因此，美国贸易界已同意使用《国际贸易术语解释通则》，以实现贸易术语解释的国际性和统一化。然而，事实上，部分美洲贸易商（包括美国贸易商）仍习惯使用《修正本》。因此，我们与美洲贸易商交易时，应特别注意，避免由于两大惯例文本的差异，造成不必要的误会，甚至纠纷。

（二）《1932 年华沙 – 牛津规则》（*Warsaw-Oxford Rules 1932*）

本规则是国际法协会专门为解释 CIF 合同而制定的。该协会于 1928 年在波兰的华沙召开会议，第一次制定有关 CIF 合同的规则，定名为《1928 年华沙规则》，之后又经 1930 年纽约会议和 1931 年巴黎会议修订。现行的《1932 年华沙 – 牛津规则》是该协会于 1932 年在牛津会议上修订的。本规则包括 1 篇序言和 21 项条文，比较详细地说明了在按 CIF 术语签订的合同中买卖双方的权利和义务。该规则对 CIF 术语所作的解释，在国际贸易中有一定的代表性。

（三）国际商会制定的《2020 年国际贸易术语解释通则》（*INCOTERMS 2020*）

国际商会（International Chamber of Commerce，ICC）是具有重要影响的世界性民间商业组织，其会员广泛分布在 140 多个国家和地区。国际商会自 20 世纪 20 年代初即开始对重要的贸易术语作统一解释的研究，1936 年提出了一套解释贸易术语的具有国际性的统一规则，定名为 *INCOTERMS 1936*（“INCOTERMS”一称来源于“International Commercial Terms”），其副标题为“International Rules for the Interpretation of

Trade Terms”，故译作《1936年国际贸易术语解释通则》。随后，国际商会为适应国际贸易实践的不断发展，于1953年、1967年、1976年、1980年、1990年、2000年和2010年对*INCOTERMS*作了7次修改和补充。为了适应国际贸易实务的最新发展，国际商会于2016年9月正式启动了*INCOTERMS 2020*的起草工作，并在全球进行了广泛的意见征询，与来自各国和地区的法律、保险、银行、进出口、海关等行业的专家开展了研讨。经两年多时间终于完成新版本的制定，2018年10月，国际商会商法与惯例委员会秋季会议审议并讨论通过*INCOTERMS 2020*终稿。2019年9月10日，国际商会正式向全球发布了*INCOTERMS 2020*，成为国际商会第723E号出版物，于2020年1月1日生效。

根据*INCOTERMS 2020*引言，本次修订背景，重点聚焦在如何优化贸易术语的呈现方式，以便更好地引导使用者为其销售合同正确选择合适的贸易术语，从而帮助国际贸易参与者顺利地进行出口或进口贸易。

*INCOTERMS 2010*解释了EXW，FCA，CPT，CIP，DAT，DAP，DDP，FAS，FOB，CFR，CIF共11种贸易术语。*INCOTERMS 2020*仍对这11种贸易术语作了解释，并以新的术语DPU取代了原术语DAT，同时将其排列顺序调整到DAP之后，其他10个贸易术语不变。

*INCOTERMS 2020*沿袭*INCOTERMS 2010*，根据适用的运输方式将11种贸易术语分为两大类：

（1）适用于任一或多种运输方式的规则（rules for any more or modes of transport）的贸易术语如表2-1所示。

表2-1　适用于任一或多种运输方式的规则的贸易术语

贸易术语	英文全称	中文全称
EXW	Ex Works（insert named place of delivery）	工厂交货（插入指定交货地点）
FCA	Free Carrier（insert named place of delivery）	货交承运人（插入指定交货地）
CPT	Carriage Paid to（insert named place of destination）	运费付至（插入指定目的地）
CIP	Carriage and Insurance Paid to（insert named place of destination）	运费、保险费付至（插入指定目的地）
DAP	Delivered at Place（insert named place of destination）	目的地交货（插入指定目的地）
DPU	Delivered at Place Unloaded（insert named place of destination）	目的地卸货后交货（插入指定目的地）
DDP	Delivered Duty Paid（insert named place of destination）	完税后交货（插入指定目的地）

（2）适用于海运和内河水运的规则（rules for sea and inland waterway transport）的贸易术语如表2-2所示。

表 2-2　适用于海运和内河水运的规则的贸易术语

贸易术语	英文全称	中文全称
FAS	Free Alongside Ship（insert named port of shipment）	船边交货（插入指定装运港）
FOB	Free on Board（insert named port of shipment）	船上交货（插入指定装运港）
CFR	Cost and Freight（insert named port of destination）	成本加运费（插入指定目的港）
CIF	Cost，Insurance and Freight（insert named port of destination）	成本加保险费、运费（插入指定目的港）

INCOTERMS 2020 引言明确，传统 *INCOTERMS* 四个分组方式仍然有助于理解交货点。2010 年之前的 *INCOTERMS* 版本将贸易术语分为四组：E 组、F 组、C 组和 D 组。根据 *INCOTERMS 2020* 解释，列在三个字母后面的指定地点或港口非常重要。除 C 组术语外，在 E 组、F 组、D 组中，该指明地点（或港口）表明了货物交付完成的地方（交货点），即货物损坏灭失的风险从卖方转移给买方的地点（风险点）；交货之前发生的费用归卖方承担，交货后的费用由买方承担（费用点）。在 C 组术语中，该指明地点则表明卖方必须组织货物运输并支付运输到该目的地（目的港）的费用，但该地点并非交货地或交货港。就交货点而言，E 组和 D 组处于两个极端：按照 EXW 术语，交货点是约定的商品产地或所在地买方收货地点，不论买方打算将货物运往哪个目的地；而 D 组术语下，只有货物实际到达了目的地，卖方才算履行完了交货义务。F 组和 C 组七个术语，交货地都在预期运输的卖方一侧（装运地或装运港），因此，使用 F 组和 C 组术语签订的合同通常被称为“装运合同”。例如：在 CFR，CIF 和 FOB 术语中，当货物在装运港被装到船上之后；或在 CPT 和 CIP 术语中，当货物交承运人后；或在 FCA 术语中，当货物装上买方提供的运输工具，或交由买方指定的承运人处置时；卖方就完成交货。此时，风险就由卖方转移至买方，而不论货物是否最终到达目的地。

INCOTERMS 2020 调整了买卖双方的义务排序。A 卖方义务（A1 ～ A10）与 B 买方义务（B1 ～ B10）各 10 项，逐项平列，左右对照。每项义务前面都有小标题，并根据每项义务的重要性对 10 项义务重新排序。2020 年新版本和 2010 年版本的买卖双方 10 项义务排序和标题对比如表 2-3 所示。

表 2-3　*INCOTERMS 2020* 与 *INCOTERMS 2010* 对比

INCOTERMS 2020		*INCOTERMS 2010*	
A 卖方义务	B 买方义务	A 卖方义务	B 买方义务
A1 一般义务	B1 一般义务	A1 卖方一般义务	B1 买方一般义务
A2 交货/提货	B2 交货/提货	A2 许可证、授权、安检通关与其他手续	B2 许可证、授权、安检通关与其他手续
A3 风险转移	B3 风险转移	A3 运输与保险合同	B3 运输与保险合同
A4 运输	B4 运输	A4 交货	B4 收取货物
A5 保险	B5 保险	A5 风险转移	B5 风险转移

续表

INCOTERMS 2020		INCOTERMS 2010	
A 卖方义务	B 买方义务	A 卖方义务	B 买方义务
A6 交货/运输单据	B6 交货/运输单据	A6 费用分配	B6 费用分配
A7 出口/进口清关	B7 出口/进口清关	A7 通知买方	B7 通知卖方
A8 查验/包装/标记	B8 查验/包装/标记	A8 交货单据	B8 交货证明
A9 费用划分	B9 费用划分	A9 核对、包装、标志	B9 货物查验
A10 通知	B10 通知	A10 信息协助与相关费用	B10 信息协助与相关费用

INCOTERMS 2020 A1/B1“一般义务”（卖方提交货物和发票；买方付款）基本与2010年的版本保持一致，其他9项义务的排序及内容都进行了较大调整，主要有以下几点修改：

（1）突出交货和风险转移核心功能。*INCOTERMS 2020* 将交货和风险转移前移至A2/B2和A3/B3，突出贸易术语解决国际贸易中货物交接的核心功能。A2/B2是关于卖方交货、买方收货的规定，交货的完成意味着风险的转移；A3/B3明确了每个贸易术语的风险点。与“交货”相呼应，单据是履约行为的证明，伴随着交货义务的前移，*INCOTERMS 2020* 将“交货/运输单据”前移至A6/B6。

（2）“运输”和“保险”由一项拆分为独立的两项，并且简化标题，不再强调签订“合同”。

（3）“出口/进口清关”后移，呼应免税关区贸易的发展，同时强化其既适用于国际贸易也适用于国内贸易的作用。国际货物贸易都采取海关管理，一般货物进出口必须办理清关，但是在一些自由贸易区或者特殊的海关监管区，货物进出口无需办理清关。随着免税关区的不断扩大，*INCOTERMS 2010* 中，在涉及清关问题的规定时，增加“如适用”（where applicable）的表述，同时，有鉴于国际上许多贸易商在单纯的国内货物买卖合同中使用 *INCOTERMS* 术语，*INCOTERMS 2010* 副标题（subtitle）正式承认，其规则适用于国际和国内贸易。*INCOTERMS 2020* 在保留上述规定的同时，将进出口清关的排序后移，并纳入了买卖双方协助对方获取任何过境国或进出口国需要的与所有过境/进出口清关手续有关的任何单据及/或信息，包括安全要求。

（4）“费用划分”后移，便于罗列费用清单。*INCOTERMS 2020* 把“费用划分”移至A9/B9，是因为新增了对A1～A8卖方义务和B1～B8买方义务涉及的费用清单的列举，在逻辑上先规定买卖双方应该做什么，然后再明确涉及的费用有哪些以及由何方承担，从而减少买卖双方因费用划分产生的争议。

（5）“信息协助与相关费用”条款内容融入相关条款。主要原因：一是 *INCOTERMS 2020* 将 *INCOTERMS 2010* 的“A3/B3运输和保险合同”拆分为两项，以保持买卖双方各10项义务不变；二是 *INCOTERMS 2010* 的“A10/B10信息协助与相关费用”主要指买卖双方在对方提出要求并由对方承担风险和费用时，应及时向对方提供或协助其取得相关货物进出口或将货物运输至最终目的地所需要的任何单证和信息，包括安全相关信息。这项义务很明显与运输、进出口清关和费用有关，因此，*INCOTERMS 2020* 将其融入“A4/B4 运输”和“A7/B7 出口/进口清关”和“A9/B9 费用划分”条款。

比较 *INCOTERMS 2020* 与 2010 年版本，其实质性改变（substantive changes）主要还有：FCA 术语增加卖方提交已装船批注提单的选择机制；提高了 CIP 术语的投保险别；FCA，DAP，DPU 和 DDP 术语增加买方、卖方自己运输货物的选择；扩大了链式交易的适用范围，除 EXW 之外，其他 10 种贸易术语都适用于链式交易。

在进行国际贸易时，当事人除了订立买卖合同外，往往还要涉及运输合同、保险合同、融资合同等。这些合同相互关联、互相影响，但 *INCOTERMS 2020* 只限于对货物买卖合同中交易双方权利和义务的规定。作为买卖合同的卖方，其基本义务可概括为交货、交单和转移货物所有权，而 *INCOTERMS 2020* 也仅仅涉及前两项内容，而且它不涉及买卖合同是否成立、货物的规格和所有权问题、货款的支付问题，也不涉及违约和它产生的后果问题。对于后面这些问题，当事人可以在合同中作出明确具体的规定。另外，国际商会还提醒交易的当事人注意地方法规的强制性规定，因为它们有时会导致合同条款以及所选择的 *INCOTERMS* 的失效。

在有关贸易术语的国际贸易惯例中，*INCOTERMS* 包含内容最多、适用范围最广。近年来，国际商会也感觉到 *INCOTERMS* 在世界范围内的影响越来越大。因此，在进行修订时力图保持它的相对稳定性。另外，要注意 *INCOTERMS 2020* 实施之后并非前面的版本就自动废止，当事人在订立贸易合同时仍然可以选择以前的各版本。

国际商会在推出 *INCOTERMS 2020* 时还提醒贸易界人士，由于 *INCOTERMS* 已多次变更，如果当事人愿意采纳 *INCOTERMS 2020*，应在合同中特别注明该合同受 *INCOTERMS 2020* 的管辖。

有必要强调，以上这些关于贸易术语的规则、定义和解释通则，作为国际惯例，并不具有普遍的约束力。国际货物买卖双方有权自愿选择采用某种惯例，并在合同中作明确的规定；这样，该惯例将确定买卖双方之间有关货物交接方面的义务。买卖双方也可在合同中作出与某种解释或规则不同的规定，这种合同中不同规定的效力将超越惯例的任何规定。但是，如果买卖双方在合同中既不排除也不明确规定采用何种惯例，一旦事后双方在交接货物的义务方面发生争议而提交诉讼或仲裁时，法院或仲裁机构往往会引用某种公认的或影响较大的有关贸易术语的国际惯例，例如 *INCOTERMS 2020*，来作为判决或裁决案件的依据。

第三节　常用的贸易术语

国际贸易中使用的贸易术语有 10 多种，但迄今为止运用最广泛的仍只是装运港交货的3种术语：FOB，CIF和CFR。在业务往来中，人们习惯称这些术语为常用贸易术语。今后，随着运输技术的不断进步，多式联合运输的进一步发展和普及，适应这一发展需要的FCA，CPT和CIP术语也必将成为国际贸易中的常用贸易术语。

本节就上述6种常用贸易术语的内容及注意问题分述如下。

一、装运港交货的三种常用贸易术语

（一）FOB—Free on Board（insert named port of shipment）船上交货（插入指定装运港）

这一术语通常译为"装运港船上交货"，简称"船上交货"，俗称"离岸价"。采用这一术语时，在FOB后面要注明指定的装运港名称，例如FOB Guangzhou。这一术语是指卖方以在指定装运港将货物装上买方指定的船舶或通过取得已交付至船上货物的方式交货。货物灭失或损坏的风险在货物交到船上时转移，同时买方承担自那时起的一切费用。

在清关适用的地方，FOB术语要求卖方办理出口清关。本术语仅适用于海运和内陆水运。如果买卖双方不拟以货物交到船上作为完成交货的条件，而以货物于装船前在指定地点（例如集装箱码头）交给承运人为完成交货的条件（用集装箱运输的货物通常是在集装箱码头交货），则应采用FCA术语。

按照*INCOTERMS 2020*的解释，在FOB术语下，买卖双方各自承担的责任、费用和风险见表2-4。

表2-4 FOB术语下买卖双方各自承担的责任、费用和风险

当事人	卖方	买方
责任	①取得出口许可证，或其他官方证件，并办理出口报关手续 ②在规定的日期或期限内，并按港口习惯的方式在指定装运港将与合同规定相符的货物装上买方指定的船只，或取得已如此交付的货物并及时通知买方 ③提交有关货物单证或相等的电子单证	①取得进口许可证或其他官方证件，办理进口报关手续以及必要时经另一国过境的海关手续 ②安排运输，订立从指定装运港至目的港的运输合同，并将船期、船名等通知卖方，以及自办货物运输保险 ③接受符合合同规定的货运单据，支付价款，受领货物
费用	①货物在指定装运港交至船上为止的一切费用 ②出口报关费用和出口应交纳的一切税捐	①货物在指定装运港交至船上后的一切费用，包括运费、保险费等 ②进口报关费用、进口关税及需经另一国过境时所应交纳的一切税捐
风险	货物在指定装运港交至船上为止的一切风险	货物在指定装运港交至船上后的一切风险

买卖双方采用FOB术语签订合同，并按各自承担的义务履行合同时，还涉及如下问题需要明确，以保证合同能顺利履行。

1. 货物风险转移时间和地点的问题

在*INCOTERMS 2000*及此前版本中都规定，FOB是以装运港船舷作为划分风险的界限。“船舷为界”表明货物在装船时越过船舷之前的风险，包括在装船时货物跌落码头或海中所造成的损失，均由卖方承担。货物越过船舷装上船之后，包括在启航前和在运输过程中所发生的损失或灭失，则由买方承担。但考虑到在现代的装运作业中，货物由起重机械吊装上船的比例逐渐减少，以及“链式销售”——如卖方出售的是已装上船或在途运输的货物的情况不断增加，*INCOTERMS 2010*中关于FOB条件下风险划分的界限问题，不再规定“以船舷为界”，而是规定货物装到船上，风险才由卖方转移给买方。在*INCOTERMS 2020*中继续沿用了这一规定。因此，FOB术语的交货点（风险点）为装运港船上。

此外，FOB术语的费用划分点与交货点是重合的，都是在装运港船上。卖方负担货物交到装运港船上为止的一切费用，买方负担货物装上船后的一切费用。

2. 装船费用的划分及FOB术语变形

装船费用包括租用吊车，将货物从码头吊入船舱所需的起吊费，以及将货物装入船舱后进行理舱或平舱所需的理舱费或平舱费。理舱是指为了使装船货物按照舱图放置妥善和装载合理，而对装入船舱后的货物进行的垫隔和整理工作。平舱是为了保持航行时船身平稳和不损害船身结构，对成堆装入船舱的散装大宗货物，如矿砂、煤炭、粮谷等所进行的整理、填平补齐工作。这些费用究竟由谁负担，各国的贸易惯例解释不同，而且各国港口对这些费用的收取办法也有不同。如采用班轮运输，是船方管装管卸的，装卸费用已包含在班轮费用中，自然就由负责支付运费的买方负担；而如果采用程租船运输，船方一般不负担装卸费用，这就必须明确装卸费用由谁来负担。

为了明确由谁来负担装船费用，买卖双方往往在FOB术语后加列附加条件，这就形成了FOB术语变形。它们主要有：

（1）FOB Liner Terms（FOB班轮条件），指有关装船费用按班轮条件办理，即卖方不负担有关装船的费用。

（2）FOB under Tackle（FOB吊钩下交货），指卖方仅负责将货物交到买方指定船只的吊钩所及之处，有关装船的各项费用一概由买方负担。

（3）FOB Stowed，简称FOBS（船上交货并理舱），指卖方负责将货物装入船舱并支付包括理舱费在内的装船费用。

（4）FOB Trimmed，简称FOBT（船上交货并平舱），指卖方负责将货物装入船舱并支付包括平舱费在内的装船费用。

（5）FOB Stowed and Trimmed，简称FOBST（船上交货并理舱和平舱），指卖方负责将货物装入船舱并支付包括理舱费和平舱费在内的装船费用。

以上系在国际贸易中，也是在我国外贸实践中，对上述 FOB 术语变形按通常的理解和应用所作的解释。但需注意，对贸易术语变形（variants of trade terms），国际上并无统一和权威性的解释。因此，在实际业务中，除非买卖双方对有关贸易术语变形的含义有一致的理解，否则在使用术语变形时，应在合同中明确规定卖方所需承担的额外义务。例如，在使用 FOBS 变形时，要明确它是仅限于卖方负担因理舱而发生的额外费用——理舱费，还是它不仅包括理舱费，还包括直至完成理舱为止货物可能发生灭失或损坏的风险。在合同中，对术语变形所产生的额外义务作具体明确的规定，可防止以后履行合同时因双方理解不一而发生纠纷，造成损失。

3. 船货衔接问题

在 FOB 术语下，买方负责派船到装运港去接货，而卖方负责在合同规定的期限和装运港将货物装上买方指定的船只，这样就存在船货衔接的问题。根据有关法律和惯例，如果买方未能按合同规定的时间派船或不派船到约定的装运港，使卖方延误了装船或不能装船，或者由于船方的原因，使卖方不能按时将备妥的货物装上船，应由买方承担违约责任，赔偿卖方因此遭受的损失，甚至可解除合同。而如果买方未经卖方同意就提前将船派到装运港，由此产生的各种损失，如空舱费、滞期费等，则由买方承担。如果买方按时派船到约定装运港，而卖方未能备妥货物，延误了装船时间，则应由卖方承担责任，并赔偿买方因此而引起的损失，甚至可解除合同。

此外，按 FOB 术语达成的合同，卖方也可接受买方的委托，代为租船订舱或投保，但这纯属代办性质，其运费、保险费还应由买方负担，而且如果卖方不能完成买方的委托，其风险由买方负担，买方不得为此提出索赔或借以撤销合同。

4.《1990 年美国对外贸易定义修正本》（以下简称《修正本》）对 FOB 的特殊解释

以上 FOB 的解释都是按国际商会 *INCOTERMS 2020* 作出的，然而美洲国家普遍采用的《修正本》对 FOB 的解释与 *INCOTERMS 2020* 却有很大的不同，主要表现在：

（1）交货地点的区别。如前所述，《修正本》将 FOB 术语分为 6 种类型，只有第 5 种“FOB Vessel”才是装运港船上交货。因此，采用 FOB 术语从美洲国家进口货物时，应在 FOB 和装运港之间加上“Vessel”（船）字样，如“FOB Vessel New York”，卖方才负责装船，否则，卖方可能只在纽约市内的内陆运输工具上交货。

（2）办理出口许可证手续问题。按《修正本》的解释，卖方只是“在买方请求并由其负担费用的情况下，协助买方取得由原产地及/或装运地国家签发的、为货物出口或在目的地进口所需的各种证件”，因此，用 FOB 术语从美洲国家进口货物时，还应在合同中明确规定由卖方负责办理出口许可证等手续并负担其费用。或者争取采用 *INCOTERMS 2020*，即 FOB 装运港，这是最稳妥的做法。

（二）CIF—Costs，Insurance and Freight（insert named port of destination）成本加保险费、运费（插入指定目的港）

这一术语又称“保险费、运费在内价”（旧称“到岸价”，但含义不准确）。采用这一术语时，在 CIF 后面要注明指定的目的港名称，例如，CIF Humburg。这一术语是指卖方负责租船或订舱，在合同规定的期限内将货物装上到达指定目的港的船只，或取得已如此交付的货物并办理货物运输保险，负责支付运费和保险费，并负担货物交至船上为止的一切费用和风险。这里所说的运费，仅指按照惯常航线航行的正常运费，不包括运输途中发生的任何额外费用。

CIF 术语是在 FOB 术语的基础上发展演变而成的，它是从卖方应买方要求代办运输和保险事宜逐步发展起来的。它与 FOB 的主要区别是，卖方除承担 FOB 术语的义务外，还须负责安排运输和办理投保，支付将货物运往指定目的港的运费和保险费。可用式子表示：CIF = FOB + I + F，I 是 Insurance 的第一个字母，指保险、保险费，F 是 Freight 的第一个字母，指运输、运费。但与 FOB 一样，自货物在装运港交至船上时起，风险即从卖方负担转由买方负担，因此卖方的交货地点也是在装运港的船上。

在清关适用的地方，CIF 术语要求卖方办理出口清关。该术语仅适用于海运和内陆水运。如果买卖双方不拟以货物交到船上作为完成交货的条件，而将货物于装船前在指定地点交给承运人视为完成交货，则应采用 CIP 术语。

根据 *INCOTERMS 2020* 的解释，按 CIF 术语达成的合同，买卖双方各自承担的责任、费用和风险见表 2-5。

表 2-5　CIF 术语下买卖双方各自承担的责任、费用和风险

当事人	卖　方	买　方
责任	①取得出口许可证或其他官方证件，并办理出口报关手续 ②按通常条件订立运输合同，在规定日期或期限内，在装运港将符合合同规定的货物装上到达指定目的港的船只，并及时通知买方 ③按合同规定，如无规定按合同金额的110% 及保险条款中的最低保险险别办理货物运输保险 ④提交包括保险单或保险凭证在内的有关货运单证或相等的电子单证	①取得进口许可证或其他官方证件，并办理进口报关手续，以及必要时经另一国过境的海关手续 ②接受符合合同规定的货运单证，支付货款，并在指定目的港受领货物
费用	①货物在装运港交至船上为止的一切费用 ②出口报关费用和出口应交纳的一切税捐 ③货物运至指定目的港的正常运费及保险费	①货物在约定装运港交至船上后的一切费用（从装运港到目的港的运费和保险费除外） ②进口报关费用、进口关税及需经另一国过境时所应交纳的一切税捐
风险	货物在约定装运港交至船上为止的一切风险	货物在约定装运港交至船上后的一切风险

按照CIF术语达成的交易，买卖双方按上述各自承担的义务履行合同时，如同FOB术语一样，还涉及一些需要明确的问题。这些问题除风险界限问题与FOB术语一样外，还包括：

1．保险险别与保险金额问题。

按CIF术语，卖方负责办理投保，支付保险费，但货物在装运港越过船舷后的风险就转移给了买方，因此卖方对运输途中的货物已不拥有可保权益，实际上卖方是为了买方的利益投保。所以，投保什么险别和如何确定保险金额，与买卖双方利益都有关，应事先在合同中约定，以免事后因投保险别不当或保险金额不足，货物在遭受损失时得不到应有的保险赔偿，从而引起纠纷。不同的惯例有不同的解释，例如：*INCOTERMS 2020*规定卖方只需投保最低的险别，但在买方要求并由买方承担费用的情况下，可加保任何附加保险，例如协会货物保险条款的（A）款或（B）款，及/或协会战争险、协会罢工险或其他类似的保险条款。保险金额则最少应为合同金额的110%，并应采用合同中的货币；《1932年华沙－牛津规则》规定卖方应“按照特定行业惯例或在规定航线上应投保的一切风险”办理投保手续，但没有责任投保战争险，保险金额应按照特定行业惯例来定，如无此惯例，则按CIF价格加10%；而《修正本》则规定买卖双方应在合同中明确约定投保险别。

2．租船订舱和装船通知问题

采用CIF术语成交，卖方的基本义务之一是租船订舱，办理从装运港到目的港的运输事项，虽然各种惯例对运输问题的解释不尽相同，但其基本点是相同的，即如果没有相反的约定，卖方只需负责按通常的条件和惯驶的航线，租用适当的船舶将货物运至目的港。因此，对于买方事后提出的关于限制载运船舶的国籍、船型、船龄、船级以及指定装载某班轮公会的船只等要求，卖方均有权拒绝接受。但卖方也可放弃这一权利，即在其能办到又不会增加额外费用的前提下，也可通融接受。如果在合同上作出明确规定，就必须照办。

关于CIF交易，卖方在装船后是否必须发出装船通知的问题，各种惯例的解释并不完全一致。一般说来，按CIF术语成交，为了便于买方了解货运情况，及早做好到货前的准备工作，卖方在装船后应向买方及时发出装船通知。*INCOTERMS 2020* CIF之A10款规定：“卖方必须给予买方所需的任何通知，以便买方能够采取通常所必要的措施提取货物。”

3．卸货费用的划分及CIF术语变形

按CIF的含义，卖方负责将合同规定的货物运往约定的目的港，并支付正常的运费。但货到目的港后的卸货费用由谁负担呢？*INCOTERMS 2020* CIF之A9款规定：“卖方必须支付按运输合同由卖方负担的在约定卸货港的任何卸货费用。”B9款规定：“买方必须支付卸货费用包括驳船费和码头费，除非按运输合同此类费用系由卖方负担。”但由于各港口习惯不同，《1932年华沙－牛津规则》及《修正本》对这一问题也未作出具体规定，因此容易引起争议。CIF 术语的卸货费问题，同 FOB 术语的装船费一样，只有当大宗交易使用程租船运输时，才有可能发生，买卖双方须事先加以明确，以免发生争议。

买卖双方为了明确卸货费由谁负担，往往在 CIF 术语后加注一定的附加条件，这就形成了 CIF 术语变形。它们主要有：

（1）CIF Liner Terms（CIF 班轮条件），指有关卸货的费用按班轮条件办理，即买方不负担卸货费用。

（2）CIF Landed（CIF 卸到岸上），表面意思是指卖方负责把货物卸到码头，但实际含义仅指由卖方负担卸货费，包括驳船费和码头费。

（3）CIF EX Ship's Hold（CIF 舱底交货），表面意思是指卖方不负责卸货，在目的港船上将货物交给买方，由买方负责启舱卸货，但实际含义仅指卖方不负担卸货费用，由买方负责卸货并支付由舱底至码头的卸货费用。

在上文阐述 FOB 术语变形时，对其在实际业务应用中需注意的问题所作的说明，也适用于以上 CIF 术语变形。

4. 关于凭单交货与付款问题

按 CIF 术语达成的合同，是一种典型的象征性交货合同。CIF 合同的特点是：卖方凭单据履行交货义务，买方凭单据付款。只要卖方按照合同的规定将货物装船或取得已如此交付的货物并提交齐全的、正确的单据，即使货物在运输途中遭受灭失，买方也不能拒收单据和拒付货款。另一方面，要求卖方提交的单据必须是齐全的、正确的。所谓“齐全的”，是指单据种类要包括提单、保险单、发票以及买卖双方约定的其他单据，而且出具并提交的单据份数也要符合规定。所谓“正确的”，是指单据的内容必须严格符合买卖双方事前的各项约定，否则买方有拒收单据并拒付货款的权利。即使卖方所交货物完全符合合同规定，买方仍可行使此项权利。正是因为 CIF 合同具有此项特点，因此有人把 CIF 合同的买卖称为“单据买卖”。当然，买方凭单付款后，对抵达目的港的货物，仍保留检验权。如果检验发现货物在装船前就存在不符合合同规定的情况，买方仍有要求赔偿或拒收货物的权利。在此有必要指出，如果在采用 CIF 订立合同时，卖方被要求保证货物的到达或以何时到货作为收取货款的条件的话，则该合同将成为一份有名无实的 CIF 合同。

上述 CIF 合同的特点表明，CIF 合同不是到货合同，而是装运合同。在实际业务中，过去有人把 CIF 术语称作“到岸价”，其实不能确切地反映 CIF 术语的含义，且容易引起误解，因此最好不要再使用这个旧称。

（三）CFR—Cost and Freight（insert named port of destination）成本加运费（插入指定目的港）

这一术语又称“运费在内价”，*INCOTERMS 1980* 及此前版本的缩写为 C&F。采用这一术语时，在 CFR 后面要注明指定的目的港名称。这一术语是指卖方负责租船或订舱，在合同规定的期限内将货物装到运往指定目的港的船上，或取得已如此交付的货物，支付货物运至指定目的港的运费，并负担货物交至船上为止的一切费用和风险。

在清关适用的地方，CFR 术语要求卖方办理出口清关。该术语仅适用于海运和内陆水运。如果买卖双方不拟以货物交到船上作为完成交货的条件，而将货物于装船前在指定地点交给承运人视为完成交货，则应采用 CFR 术语。

CFR 是介于 FOB 和 CIF 术语之间的一种术语。与 FOB 比较，卖方除承担 FOB 术语的义务外，还需负责安排运输，支付将货物运往指定目的港的正常运费，可用式子表示：CFR = FOB + F。与 CIF 比较，两种术语的不同之处仅在于：CFR 合同的卖方不负责办理投保手续和支付保险费，不提供保险单，除此以外，CFR 和 CIF 合同买卖双方各自应承担的义务基本上是相同的，可用式子表示：CFR = CIF − I。因此，上述有关 CIF 合同应注意的问题，如租船订舱问题、卸货费用划分问题等，也同样适用于 CFR 合同。在 CFR 术语下也可以有各种变形，其含义也与 CIF 术语变形一样。但应特别注意的是关于装船通知的问题。多数国家的贸易惯例认为，在 CFR 条件下，卖方在货物装船后必须及时向买方发出装船通知，以便买方办理投保手续。有的国家法律，例如英国的《1893 年货物买卖法案》（1979 年修正本）中规定，如果卖方未向买方发出装船通知，以便买方对货物办理保险，那么，货物在海运途中的风险被视为由卖方负担。就是说，如果货物在运输途中遭受损坏或灭失，由于卖方未发出装船通知使买方漏保，那么卖方不能以风险在装运港交至船上时转移为由而免除责任。

综上所述，按 FOB，CIF 和 CFR 三种贸易术语达成的合同，卖方均负责在装运港的船上交货，承担的风险均在货物交至船上时转移给买方，因此，在交货地点和风险划分的界限方面是完全相同的，而且按这 3 种术语达成的合同均属于“装运合同”，都是卖方凭单履行交货，买方凭单付款。它们的区别，主要是买卖双方承担的责任和费用方面有所不同。

二、向承运人交货的各种贸易术语

（一）FCA—Free Carrier（insert named place of delivery）货交承运人（插入指定交货地）

这一术语适用于任何运输方式，包括多式联运。采用此术语时，在 FCA 后面要注明指定地点（即具体交货地点）的名称。这一术语是指买方必须自负费用订立从指定地点装运货物的运输合同并及时通知卖方有关承运人的名称和向其交货的时间。卖方必须在合同规定的期限内，在指定地点将货物交给买方指定的承运人，及时给予买方关于货物已交承运人照管的通知，负责办理出口手续，并承担货交承运人之前的一切费用和风险。

按照 *INCOTERMS 2020* 的解释，在 FCA 术语下，买卖双方各自承担的责任、费用和风险见表2-6。

表2-6 FCA术语下买卖双方各自承担的责任、费用和风险

当事人	卖 方	买 方
责任	①取得出口许可证或其他官方证件，办理出口报关手续 ②在指定地点按约定日期或期限内，并按约定方式或当地习惯方式，将符合合同规定的货物交由买方指定的承运人照管，并及时通知买方 ③提交有关货运单证或相等的电子单证	①取得进口许可证或其他官方证件，办理进口报关手续，以及必要时经另一国过境的海关手续 ②指定承运人，订立从指定地点承运货物的运输合同，并通知卖方，以及自办货物运输保险 ③接受符合合同规定的货运单证，支付货款，受领货物
费用	①货物在指定地点交由承运人照管之前的一切费用 ②出口报关费用和出口应交纳的一切税捐	①货物在指定地点交由承运人照管之后的一切费用，包括运费、保险费等 ②进口报关费用、进口关税及需经另一国过境时所应交纳的一切税捐
风险	货物在指定承运地点交由承运人照管之前的一切风险	货物在指定承运地点交由承运人照管之后的一切风险

在FCA术语下，卖方只要在指定地点将经出口清关的货物交给买方指定的承运人，即完成了交货。“承运人”是指在运输合同中承担履行铁路、公路、海洋、航空、内河运输或多式运输，或承担取得上述运输履行的人。如买方指定一个非承运人收取货物，当货物被交给该人时，应认为卖方已履行了交货义务。

对于FCA交货义务，*INCOTERMS 2020* 增加了“或以取得已经如此交付货物的方法交货”，以适用于大宗商品的链式交易。

FCA是在与FOB同样原则的基础上发展起来的，买卖双方的义务划分与FOB有相似之处。在采用此术语时，需注意以下几个问题：

1. 交货点和风险转移问题

INCOTERMS 的各种贸易术语都有其特定的交货点。例如，FOB，CFR和CIF的交货点均为装运港船上。FCA的交货点则比较特殊，由于FCA可适用于各种运输方式，它的交货点需按不同的运输方式和不同的指定交货地而定。

FCA的卖方如何完成交货义务，可概括为：

（1）如合同中所规定的指定交货地为卖方所在处所，则当货物被装至由买方指定的承运人的收货运输工具上时，卖方即完成了交货义务；

(2) 在其他情况下，当货物在买方指定的交货地，在卖方的运送工具上（未卸下），被交由买方指定的承运人处置时，卖方即完成了交货义务。

由此可见，在以上第1种情况下，FCA的交货点是在卖方所在处所（工厂、工场、仓库等）由承运人提供的收货运输工具上；在第2种情况下，FCA的交货点是在买方指定的其他交货地（例如火车站、机场、集装箱码头或堆场、货运站等）中卖方的送货运输工具上。

当卖方按合同规定，在卖方所在处所将货物装上承运人的收货运输工具，或者，在其他指定交货地，在卖方的送货运输工具上，将货物交由承运人处置时，货物灭失或损坏的风险，即转移至买方。

2. 卖方代办运输问题

FCA的买方必须自负费用订立自指定地运输货物的合同。但是，如果买方提出请求，或如果按照商业惯例，在与承运人订立运输合同时（如在铁路或航空运输的情况下）需要卖方提供协助的话，卖方可代为安排运输，但有关费用和风险由买方负担。如果卖方不愿按买方的请求或商业惯例协助买方订立运输合同，则必须及时通知买方。

3. 货物集合化的费用负担问题

与FOB术语一样，FCA卖方在完成交货义务之前所发生的一切费用，都须由卖方负担，而在其后所发生的费用，则由买方负担。鉴于在采用FCA术语时，货物大都作了集合化或成组化，例如装入集装箱或装上托盘，因此，卖方应考虑将货物集合化所需的费用也计算在价格之内。

（二）CIP—Carriage and Insurance Paid to（insert named place of destination）运费、保险费付至（插入指定目的地）

这一术语适用于任何运输方式，包括多式联运。采用此术语时，在CIP后面要注明指定目的地的名称。这一术语是指卖方自负费用订立将货物运至指定目的地的运输合同，自负费用办理货物运输保险，在约定地点、规定日期或期限内，将货物交给第一承运人照管，负责办理出口手续，并承担货物交第一承运人之前的一切费用和风险。

在*INCOTERMS 2010*及以往版本中，只有CIF和CIP这两个贸易术语规定了卖方保险责任，卖方应投保保险责任最低的保险险别。*INCOTERMS 2020*对CIF术语仍然维持“最低险别”，但买卖双方仍可商定投保较高险别；但提高了CIP术语下卖方投保的保险险别，即“需符合《协会货物条款》（*Institute Cargo Clauses*，*ICC*）（A）款或任何适于货物运输方式的类似保险条款”，也就是需投保ICC（A）或《中国保险条款》一切险。同时还规定，当买方要求且能提供给卖方所需的信息时，如果能够投保的话，卖方必须提供任何附加险别，由买方负担费用，例如与《伦敦保险协会战争险条款》及/或《伦敦保险协会罢工险条款》或其他类似条款相符合的险别。当然，在实际业务中买卖双方当事人仍可以根据需要自由商定选用合适的保险险别，包括责任较低的险别。

按照 *INCOTERMS 2020* 的解释，在 CIP 术语下，买卖双方各自承担的责任、费用和风险见表 2-7。

从表 2-7 买卖双方各自承担的责任、费用和风险来看，CIP 术语的基本模式类似于 CIF 术语。它们都是由卖方负责安排运输和保险并支付有关的运费和保险费，而且按这两种术语成交的合同都属于“装运合同”，都是卖方凭单交货、买方凭单付款。它们之间的主要差别为：一是买卖双方承担义务的分界点不同，CIF 术语是以货物在装运港交至船上为分界点，卖方的交货地点在装运港船上，风险也以货物在装运港交至船上为界限；而 CIP 术语则是以货物在指定地点交由第一承运人照管为分界点，交货地点要根据运输方式的不同，由双方加以约定，可能在装运港，也可能在出口国内陆某一指定地点，风险则是以货交第一承运人为界限。因此，前者的交货时间就是装运时间，而后者的交货时间则不能与装运时间等同看待。二是卖方需要投保的险别可能不同，CIF 的卖方一般都是投保海洋运输险；而 CIP 术语下，卖方究竟应投保何种险别，需由买卖双方根据具体情况事先约定，如在多式联运方式下，可能要投保海、陆、空等各种运输险，而不仅仅是海洋运输险。三是适用的运输方式不同，CIF 仅适用水上运输，而 CIP 可适用于包括多式联运在内的任何运输方式。四是使用的运输单据可能不同，CIF 的卖方一般应向买方提交已装船清洁提单，而 CIP 的卖方提交的运输单据则视不同的运输方式而定：如在海运和内陆水运方式下，卖方应提供可转让的提单，有时也可提供不可转让的海运单和内河运单；如在铁路、公路、航空运输或多式运输方式下，则应分别提供铁路运单、公路运单、航空运单或多式运输单据。

表 2-7　CIP 术语下买卖双方各自承担的责任、费用和风险

当事人	卖　方	买　方
责任	①取得出口许可证或其他官方证件，办理出口报关手续 ②订立将货物运至指定目的地的运输合同，在指定地点按约定日期或期限内，将与合同相符的货物交给第一承运人照管，并及时通知买方 ③按合同规定，如无规定则按合同金额的 110% 及保险条款中的最高保险险别办理货物运输保险 ④提交包括保险单或保险凭证在内的有关货运单证或相等的电子单证	①取得进口许可证或其他官方证件，办理进口报关手续，以及必要时经另一国过境的海关手续 ②接受符合合同规定的货运单证，支付货款，并在指定目的地受领货物

续表

当事人	卖方	买方
费用	①货物在指定地点交由第一承运人照管之前的一切费用 ②出口报关费用和出口应交纳的一切税捐 ③货物运至指定目的地的正常运费及保险费	①货物在指定地点交由第一承运人照管之后的一切费用（从装运地到指定目的地的运费和保险费除外） ②进口报关费用、进口关税及需经另一国过境时所应交纳的一切税捐
风险	货物在指定地点交由第一承运人照管之前的一切风险	货物在指定地点交由第一承运人照管之后的一切风险

CIP 术语与 FCA 术语之间的差别，在于不是由买方而是由卖方负责办理将货物运至指定目的地的运输合同并承担有关运费，办理货物运输保险并支付保险费，转让保险单。可用式子表示：CIP = FCA + F + I，其中 F 是 Freight 的第一个字母，表示运输、运费，I 是 Insurance 的第一个字母，表示保险、保险费。

（三）CPT—Carriage Paid to（insert named place of destination）运费付至（插入指定目的地）

这一术语可适用于任何运输方式，包括多式联运。采用此术语时，在 CPT 后面要注明指定目的地的名称。这一术语是指卖方自负费用订立将货物运至指定目的地的运输合同，在约定地点、规定日期或期限内，将货物交给第一承运人照管，负责办理出口手续，并承担货物交第一承运人之前的一切费用和风险。

在 CPT 术语下，买卖双方之间的责任和费用划分介于 FCA 和 CIP 术语之间。可用式子表示如下：

（1）CPT = FCA + F，是指按 CPT 术语达成的合同，卖方除了承担 FCA 术语的责任、费用和风险外，还须负责订立将货物运至指定目的地的运输合同，并支付有关的运费（carriage 或 freight）。这也就是它们之间的区别。这里的运费是指正常运费。

（2）CPT = CIP – I，是指按 CPT 术语达成的合同，卖方除了不需办理货物运输保险、交付保险单及支付保险费（insurance）外，卖方承担的责任、费用和风险与 CIP 术语相同。

因此，在 FCA，CPT 和 CIP 这 3 种术语条件下，卖方的交货地点和风险划分界限是完全相同的，而且以这 3 种术语达成的合同也都属于“装运合同”。它们之间的区别，主要在于买卖双方在办理运输、保险责任和支付运费、保险费方面有所不同。

FCA，CPT，CIP 这 3 种术语是分别从 FOB，CFR，CIF 这 3 种传统术语发展起来的，其责任划分的基本原则是相同的，但也有区别，主要表现在以下几个方面：

第一，适用的运输方式不同。FOB，CFR，CIF 三种术语仅适用于海运和内河运输，其承运人一般只限于船公司；而 FCA，CPT，CIP 则不仅适用于海运和内河运输，而且也适用于陆运、空运等各种运输方式的单式运输，以及两种或两种以上不同运输方式相结合的多式联运，其承运人可以是船公司、铁路局、航空公司，也可以是安排多式联运的联合运输经营人。

第二，交货和风险转移的地点不同。FOB，CFR，CIF 的交货点均为装运港货物交至船上，风险均以在装运港货物交至船上时从卖方转移至买方。而 FCA，CPT，CIP 的交货地点，需视不同的运输方式和不同的约定而定，它可以是在卖方所在处所由承运人提供的运输工具上，也可以是在铁路、公路、航空、内河、海洋运输承运人或多式联运经营人的运输站或其他收货点中卖方的送货运输工具上。至于货物灭失或损坏的风险，则于卖方将货物交给承运人时，即自卖方转移至买方。

第三，装卸费用负担不同。按 FOB，CFR，CIF 术语，卖方承担货物在装运港交至船上为止的一切费用。但由于货物装船属于连续作业，各港口的习惯做法又不尽一致，所以，在使用租船运输的 FOB 合同中，应明确装货费用由何方负担，而在 CFR 和 CIF 合同中，则应明确卸货费用由何方负担。在 FCA，CPT，CIP 术语下，如涉及海洋运输并使用租船方式，卖方将货物交给承运人时所支付的运费（CPT，CIP 术语），或由买方支付的运费（FCA 术语），已包含了承运人接管货物后在装运港的装货（装船）费用和目的港的卸货（卸船）费用。这样，在 FCA 合同中的装货（装船）费用的负担和在 CPT，CIP 合同中的卸货（卸船）费用的负担问题就不复存在。

第四，运输单据不同。在 FOB，CFR，CIF 术语下，卖方一般应向买方提交已装船清洁提单。而在 FCA，CPT，CIP 术语下，卖方提交的运输单据则视不同的运输方式而定。如在海运和内河运输方式下，卖方应提供可转让的提单，有时也可提供不可转让的海运单和内河运单；如在铁路、公路、航空运输或多式联运方式下，则应分别提供铁路运单、公路运单、航空运单或多式联运单据。

第四节　其他贸易术语

INCOTERMS 2020 所包含的 11 种贸易术语，除第三节所述的 6 种主要术语外，还有 5 种其他术语，现将其主要内容分别简述如下。

一、工厂交货术语

EXW 是 Ex Works（insert named place of delivery）的缩写，称作工厂交货（插入指定交货地）。采用此术语时，须注明指定地点的工厂名称。这一术语是指当卖方在其所在地或其他指定地点（如工厂、车间或仓库等）将货物交由买方处置时，即完成交货。卖方不需将货物装上任何前来接收货物的运输工具，需要清关时，卖方也无需办理出口清关手续。

当事人双方在指定交货地范围内应尽可能明确具体交货地点，因为在货物到达交货地点之前的所有费用和风险都由卖方承担。买方则需承担自此指定交货地的约定地点（如有的话）收取货物所产生的全部费用和风险。

EXW 术语代表卖方最低义务，使用时需注意以下问题：

（1）卖方对买方没有装货的义务，即使实际上卖方也许更方便这样做也是一样。如果卖方装货，也是由买方承担相关风险和费用。当卖方更方便装货时，建议采用 FCA，因为该术语要求卖方承担装货义务，以及与此相关的风险和费用。

（2）以 EXW 为基础购买出口产品的买方需要注意，卖方只有在买方要求时，才有义务协助办理出口，即卖方无义务安排出口通关。因此，在买方不能直接或间接地办理出口清关手续时，建议使用 FCA 术语。

二、装运港船边交货术语

FAS 是 Free Alongside Ship（insert named port of shipment）的缩写，称作船边交货（插入指定装运港），它仅适用于海运或内河水运。采用此术语时要在 FAS 后面注明装运港名称。这一术语是指当卖方在指定的装运港将货物交到买方指定的船边（例如，置于码头或驳船上）时，即为交货。货物灭失或损坏的风险在货物交到船边时发生转移，同时买方承担自那时起的一切费用。

由于卖方承担在特定地点交货前的风险和费用，而且这些费用和相关作业费可能因各港口惯例不同而变化，特别建议双方尽可能清楚地约定指定装运港内的装货点。

卖方应将货物运至船边或取得已经如此交运的货物。此处使用的“取得”一词是为了适应商品贸易中常见的对在途货物作转售交易（连环交易）的需要。

当货物装在集装箱里时，卖方通常在集装箱码头将货物移交给承运人，而非交到船边。这时，FAS 术语不适用，而应当使用 FCA 术语。

如在需清关的地方，FAS 要求卖方办理出口清关手续，但卖方无义务办理进口清关、支付任何进口税或办理任何进口海关手续。

三、目的地交货的各种贸易术语

目的地交货的各种贸易术语，包括 DAP，DPU 和 DDP 共 3 种，它们与前文所讲的 8 种术语有明显的区别，即以这 3 种贸易术语达成的合同，卖方必须承担货物运至进口国目的地之前的一切费用和风险，即卖方的交货地点都在目的地。因此，以这 3 种术语达成的合同都属于“到货合同”。

（一）DAP—Delivered at Place（insert named place of destination）目的地交货（插入指定目的地）

采用 DAP 术语，卖方要在合同中约定的日期或期限内，将货物运到合同规定的目的地的约定地点，并将货物置于买方的控制之下，在抵达的运输工具上卸货之前即完成交货。另外，卖方要提交商业发票以及合同要求的其他单证。

1. 关于买卖双方义务的规定

（1）风险转移问题。

卖方承担在合同规定的目的地的约定地点将货物交给买方处置之前的风险，买方承担货物交给其处置之后的风险。

（2）通关手续问题。

①卖方自负风险和费用，取得出口许可证或其他官方批准证件，并且办理货物出口以及交货前经由第三国过境运输所需的一切海关手续。

②买方自负风险和费用，取得进口许可证或其他官方批准证件，并且办理货物进口所需的一切海关手续。

（3）运输合同和保险合同。

①卖方负责订立运输合同，将货物运至合同约定的目的地的特定交货地点，如对特定交货地点未作具体规定，卖方可在指定目的地内选择最合适的交货地点。

②卖方对买方无订立保险合同的义务。但应买方要求，并由其承担风险和费用的情况下，卖方必须向买方提供其办理保险所需的信息。

（4）主要费用的划分。

①卖方承担在交货地点交货前所涉及的各项费用，包括需要办理出口手续时所应交纳的关税和其他费用，包括经由第三国过境所涉及的费用。此外，卖方要负责签订从指定地点承运货物的合同，并支付有关的运费和相关费用，如装货费以及合同中约定由卖方支付的与卸货有关的费用。

②买方承担在交货地点交货后所涉及的各项费用，包括在目的地的卸货费用以及办理进口手续时所应缴纳的关税和其他费用。

（5）适用的运输方式。

DAP 术语适用于各种运输方式，包括公路、铁路、江河、海洋、航空运输以及多式联运。

2. 使用 DAP 术语应注意的问题

（1）认真了解 DAP 的具体含义。

DAP 是 *INCOTERMS 2010* 新推出的贸易术语，根据国际商会的解释，它旨在替代原 *INCOTERMS 2000* 中的 DAF，DES 和 DDU 术语。这就是说，DAP 的交货地点既可以是在两国的边境指定地点，也可以是在目的港的船上，还可以是在进口国国内的某一地点。所以，它的应用范围很宽。但要注意的是，即使是在进口国的目的港或最终目的地交货，若没有相反的规定，卖方也不负担卸货费用和进口通关的费用及关税。为了避免纠纷，*INCOTERMS 2020* 建议在采用 DAP 术语成交时，“如果卖方按照运输合同在目的地发生了卸货费用，除非双方另有约定，卖方无权向买方要求偿付”。

（2）注意 DAP 与 CIP 的异同点。

根据 *INCOTERMS 2020* 的解释，CIP 条件下，卖方要将合同规定的货物运到目的地的指定地点，这个地点可以是在两国的边境指定地点，也可以是在目的港的船上，还可以是在进口国内的某一地点。看起来这与 DAP 条件十分相似，但要注意，两者的交货地点并不相同。采用 CIP 时，卖方只是承担责任和费用，将货物运到目的地指定地点，风险却是在将货物交给承运人时转移给了买方。而采用 DAP 时，卖方的交货地点即在目的地的约定地点，卖方承担的风险也是在该地点实际交货时才转移给买方。另外，采用 CIP 时，卖方有义务按合同的约定自负风险和费用，办理货物运输保险；而在采用 DAP 时，货运途中的风险是由卖方自己承担，保险也是为了自己的利益，所以，卖方并不对买方承担办理保险的义务。

（二）DPU—Delivered at Place Unloaded（insert named place of destination）目的地卸货后交货（插入指定目的地）

DPU 是 *INCOTERMS 2020* 新推出的贸易术语，它旨在替代 *INCOTERMS 2010* 中的 DAT 术语。在 *INCOTERMS 2010* 中，对 DAT 的英文表示为 Delivered at Terminal，即运输终端交货。在修订 *INCOTERMS 2010* 时，国际商会认为“运输终端”的含义不够明确，遂改为 DPU。采用 DPU 术语，卖方在合同约定的日期或期限内将货物运到合同指定的港口或目的地的约定地点，并将货物从抵达的载货运输工具上卸下，交给买方处置时，即完成交货。另外，卖方要提交商业发票以及合同要求的其他单证。

1. 关于买卖双方义务的规定

（1）风险转移问题。

卖方承担在合同规定的目的地的约定地点将货物交给买方处置之前的风险，买方承担货物交给其处置之后的风险，即以买方在交货地点处置货物作为风险转移的界限。

（2）通关手续问题。

①卖方自负风险和费用，取得出口许可证或其他官方批准证件，并且办理货物出口以及交货前经由第三国过境运输所需的一切海关手续。对于进口清关，卖方本无义务，但在卖方应买方请求，并由买方承担风险和费用的前提下，卖方必须协助买方取得进口国要求的与进口清关手续有关的任何单据及/或信息。

②买方自负风险和费用，取得进口许可证或其他官方批准证件，并且办理货物进口所需的一切海关手续。

（3）运输合同和保险合同。

①卖方负责订立运输合同，将货物运至合同约定的港口或目的地的指定地点，如对该地点未作具体规定，卖方可在约定港口或指定目的地选择最合适的交货地点。

②卖方对买方无订立保险合同的义务。但在应买方要求，并由其承担风险和费用的情况下，卖方必须向买方提供其办理保险所需的信息。

（4）主要费用的划分。

①卖方承担在交货地点交货前所涉及的各项费用，包括需要办理出口手续时所应

交纳的关税和其他费用，包括经由第三国过境所涉及的费用。此外，卖方要负责签订从指定地点承运货物的合同，并支付有关的运费和相关费用，如装货费以及合同中约定由卖方支付的与卸货有关的费用。

②买方承担在交货地点交货后所涉及的各项费用，包括在目的地办理进口手续时所应缴纳的关税和其他费用。

（5）适用的运输方式。

DPU 术语适用于各种运输方式，包括公路、铁路、江河、海洋、航空运输以及多式联运。

2. 使用 DPU 术语应注意的问题

（1）关于 DPU 与 DAP 的区别。

根据 *INCOTERMS 2020* 的解释，按照 DPU 术语成交，卖方要承担将货物运到合同规定的地点，并将货物从抵达的载货运输工具上卸下之前的风险、责任和费用。因此，卖方应当确保其可以在指定地点安排卸货。如有困难，或双方不希望由卖方承担卸货的风险和费用，则不宜使用 DPU 术语，而应使用 DAP 术语成交。

（2）注意卖方责任的限度。

DPU 的产生旨在替代 *INCOTERMS 2010* 中的 DAT 术语。而 DAT 术语又是在 *INCOTERMS 2000* 中的 DEQ 的基础上修改产生的。采用 DEQ 术语成交，卖方在目的港码头交货，卖方承担责任仅限于将货物运至目的港并卸至码头，而不负责再将货物由码头搬运到其他地方。采用 DAT 术语时交货地点不再受码头的限制，但卖方承担的责任仍只是将货物交到合同规定的运输终端，卸货后完成交货。在这一点上，DPU 与 DAT 基本相同。如果双方希望由卖方再将货物从卸货地点搬运到进口国内的另外的地点，并承担其间的风险和费用，则应当使用 DDP 术语。

（3）精准确定目的地的交货点。

INCOTERMS 2020 建议交易双方尽可能清楚地约定目的地的交货点。因为按照惯例，卖方采用 DPU 术语成交时有义务签订运输合同将货物运往约定目的地的交货地点，其所承担的风险和费用均在此交货时转移给买方。如果对具体的交货点没有做出明确的规定，则由卖方自己选择合适的交货点，这就有可能给双方带来不必要的麻烦。

（三）DDP—Delivered Duty Paid（insert named place of destination）完税后交货（插入指定目的地）

采用 DDP 术语，卖方要在合同中约定的日期或期限内，将货物运到合同规定的目的地的约定地点，并且完成进口清关手续后，在运输工具上将做好卸货准备的货物交由买方处置，即完成交货。另外，卖方要提交商业发票以及合同要求的其他单证。

1. 关于买卖双方义务的规定

（1）风险转移问题。

卖方承担在合同约定的目的地将货物交给买方处置之前的风险，买方承担货物交给其处置之后的风险。

（2）通关手续问题。

卖方自负风险和费用，取得出口和进口许可证或其他官方批准证件，并且办理货物出口和进口以及交货前通过第三国过境运输所需的一切海关手续。

（3）运输合同和保险合同。

①卖方负责订立运输合同，将货物运至合同约定的目的地的特定交货地点，如对该地点未作具体规定，卖方可在指定目的地内选择最合适的交货地点。

②卖方对买方无订立保险合同的义务。但在应买方要求，并由其承担风险和费用的情况下，卖方必须向买方提供其办理保险所需的信息。

（4）主要费用的划分。

①卖方承担在进口国内的指定交货地点完成交货之前的一切费用，包括办理货物出口和进口所涉及的关税和其他费用。

②买方承担在交货地点交货后所发生的各项费用。

（5）适用的运输方式。

DDP 术语适用于各种运输方式，包括公路、铁路、江河、海洋、航空运输以及多式联运。

2. 使用 DDP 术语应注意的问题

（1）根据情况妥善办理投保事项。

DDP 是 *INCOTERMS 2020* 包含的 11 种贸易术语中卖方承担风险、责任和费用最高的一种术语。按照这一术语成交，卖方要负责将货物从起运地一直运到合同规定的进口国内的指定目的地，把货物实际交到买方手中，才算完成交货。根据国际贸易惯例，按照 DDP 贸易术语成交时，卖方对买方并无义务订立运输合同，但由于卖方要承担较大的风险，为了在货物受损或灭失时能及时得到经济补偿，一般情况下，卖方应办理货运保险。在选择投保的险别时，应根据货物的性质、运输方式及运输路线来灵活决定。

（2）其他注意事项。

在 DDP 交货条件下，卖方是在办理了进口结关手续后在指定目的地交货的，这实际上是卖方已将货物运进了进口方的国内市场。如果卖方直接办理进口手续有困难，也可要求买方协助办理。如果卖方不能直接或间接地取得进口许可证，则不应使用 DDP 术语。如果双方希望买方承担所有进口清关的风险和费用，则应采用 DAP 或 DPU 术语。如果双方当事人同意在卖方承担的义务中排除货物进口时应支付的某些费用（如增值税），应写明“Delivered Duty Paid, VAT Unpaid”，即“完税后交货，增值税未付”。否则，任何增值税或其他应付的进口税款都由卖方承担。

INCOTERMS 2020 中的 11 种贸易术语交货点/风险点如图 2-1 所示。

以下将 11 种贸易术语作一对比（见表 2-8 和表 2-9）。

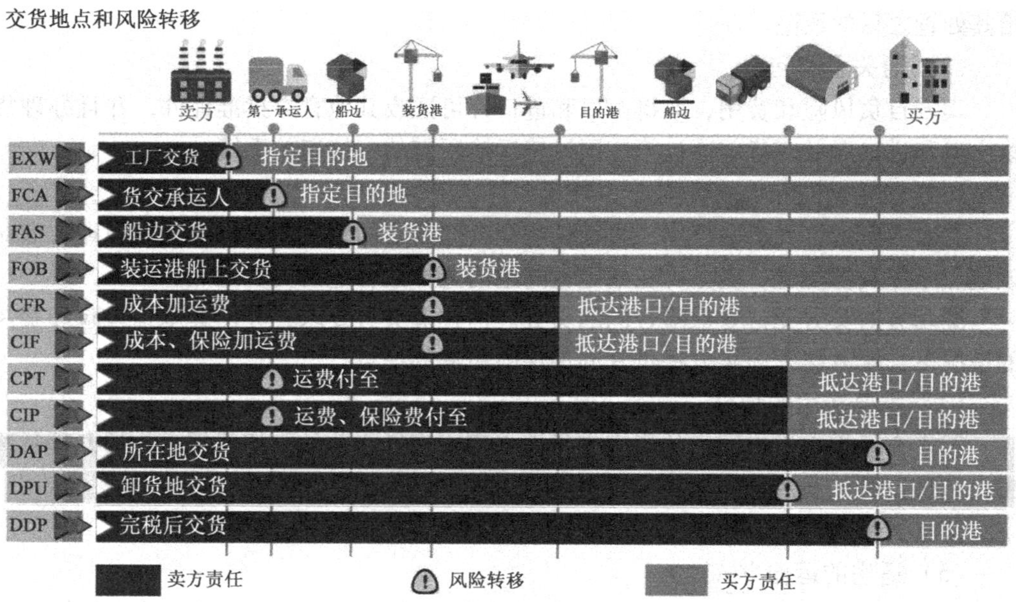

图 2－1　*INCOTERMS 2020* 中 11 种贸易术语交货点/风险点示意图

表 2－8　*INCOTERMS 2020* 中 11 种术语有关交货责任和风险划分表

贸易术语	交货地点	风险转移界限	出口报关责任、费用负担方	进口报关责任、费用负担方	适用的运输方式
EXW	商品产地、所在地	货交买方处置时起	买方	买方	任何方式
FCA	出口国内陆、港口	货交承运人处置时起	卖方	买方	任何方式
FAS	装运港码头	货交船边后	卖方	买方	水上运输
FOB	装运港船上	货物在装运港交至船上	卖方	买方	水上运输
CFR	装运港船上	货物在装运港交至船上	卖方	买方	水上运输
CIF	装运港船上	货物在装运港交至船上	卖方	买方	水上运输
CPT	出口国内陆、港口	货交承运人处置时起	卖方	买方	任何方式
CIP	出口国内陆、港口	货交承运人处置时起	卖方	买方	任何方式
DAP	进口国指定地点	指定目的地货交买方处置时起	卖方	买方	任何方式
DPU	进口国指定地点	指定目的地货交买方处置时起	卖方	买方	任何方式
DDP	进口国指定地点	指定目的地货交买方处置时起	卖方	卖方	任何方式

表 2－9 *INCOTERMS 2020* 中 11 种术语买卖双方有关费用划分表

贸易术语	出口清关费用	装货费	运费	保险费	卸货费	进口清关费用
EXW	买方	买方	买方	买方	买方	买方
FCA	卖方	*	买方	买方	买方	买方
FAS	卖方	买方	买方	买方	买方	买方
FOB	卖方	卖方	买方	买方	买方	买方
CFR	卖方	卖方	卖方	买方	买方	买方
CIP	卖方	卖方	卖方	卖方	买方	买方
CIF	卖方	卖方	卖方	卖方	买方	买方
CPT	卖方	卖方	卖方	买方	买方	买方
DAP	卖方	卖方	卖方	卖方	买方	买方
DPU	卖方	卖方	卖方	卖方	卖方	买方
DDP	卖方	卖方	卖方	卖方	买方	卖方

* 分两种情况：在卖方所在处所（如工厂、仓库），由卖方付；在买方指定交货地（如车站、机场、码头），由买方付。

第五节 贸易术语的选用

选择不同的贸易术语，意味着买卖双方承担的责任、费用和风险不同，商品的价格构成也不同。采用何种贸易术语成交，既关系到买卖双方的各自利益，也关系到能否顺利履约。因此在洽谈交易时，适当地选择贸易术语，对买卖双方具有重要意义。

选择贸易术语通常应考虑下列因素：

1. 考虑运输方式

INCOTERMS 2020 对 11 种贸易术语适用何种运输方式，分别作了明确具体的规定。例如，FOB，CFR，CIF 术语只适用于海洋运输和内河运输，而不适用于空运、铁路和公路运输。如拟使用空运、铁路或公路运送货物，则应选用适用于各种运输方式的 FCA，CPT 和 CIP。不顾贸易术语所适用的运输方式而盲目地选用，将会给交货带来诸多不便，严重的可致使贸易的某一方陷入困境并遭受损失。

尤其需要指出的是，集装箱运输和多式联运正被广泛运用，而且使用范围还将进一步扩大和发展。为适应这一趋势，我国外贸企业应按具体交易的实际情况，适当扩大选用 FCA，CPT 和 CIP 术语，以替代仅适用于海运和内河运输的 FOB，CFR 和 CIF 术语。特别是出口贸易，选用 FCA，CPT 和 CIP 术语能够给卖方带来以下好处：一是风险分界点提前了，由货交至船上提前到货交承运人；二是交货时间和运输单据出单时间提前了，卖方可以提早收汇。使用 FCA，CPT 和 CIP 术语，卖方只需将货物交付给承运人由其接管起，就可自承运人处取得运输单据并凭以向买方或其指定的银行收取货款，而使用 FOB，CFR 和 CIF 术语，卖方一般应向买方提交已装船清洁提单，从承运人接管货物到把货物装上船，通常需要几天时间，有时甚至十天半个月。因此，在出口业务中，只要条件允许，应尽量选用 FCA，CPT 和 CIP 术语。

2. 考虑安全收汇、安全收货

一般来说，外贸企业在出口业务中应争取选用 CIF 或 CIP 术语，在进口业务中应争取选用 FOB 或 FCA 术语。我方负责运输可以通过指定承运人，选择资质和信誉都良好的承运人，避免对方借指定承运人之便与承运人联手欺诈。例如在出口业务中，进口方可能越过银行付款赎单的正常程序，向承运人先无单提货，随后采用逃逸或宣告破产的伎俩，骗取我方货物，造成我方钱货两空的局面；在进口业务中，出口方若安排的船舶不当或与船方勾结出具假提单，将使我方蒙受付了款却收不到货的损失。我方办理保险可以规避对方未办理保险时的下述风险：出口业务中我方交货后发生货损，对方拒收造成我方钱货两空；进口业务中对方交货后发生货损，我方无处索赔。此外，这样选择还可以避免在装卸、投保等业务环节上的脱节。

3. 考虑货物特性及运输条件

国际贸易中的货物品种很多，不同类别的货物具有不同的特点，它们在运输方面各有不同的要求，故安排运输的难易程度不同，运费开支大小也有差异。这是选用贸易术语应考虑的因素。例如，一些体积大、价值小的产品，相对于成交货物的价值来说运费较高，出口应尽量选用 FOB 或 FCA 术语。此外，成交量的大小，也直接涉及安排运输是否有困难和经济上是否合算。当成交量太小，又无班轮通航的情况下，负责安排运输的一方势必会增加运输成本，出口就应尽量选用 FOB 或 FCA 术语。对于大宗商品使用租船运输时，应考虑港口的装卸条件和费用。如港口拥挤、装卸条件差、费用较高，应尽量争取选用由对方租船订舱、支付装卸费用的贸易术语。

4. 考虑运价动态

运价和商品价格一样，也是经常波动的，往往波动幅度还很大，因而有必要根据运价变动的趋势考虑选择适当的贸易术语，以避免运价风险。例如，当运价看涨时，为了避免承担运价上涨的风险，应选用由对方安排运输的贸易术语成交，如因某种原因不得不采用由自身安排运输的贸易术语成交，则应将运价上涨的风险考虑到货价中去，以免遭受运价变动的损失。

5. 与支付方式相适应

由于国际贸易相对于国内贸易更为复杂，需要业务人员认真对待，理顺合同条款之间的关系，以预防交易各个环节中可能存在的风险。贸易术语和付款方式结合有利于风险的防范。例如，信用证支付方式适合选用 FOB，CFR，CIF，FCA，CPT 和 CIP 术语，因为这些术语都属于象征性交货，而信用证业务银行处理的是单据，卖方以运输单据向买方证明交货责任的履行，与信用证纯单据业务的特征正好吻合。在EXW和FAS术语下，卖方没有提交运输单据的义务，跟单信用证失去了处理的对象；在DAT，DAP和DDP术语下，提交运输单据并不能证明卖方交货义务的完成，卖方还需负责将货物运至目的港或目的地指定地点，在这种情况下使用信用证结算方式，会导致贸易术语所规定的卖方责任与信用证有关规定相矛盾。

6. 应考虑结关情况

一般说来，结关手续由结关所在国的当事人安排或代为办理较为方便。卖方一般应为出口货物结关，而买方应为进口货物结关。根据*INCOTERMS 2020*，按EXW术语成交时，买方要在卖方所在国承担办理出口货物结关手续的责任；而按DDP术语成交时，卖方要在买方所在国承担办理进口货物结关手续的责任。在此情况下，双方各自要承担禁止出口或进口的风险。因此，买卖双方在成交之前，必须了解有关政府当局是否接受外国当事人或其代表在其国家办理结关手续。如买方不能直接或间接办理出口结关手续，则不应使用EXW术语，而应选用FCA或FOB术语。在卖方不能直接或间接取得进口许可证时，则不应使用DDP术语，而应选用DPU或DAP术语。

【自测题】

一、单项选择题

1. 象征性交货意指卖方的交货义务是（　　）。

A. 不交货　　B. 既交单又实际交货
C. 凭单交货　　D. 实际性交货

2. *INCOTERMS 2020*中，买方不负责办理进口手续的贸易术语是（　　）。

A. EXW　　B. DAP　　C. DPU　　D. DDP

3. 下列术语中卖方不负责办理出口手续及支付相关费用的是（　　）。

A. FCA　　B. FAS　　C. FOB　　D. EXW

4. 广州某出口公司拟从美国纽约进口货物一批，规定FOB报价，该笔业务最好采用（　　）。

A. FOB New York　　B. FOB Vessel New York
C. FOB Guangzhou　　D. FOB New York（*INCOTERMS 2020*）

5. 在以CIF和CFR术语成交的条件下，货物运输保险分别由买方和卖方办理，运输途中货物灭失和损坏的风险（　　）。

A. 前者由卖方承担，后者由买方承担
B. 均由卖方承担
C. 均由买方承担
D. 前者由买方承担，后者由卖方承担

6. CFR Ex Ship's Hold 属于（　　）术语。

A. 内陆交货类　　B. 装运港交货类

C. 目的港交货类　　D. 目的地交货类

7. CIF Ex Ship's Hold 与 DAP 相比，买方承担的风险（　　）。

A. 前者大　　B. 两者相同　　C. 后者大　　D. 无法比较

二、多项选择题

1. 若买卖双方以 CFR Landed 术语成交，以下答案正确的是（　　）。

A. 卖方应承担货物运至目的港之前的一切风险

B. 当货物卸至目的港后，卖方交货完毕

C. 卖方应承担货物在装运港交至船上为止的一切风险

D. 卖方在装运港船上完成交货任务

2. *INCOTERMS 2020* 中，卖方将货物交给承运人即告完成交货义务的术语是（　　）。

A. EXW　　B. FCA　　C. CPT　　D. CIP

三、判断题

1. CFR Ex Ship's Hold Rotterdam 是指卖方必须把货物运到鹿特丹，在舱底交货。（　　）

2. 在 FOB 条件下，如合同没有规定“装船通知”条款，卖方将货物装船后可不发装船通知，此做法不算违约。（　　）

3. 按一般惯例，凡 FOB 后未加“理舱”或“平舱”字样，则由买方负担理舱或平舱的费用。（　　）

4. 买卖双方以 CIF 条件成交，若双方在洽商合同时未规定具体的险别，则卖方投保时，只有投保最低限度险别的义务。（　　）

5. 按 CIF 术语成交，只要货物已在运输途中灭失，即使出口方提供全套正确的货物单据，进口方也有权拒收单据和拒付货款。（　　）

6. 以 FAS 术语成交，若装运港码头水浅使船舶不能靠岸，则货物由码头驳运到装运船只船边的一切风险和费用，应由买方负责。（　　）

7. 象征性交货的特点是卖方凭单交货，买方凭单付款。（　　）

8. 按 CIF Liner Terms 成交，卖方发运的货物必须采用班轮装运。（　　）

【思考题】

1. 什么是 *INCOTERMS 2020*？它与 *INCOTERMS 2010* 相比较有哪些主要变化？

2. 试写出国际贸易常用的 6 种贸易术语的中英文全称及英文缩写。

3. 一份以 CIF 条件出口的合同，载货船舶在航行途中触礁沉没，货物全部灭失，买方闻讯提出拒付货款。试问：我方应如何处理？为什么？

4. FOB，CFR和CIF三种术语有何相同点和不同点？

5. FOB，CFR，CIF与FCA，CPT，CIP有何区别？

6. 有人认为FOB术语对出口商的风险小，CIF术语对出口商的风险较大，而进口则相反。你认为这种说法对不对？为什么？

7. 为什么说把CIF称作“到岸价”是错误的？

8. 分别简述FOB和CIF产生变形的原因以及各种变形的含义。

9. 在进出口业务中选用具体贸易术语时应注意哪些问题？

10. 区分下列贸易术语：

（1）FOB Shanghai和FOB ST Shanghai

（2）FOB New York和FOB Vessel New York

（3）CIF London和CIF London Ex Ship's Hold

（4）CFR Hamburg和CFR Hamburg Landed

【案例分析】

1. 我国某出口公司与外商按CIF成交一批出口货物，货物在合同规定的时间和装运港装船。受载船只在航运途中触礁沉没。当该公司凭提单、保险单、发票等单据要求国外进口商支付货款时，进口方以货物已全部损失，不能得到货物为由，拒绝接受单据和付款。请分析出口方有无权利凭规定的单据要求进口方付款。

2. 有一份CFR合同，买卖一批蜡烛，货物装船时，经公证人检验合格，符合合同的规定。货到目的港后，买方发现有20%的蜡烛有弯曲现象，因而向卖方索赔。但卖方拒绝，其理由是：货物装船时，品质是符合合同规定的。事后又查明，货物交给承运人后，承运人把该批货物装在靠近机房的船舱内，由于舱内温度过高而造成蜡烛弯曲。试问在上述情况下，卖方拒赔的理由是否成立？为什么？

第三章　国际货物运输

【本章提要】

本章介绍了国际货物运输的各种方式，着重介绍了班轮运输的特点和班轮运费的计算，阐述了合同中有关装运条款的规定方法及其应注意的问题。同时，介绍了各种运输单据，并着重阐述了海运提单的种类、性质和作用，以及有关提单的国际惯例。

国际货物运输是国际贸易的一个重要组成部分，因为国际贸易中的货物从卖方国家转移到买方国家，必须通过运输来实现。在一笔具体的进出口交易中，在买卖合同签订以后，按照合同规定的时间、地点和运输方式，将货物运交买方或承运人或指定的运输工具是卖方的基本义务之一。

国际货物运输是一项时间性强、涉及面广、线路长、环节多的复杂工作。从事国际贸易的人员必须熟悉和掌握有关国际货物运输的基本知识，才能在交易洽商和签订合同时充分考虑运输方面的问题，使合同中的装运条款订得完整、明确、合理和切实可行，以确保签订的货物买卖合同能顺利履行。

第一节　运输方式

国际货物运输有多种方式：海洋运输、铁路运输、航空运输、江河运输、邮政运输、公路运输、管道运输、大陆桥运输以及由各种运输方式组合的国际多式联运等。买卖双方应根据商品特点、数量大小、路程远近、价值高低、时间长短、自然条件等因素商定应采用的运输方式。

一、海洋运输

（一）海洋运输的特点

（1）运量大。不断增加的超大型集装箱船，其容箱量在 4 400 标准箱以上，目前最大的集装箱船载箱能力达到了 8 500 标准箱。又如超级大油轮达 60 万吨级，其载重量相当于 13 500 个火车车皮，散装干货船最大的达 30 万吨级，一般杂货轮也有 5 万～6 万吨。

（2）通航能力大。海运航道四通八达，如因政治、经济贸易条件恶化，可随时改选最有利的航线。

（3）运费低。由于运量大、航程远，分摊于每吨的里程费用的成本就低，一般是铁路运费的1/5、公路汽车运费的1/10、航空运费的1/30。

(4) 航速低。一般货轮每小时最大航速仅35海里，因此使用海洋运输所花的运输时间就较长，而且受气候等自然条件影响，航期也不容易准确。

(5) 风险较大。商船航行于海上，往往会遇到暴风巨浪等自然灾害或触礁、搁浅等意外事故，每年遇险沉没的船舶一般在300艘左右。

由于海运运量大和费用低的突出优点，尽管它存在航速低、风险大的不足，但仍在国际贸易货运中占有十分重要的地位，在国际贸易总运量中有2/3以上利用海运。

(二) 海洋运输的经营方式

海洋运输按照船舶经营方式的不同，可分为班轮运输和租船运输。

1. 班轮运输 (liner transport)

班轮运输是指船舶在固定的航线上和港口间按事先公布的船期表 (sailing schedule) 航行，并按事先公布的费率收取运费。

(1) 班轮运输的特点。

①“四固定”，即固定航线、固定港口、固定船期和相对固定的费率。这是班轮运输的基本特点。

②凡班轮停靠的港口，不论货物数量多少，只要舱位允许均可受载。

③管装管卸，有关装卸费均包括在运费内，承托双方也不必计算滞期费和速遣费。

④承托双方的权利义务和责任豁免以签发的提单条款为依据。

(2) 班轮运输的作用。

①特别有利于一般杂货和小额贸易货物的运输。

②由于“四固定”的特点，为买卖双方洽谈交易时确定船期、港口、运费等运输条件提供了依据，有利于国际贸易发展。

③提供较好的运输质量。

④手续简便，方便货方。

(3) 班轮运费。

运费是CFR价和CIF价的重要组成部分，报CFR价和CIF价时，必须正确核算运费，否则就可能亏损。

班轮运费是按班轮运价表的规定计算的。不同的班轮公会或不同的轮船公司有不同的运价表。班轮运费由基本运费和附加费两部分组成。基本运费是指货物从装运港运到卸货港所应收取的运费；附加费是船方根据不同情况为弥补运输中额外开支或费用而在基本运费之上加收的费用。如对超重商品（每件毛重超过3公吨）加收超重附加费，对超长商品（每件长度超过9米）加收超长附加费，因港口拥挤延误船舶装卸时间加收拥挤附加费。此外，还有港口附加费、选港附加费、直航附加费、转船附加费、燃油附加费、货币附加费、绕航附加费等。由于附加费名目繁多，变动频繁，且有时变动幅度很大，因此，要经常加以注意，以免对外报价和核算运费时漏计。

班轮运费的计算标准，根据不同商品区分，主要有以下几种：

第一，按货物毛重计收，即以重量吨（weight ton）为计算单位计收运费，在运价表内用“W”表示。一重量吨为一公吨（1000 kg）或一长吨（1016 kg）或一短吨（907.18 kg）。

第二，按货物体积或尺码吨（measurement ton）计收，在运价表内用“M”表示。一尺码吨为1立方米或40立方英尺。

第三，按FOB价的一定百分比计收，称从价运费，用“A. V.”或“Ad. Val”表示。此项计算标准适用于贵重或高价商品，如古玩、名贵药材、精密仪器等。因为承运人在运输这类商品时，在积载、保管方面要采取特殊措施，承担了较大责任。但采用从价运费并不意味着货物发生损失时船方应照价赔偿，只有在货方另按货价的一定百分比（一般为1%）支付附加费时，船方才承担超过提单限额的赔偿责任。

第四，按收费高者为准计收运费。具体有3种：第一种是按重量吨或尺码吨两种计算标准中较高的一项计收，运价表内以“W/M”表示，重量吨和尺码吨统称为运费吨或计费吨；第二种是按重量吨或尺码吨或从价运费三者中最高的一项计收，用“W/M or Ad. Val”表示；第三种是先按重量吨或尺码吨中较高的一项计收后，再加收一定百分比的从价运费，运价表内以“W/M plus Ad. Val”表示。

第五，按货物的件数计收。如卡车按每辆（per unit）、活牲畜按每头（per head）计收，起码运费按“每份提单”（per B/L）计收。

第六，由货主和船公司临时议定。一般适用于某些运量较大、货价较低、装卸速度较快的大宗货物，如粮食、矿石、煤炭等。临时议价货物的运费一般都较低，运价表内以“open rate”表示。

班轮运价表的结构一般包括总的规定、货物分级表、航线费率表、附加费率表以及冷藏货和活牲畜费率表等。对于基本费率的标准，多数运价表是将货物分为20个等级，每个等级的货物都规定有一个基本费率，这种运价表称为“等级运价表”。也有的运价表则是对每项货物，按照不同航线，直接列出其基本费率，这种运价表称为“单项费率运价表”。等级运价表包含货物分级表（classification of commodities）和航线等级费率表（scale of class rate）。前者将不同货物按字母顺序排列，并分别标明特定货物所属等级和相应的计费标准，见表3-1；后者按不同的航线和货物分级规定基本费率，见表3-2。

表 3-1 货物分级表

货名	计算标准	等级
棉布及棉织品	M	10
小五金及工具	W/M	10
玩具	M	20

表 3-2 中国—东非航线等级费率表 单位：美元

等级（class）	费率（rates）	等级（class）	费率（rates）
1	243	20	1 120
4	280	Ad. Val	290
10	443		

班轮运费的计算有如下步骤：

①首先译出托运货物的英文名称，在“货物分级表”中查出该商品所属的等级和计算标准。

②根据等级和目的港航线，查出基本运费率和附加费率或附加费额。

③商品的基本费率加各种附加费，即为该商品每一运费吨的单位运价。以单位运价乘以该商品的总重量吨或总尺码吨，即得出运费总金额。用公式表示如下：

商品运费总额 = [基本费率 ×(1 + ∑附加费率) + ∑附加费额] × 总运费吨

现举例如下：

蘑菇罐头500箱，纸箱装，总毛重8400千克，体积11.68立方米，装于中国远洋运输公司班轮由黄埔运往德国汉堡。求该批商品的运费。

解 ①按罐头的英文名称“Canned Goods”查阅“货物分级表”，该商品属于8级货，计算标准是W/M。本批货物因总体积大于总毛重，应按尺码吨计费。

②从“等级费率表”中查得汉堡港8级货物基本费率为人民币380元，再从“附加费率表”中查得，汉堡港有港口附加费人民币28.50元和燃油附加费20%。

③根据以上所查得的数据，列式计算如下：

$$F = [380 \times (1 + 20\%) + 28.50] \times 11.68 = 5658.96$$（元人民币）

2. 租船运输［shipping by chartering，又称不定期船（tramp）运输］

（1）租船运输的特点。

①主要特点是“四不定一为主”，即不定航线、不定港口、不定船期、不定运价，以运输货值较低的大宗货物为主。

②货主必须与船主签订租船合同，作为双方权利与义务的依据。

（2）租船方式。

国际上使用的租船方式主要有3种，即定程租船、定期租船和光船租船。

①定程租船（voyage/trip charter）又称程租船或航次租船，是以航程为基础的租船方式。指租船人按照航程租赁全部舱位，由船舶所有人负责将货物运至指定的目的港。定程租船就其租赁方式的不同可分为：单程租船（又称单航次租船）、来回航次租船、连续航次租船、包运合同租船、期租基础上的航次租船5种。

②定期租船（time charter），又称期租船，是以期限为基础的租船方式。即由船舶所有人将船舶出租给租船人使用一定期限，在此期限内由租船人自行调度和经营管理，租金按月每载重吨若干金额计算。

③光船租船（bareboat charter），也是期租的一种，所不同的是：船主不提供船员，光一条船交给租方使用，由租方自行配备船员，负责船舶的经营管理和航行各项事宜（如船舶的维护、修理及机器的正常运转等）。

（3）程租船与期租船的区别。

①租船基础不同。程租船以航程为基础，期租船以期限为基础。

②船舶的经营管理不同。程租船由船方负责，期租船由租船人负责。

③计费基础不同。程租船的运费一般按货物装运数量计算，期租船的租金按租期每月每吨若干金额计算。

④程租船要规定一定的航线和装运的货物种类、名称、数量及装卸港；而期租船不规定航线和装卸港，只规定航线区域，且不规定具体的货物种类，可装运各种合法货物。

⑤程租船要规定一定的装卸期限或装卸率，并计算滞期费、速遣费；而期租船则无需规定。

⑥程租船双方的权利义务，以程租船合同为准；而期租船是以期租船合同为准。

（4）租船合同（charter party）。

租船合同是租船人和船舶所有人之间所订立的载明双方权利、义务的契约。由于租船合同的内容比较复杂，为便于租船交易的进行，在租船业务中通常都采用某些标准格式的租船合同，双方只要就主要条款和需要增减或修改的事项进行洽商，无需就全部合同条款逐项洽谈。目前，国际上应用较广的定程租船合同格式是波罗的海白海船舶所有人公会的“标准杂货定程租船合同”（Uniform General Charter Party，简称GENCON），定期租船合同格式是波罗的海航运公会的“标准定期租船合同”（Uniform Time Charter Party，简称BALTIME）。此外，中国租船有限公司也制定有“中国定期租船合同标准格式”（China National Chartering Corporation Time C/P，简称SINOTIME 1980），中国对外洽租定期船舶时，均以此标准格式为依据。

对中国的外贸公司来说，需要租船时都是使用程租船。在签订程租船合同时，必须明确装卸费用是由租船人还是船方负担。对这个问题有4种规定方法：船方负担装货费和卸货费（gross terms）；船方管装不管卸（free out，FO）；船方管卸不管装（free in，FI）；船方不管装卸（free in and out，FIO）。

如果租船合同规定装货费及/或卸货费由租船人负担，还必须在租船合同中订立装货及/或卸货的速度、装卸时间的计算、滞期费和速遣费的标准等条款。

二、铁路运输

铁路运输（rail transport）具有货运量大、速度快、安全可靠、运输成本低、运输准确和连续性强、受气候影响较小等特点。

我国同接壤的国家朝鲜、俄罗斯、蒙古、越南都有铁路相通，而且可以通过欧亚大陆桥将东欧、西北欧各国，以及亚洲一些内陆国家连接起来。另外，国内的广九铁路、京九铁路可将内地大批货物运到香港九龙地区。

货物的铁路运输包括国际铁路货物联运和国内铁路货物运输两种。

（一）国际铁路货物联运

凡是使用一份统一的国际联运票据，由铁路部门负责经过两国或两国以上铁路的全程运送，并由一国铁路向另一国铁路移交货物，不需发货人和收货人参加，这种运输称为国际铁路货物联运。

国际铁路货物联运，是根据国家间共同签署的有关铁路运输的协定进行的。目前，这类协定主要有两个：一个是《国际铁路货物联运协定》（简称《国际货协》），另一个是《国际铁路货物运送公约》（简称《国际货约》）。我国参加了《国际货协》。根据《国际货协》的规定，《国际货协》参加国的进出口货物，只要在始发站按国际联运要求办妥托运手续，从发货国家的始发站到收货国家的终到站，不论中途经过几个国家，有关国家的铁路负责将该票货物一直运到最终到站交给收货人，运送过程中的国境交接站的换装、交接、转发等一切业务和行政手续，概由有关铁路负责办理，无需收货人、发货人参加和办理。此外，铁路从承运货物时起，直至到站交付货物时止，对货物逾期运到和货物中途丢失或毁损等所造成的损失负责。如果因铁路原因导致收货人拒领货物时（如货物中途毁损或腐坏，造成货物不能按其用途使用），则发货人在规定期限内有权向终到站铁路要求赔偿其损失。

目前，我国对朝鲜、越南、独联体国家的大部分进出口货物以及东欧一些国家的小部分进出口货物，都是采用国际铁路联运的方式运送的。按照《国际货协》的有关规定，从参加《国际货协》的国家向未参加《国际货协》的国家或相反方向运送货物，亦可办理联运。具体做法是：从参加《国际货协》的国家发货，使用《国际货协》的联运运单，当货物运到《国际货协》参加国的最终出口国国境站时，由铁路边境站负责改换适当的联运票据继续转运至最终到站。从未参加《国际货协》的国家向参加《国际货协》的国家铁路发货，其继续转运发送事宜，则由参加《国际货协》的第一过境铁路的进口国国境站负责办理。

从1980年起，中国对外贸易运输总公司作为中国集装箱国际铁路联运的总承运人和总代理人，开办了中国铁路通过西伯利亚铁路向西欧、北欧以及伊朗等国的集装箱货物联运。其货运里程可比海运缩短1/3～1/2，运输时间平均提前10天左右，这对加速货运速度以及节省运费，都有重要意义。1992年，东起中国的连云港，途经陇海、兰新、北疆铁路进入独联体直达荷兰鹿特丹的第二条欧亚大陆桥运输的正式营运，更进一步加快了货运速度，节省了运杂费用，将进一步促进我国对外贸易的发展。

（二）国内铁路货物运输

对外贸易货物的国内铁路运输是指海运进口货物由港口铁路转运至各地用货部门，或者海运出口货物由产地经铁路运到港口装船，以及各省、市、自治区之间外贸物资的调拨供应运输。它们都是按铁道部颁布的《国内铁路货物运输规程》的规定办理的。

供应香港地区货物的铁路运输，须先由产地将货物由铁路运至深圳北站，经当地外运公司接货、报关后，再统一向铁路租车，原车过轨，并委托香港中国旅行社续办港段铁路的托运、押送和在终点站交付收货人的工作。因此，它的特点是“租车方式、两票运输”。对于供应澳门的货物，则须由产地经铁路运至广州后，再由卡车或驳船运往澳门。上述供应香港、澳门的铁路运输货物，凡系凭信用证办理结汇的，都由出口单位凭发货地外运公司签发的“承运货物收据”（cargo receipt）随同其他单证办理结汇手续。

三、航空运输

航空运输的优点是航行速度快、交货迅速、货损率低以及节省包装、储存等费用，货物可以运往世界各地而不受地面条件的限制；缺点是运量小、运价高，易受恶劣气候的影响，风险大。因此，它适用于一些时间性强、体轻而贵重、量少而急需的货物运输。

采用航空运输需要办理一定的货运手续，中国对外贸易运输总公司作为中国民航的代理和各进出口公司的货运代理，接受各进出口公司的委托，负责办理出口航空运输货物的提货、报关、托运等工作，同时还为空运进口货物代办报关、提货和办理中转运输等工作。

航空运输方式主要有：

（1）班机运输。班机是指在固定时间、固定航线、固定始发站、中途站和终点站运输的飞机，通常使用客货混合型飞机。因其定时、定航线、定站的特点，而且舱位有限，因而适用于运送载运量较少的急需物品、鲜活商品以及节令性商品。

（2）包机运输。它是指包租人向航空公司或包机代理公司包租整机或部分舱位，从一个或几个航空站装运货物至指定目的地的运输方式，主要适用于大宗货物或1吨以上的货物运输，其运费相对于班机运输要低。

（3）集中托运。它是指航空货运代理公司把若干批单独发运，但同一到站的货物组成一整批向航空公司托运，货物到站后，由航空货运代理公司委托当地的代理负责收货、报关以及拨交给实际收货人。集中托运的运价比国际空运协会公布的班机运价低7%～10%，因此使用较普遍。

(4) 联运方式。它是指包括空运在内的两种或两种以上运输方式的联合运输，具体做法有陆空联运（train-air，TA）、陆空陆联运（train-air-truck，TAT）等。

(5) 航空急件传递。它又称航空速递运送或快件或快运业务（air courier/express cargo service），是目前国际航空运输中最快捷的运输方式。不同于航空邮寄和航空货运，它是由一家专门经营这项业务的公司和航空公司合作，设专人用最快的速度在货主、机场和用户之间传递急件，以运送急需的药品、精密仪器、电子元件、图纸资料、货样和商务文件为主，实现“桌到桌”的速递服务。

航空货物的运费计算，以千克为单位，但计费重量分为实际重量和体积重量两种，并以两者中较高的一种计算。凡重量大而体积相对较小的货物，按实际重量计算，反之则按体积重量计算。按照我国航空公司的规定，具体界限是以每6000立方厘米（或365立方英寸）折算为1千克，不足1千克的尾数四舍五入。

四、邮包运输

邮包运输是托运人在托运地邮局办理邮件托运手续后，由邮局负责将邮件传递到目的地，收货人直接在目的地邮局提取邮件的一种运输方式。邮包分为普通邮包和航空邮包两种。这种运输方式的特点是手续简便，费用不太高，具有广泛的国际性和“门到门”的运输性质。根据各国邮政的规定，国际邮包运输限定每件长度不能超过1米，重量不能超过20千克，所以邮包运输只适用于量轻体小的商品，如精密仪器、机器零件、金银首饰、药品以及各种样品和零星物品等。

五、集装箱运输

（一）集装箱运输的含义

集装箱运输（container transport）是指将一定数量的单件货物装入特制的标准规格的集装箱内，以集装箱作为运送单位所进行的运输。它是成组运输的一种高级形态。这种成组运输因其装载量大，往往又能使船舶、火车、汽车、飞机等各种运输工具衔接在一起，而成为一种新型的现代化运输方式。按此方式运输时，发货人可以直接在自己的工厂、仓库或集装箱货运站将货物装入集装箱，然后通过多种运输方式将集装箱运到收货人的工厂、仓库或集装箱货运站后拆箱。货物装箱后，中途不论经过多少国家或更换多少种运输工具，既不必拆箱查验，也不必将货物从箱内取出更换，使国际贸易货物交接由“港到港”延伸到“门到门”。因此，集装箱运输方式具有提高装卸效率、扩大港口吞吐能力、加速船舶周转、缩短货运时间、降低营运成本、提高货运质量、节省包装费用、简化手续、便于货运等优点。

国际标准化组织（ISO）对集装箱的规格从1A到3A共分成3个系列13种标准规格。其中应用最多的是1A型（8英尺×8英尺×40英尺）、1C型（8英尺×8英尺×20英尺）和1AA型（8英尺×8.6英尺×40英尺）。国际上都以20英尺集装箱作为计算统计单位，并以“TEU”（twenty foot equivalent unit）来表示，简称“标准箱”，其容积为31立方米，最大毛重为20公吨，可装约25立方米或17公吨的货物。

（二）集装箱运输的货物交接

按装箱方式分，集装箱运输的货物有整箱货（full container load，FCL）和拼箱货（less than container load，LCL）两种。对于托运数量达到整箱要求（即托运货物体积达到一个集装箱内容积的75%或重量达到集装箱负荷量的95%）的整箱货，可以由发货人在自己的工厂或仓库自行装箱，也可以由承运人代为装箱，装箱后直接运往设在港口码头的集装箱堆场（container yard，CY）。对于托运数量达不到一个集装箱容积或负荷量要求的拼箱货，则一般由发货人将货物交承运人码头的集装箱货运站（container freight station，CFS）或内陆集装箱货运站（inland container depot），由承运人根据货物的性质、流向、重量等将多个货主的货物拼装成箱，并运交集装箱堆场。集装箱运到目的港后，整箱货由收货人直接提取或由承运人继续运往目的地交给收货人；拼箱货则由目的港的集装箱货运站或内陆货运站开箱拨交给各收货人。

（三）集装箱运输的费用

集装箱运输的费用构成和计算方法与传统的运输方式不同。以海运为例，它包括内陆或装运港市内运输费、拼箱服务费、堆场服务费、海运运费、集装箱及其他设备使用费等。

内陆运输费（inland transport charge）或装运港市内运输费主要包括区域运费、无效拖运费、变更装箱地点费等。内陆或港口市内运输可以由承运人负责，也可以由货主自理。如由货主自理，有关费用负担和支付按买卖合同规定，由发货人或收货人负责。在通常情况下，在出口地发生的费用由发货人负责，在进口地发生的费用由收货人负责。

拼箱服务费（LCL service charge）包括拼箱货在货运站至堆场之间空箱或重箱的运输、理货，货运站内的搬运、分票、堆存、装拆箱，以及签发场站收据、装箱单制作等各项服务费用。

堆场服务费（terminal handling charge），也称码头服务费，包括在装运港堆场接收来自货主或集装箱货运站的整箱货和堆存、搬运至装卸桥下的费用，以及在卸货港从装卸桥下接收进口箱、将箱子搬运至堆场和在堆场的堆存费用。堆场服务费还包括在装卸港的有关单证费用。

集装箱及其他设备使用费（fee for use container and other equipments）是指当货主使用由承运人提供的集装箱及底盘车等设备时发生的费用，包括集装箱从底盘车上吊上吊下的费用。

集装箱海运运费基本上可分成两大类：一类是沿用传统的件杂货运费计算方法，即以每运费吨作为计费单位；另一类是以每个集装箱作为计费单位，即包箱费率（box-rate）。但总的趋势是以包箱费率的计算方法逐步取代传统件杂货运费的计算方法。

集装箱的包箱费率有3种规定方法：

（1）FAK包箱费率（freight for all kinds），即不分货物种类，也不计货量，只规定统一的每个集装箱收取的费率。其形式如表3-3所示。

表3-3 中国—新加坡航线集装箱费率 单位：美元

装港	货类	CFS/CFS	CY/CY	
		per F/T	20′FCL	40′FCL
大连	杂货	78.50	1250.00	2310.00
新港	杂货	70.00	1150.00	2035.00
上海	杂货	70.00	1150.00	2035.00
黄埔	杂货	63.00	950.00	1750.00
⋮	⋮	⋮	⋮	⋮

（2）FCS包箱费率（freight for class），即按不同货物等级制定的包箱费率。其形式如表3-4所示。

表3-4 中国—澳大利亚航线集装箱费率 单位：美元

基本港：Brisbane，Melbourne，Sydney，Fremantle				
等级	计费标准	20′（CY/CY）	40′（CY/CY）	LCL（per F/T）
1～7	W/M	1700	3230	95
8～13	W/M	1800	3420	100
14～20	W/M	1900	3510	105

（3）FCB包箱费率（freight for class & basis），即按不同货物等级或货物类别以及计算标准制定的费率。其形式见表3-5。

表 3-5 中国—地中海航线集装箱费率 单位：美元

基本港：Algiers，Genoa，Marseilles				
等级	LCL per W	LCL per M	FCL 20′（CY/CY）	FCL 40′（CY/CY）
1 ～ 7	131.00	100.00	2250.00	4200.00
8 ～ 13	133.00	102.00	2330.00	4412.00
14 ～ 20	136.00	110.00	2450.00	4640.00

值得注意的是，许多班轮船公司根据自己的需要，订出了不同的包箱费率，即使是同一家船公司的费率，不同航线也采用不同的包箱费率。

关于海运运价还需要特别提醒，2020 年爆发疫情以来，受到疫情影响以及国外进口需求增大等原因，国际海运运价不断上涨，在 2021 年出现了暴涨，以下举某货代公司的部分报价为例。

表 3-6 中国—北美航线集装箱费率 单位：美元

出货	收货	船期（2021 年 1 月）	柜型	价格
南沙	LA	1.14 截 SI	40HQ	17300
南沙	Vancouver	1.16 截 SI	40HQ	10550
深圳	Montreal	1.16 截 SI	40HQ	22000
深圳	LA	1.18 截 SI	40HQ	16000
深圳	Miami	1.25 截 SI	40HQ	21300
深圳	New York	1.30 截 SI	40HQ	19800

注：另加额外船公司附加费，包括 ORC，DOC，AMS，ISPS，SEAL，EIR，VGM；拖车报关、港杂费实报实销。（ORC—Orgin Received Charges 原产地附加费；DOC—Document 文件费；AMS—America Manifest System 美国舱单系统录入费；ISPS—International Ship and Port Security 国际船舶与码头安保费；SLF—Seal Fee 封条费；EIR—Equipment Interchange Receipt 设备交接单费；VGM—Verified Gross Mass 集装箱重量查核费）

六、国际多式联运

国际多式联运（international multimodal transport 或 international combined transport）是在集装箱运输的基础上产生和发展起来的一种综合性的连贯运输方式。它一般是以集装箱为媒介，把海、陆、空多种传统的单一运输方式有机地结合起来，组成一种国际的连贯运输。《联合国国际货物多式联运公约》对国际多式联运所下的定义是："国际多式联运是指按照多式联运合同，以至少两种不同的运输方式，由多式联运经营人把货物从一国境内接运货物的地点运至另一国境内指定交付货物的地点。"

从这个定义出发，构成多式联运必须具备的条件是：①必须有一份多式联运合同；②必须是国际两种或两种以上不同运输方式的连贯运输；③必须使用一份包括全程的多式联运单据，并由多式联运经营人对全程运输负总的责任；④必须是全程单一运费费率，其中包括全程各段运费的总和、经营管理费用和合理利润，以包干形式一次收取。

多式联运经营人（multimodal transport operator 或 combined transport operator，简称 MTO 或 CTO）对全程运输负总的责任，这是多式联运的重要特征。为了履行多式联运合同规定的运输责任，多式联运经营人可以自己办理全程运输中的一部分实际运输，把其他部分运输以自己的名义委托给有关区段的运输承运人（俗称分承运人）办理；也可以自己不办理任何部分的实际运输，而把全程各段运输分别委托有关区段分承运人办理。因此，多式联运经营人可以是实际承运人，也可以是无船经营人（nonvessel operating common carrier，NVOCC）。

多式联运经营人的任务和责任是：接受货主的委托，选择最佳运输路线，把多种运输方式有机地结合起来运送货物。不论经过几个国家，也不论变换几种运输方式，货主只需办理一次委托，支付一次费用，由联运经营人负责签发全程联运单据，负担全程运输责任。即使在内陆发货，也只要在货物装上第一程运输工具并取得单据后，就可凭此向银行办理结汇。

目前，我国对外贸易货物采用多式联运方式进行运输已日见增多。因其具有手续简便、安全准确、运送迅速、能提早收汇等优点，作为多式联运经营人的中国远洋运输公司和中国对外贸易运输公司已在欧洲、日本、美洲、大洋洲和非洲等国家和地区开辟了数十条联运路线。

七、大陆桥运输

大陆桥运输（land bridge transport）是指使用横贯大陆上的铁路或公路运输系统作为中间桥梁，把大陆两端的海洋连接起来的一种运输方式。从形式上看，它是海/陆/海的连贯运输，一般以集装箱为媒介，是国际多式联运的一种形式。它除具有集装箱运输的优点外，还具有开辟最短运输路线和节省运输时间的优点。目前世界上主要的大陆桥有：北美大陆桥——包括美国大陆桥和加拿大大陆桥、欧亚大陆桥——包括西伯利亚大陆桥和新欧亚大陆桥，共 4 条。由于情况的变化，北美大陆桥现已基本不用，取而代之的是欧亚大陆桥。

西伯利亚大陆桥把亚洲、太平洋沿岸与波罗的海、黑海及西欧、大西洋沿岸连接起来，它与海运相比，运输里程约缩短1/3，运输时间平均缩短 10 天左右。1991 年，中国又开通了新欧亚大陆桥，它以中国江苏的连云港或山东的石臼港为桥头堡，铁路连贯 6 个省区，经新疆阿拉山口国境站与俄罗斯土西铁路连接，途经波兰和德国，直通荷兰的鹿特丹港，全长约 10 800 千米，它比西伯利亚大陆桥运输路线具有更优越的地理环境和气候条件。

八、OCP 运输

OCP 是 overland common points 的缩写，意即内陆地区或陆上公共点。OCP 运输是指在海陆联运中运往或运自美国内陆地区或陆上公共点的一种运输方式。按照 OCP 运输条款规定，凡是使用美国西海岸航运公司的船舶，经过西海岸港口转往所述内陆地区（以美国西部 9 个州为界，即以落基山脉为界，其以东地区均为内陆地区范围，约占美国全国国土的 2/3）的货物，均可享受低于一般直达西海岸港口的海运优惠费率和内陆运输优惠费率。条件是成交的贸易合同须订明采用 OCP 运输方式，并使用集装箱运输，目的港应为美国西海岸港口并在提单的目的港栏内注明 OCP 字样，在商品品名栏和货物运输标志上注明 OCP 内陆地区名称。这样，出口商把货物托运到指定的西海岸港口后，就被认为完成了合同的交货义务，之后则由进口商委托港口转运代理人持提单向船公司提货，并由其自行按 OCP 费率把货物经由内陆运输运到目的地。对出口商来说，实际上是相当于把货物卖至美国西海岸港口，但可享受较低的优惠费率，节省运费；对进口商来说，在内陆运输中也可享受 OCP 优惠费率。这样，对买卖双方都有利。

第二节　国际货物买卖合同中的装运条款

装运条款的内容及其规定方法与合同的性质和运输方式有着密切的关系。我国的进出口合同大部分是 FOB，CFR 和 CIF 合同，而且大部分的货物是通过海洋运输的。按照国际贸易惯例解释，在上述条件下，卖方只要将合同规定的货物在装运港装上船，取得已装船清洁提单，并将其交给买方或其代理人，即算完成其交货义务。其交货地点是在装运港，交货时间是提单上所注明的日期，即装船完成的日期。此时，交货（delivery）和装运（shipment）的含义是一致的，合同中也常以“装运条件”来代替“交货条件”。因此，上述合同的装运条款主要包括装运时间、装运港和目的港、分批装运和转船运输的规定以及滞期、速遣条款等内容。

一、装运时间

装运时间（time of shipment）又称装运期，通常是指货物装上运输工具的时间或期限。它是买卖合同的主要条件，如卖方未能按合同规定的装运期装运，买方有权撤销合同，并有权要求卖方承担由此而造成的一切损失。在 FOB 条件下，如买方未能在合同规定的期限内履行派船的义务，买方也应承担卖方由此而造成的一切损失。因此，买卖双方在洽商交易和订立合同时，要认真考虑货源情况、市场需求、船期，以及商品特点和气候影响等情况，把装运时间订得明确合理和切实可行。在进出口合同中对装运时间的规定方法，主要有以下几种。

（一）明确规定具体期限

（1）规定装运的最迟期限，即在合同中明确规定卖方必须于某年某月某日前装运货物。例如："2021 年 3 月 15 日前装运"（shipment on or before 15th March 2021）；"装运期不迟于 2021 年 4 月 30 日"（shipment not later than 30th April 2021）。

（2）规定在一定期限内装运，即在合同中明确规定了一段时间，卖方可以选择其中任何一天装运。例如："2021 年 3 月装运"（shipment during March 2021）；"2021 年 1/2/3 月装运"（shipment during January/February/March 2021）。

以上规定装运时间的方法，明确具体，既便于船货的安排和准备，又不易在装运期上发生争议和纠纷。因此，在国际货物买卖合同中采用较为普遍。

（二）规定在收到信用证后若干时间内装运

这种规定方法是针对某些进口管制较严的国家、地区或专为买方制造的特定商品，为防止买方不履行合同而采用的一种方法。例如："收到信用证后 45 天内装运"（shipment within 45 days after receipt of L/C）；"收到信用证后 3 个月内装运"（shipment within 3 months after receipt of L/C）等。

但要注意，按照此种规定方法，卖方装运是以买方开出信用证作为前提条件，因此必须同时规定有关信用证的开到期限。例如，"买方必须最迟于 ××（日期）将有关信用证开抵卖方"（The Buyers must open the relative L/C to reach the Sellers before ××）。如不订明信用证开到期限，则可能由于买方拖延开证或拒绝开证而使卖方无法及时安排生产、包装、装运而陷于被动。为了促使买方按期开证，通常还应在合同中加列带有约束性的条款，如"买方如不按合同规定开证，则卖方有权按买方违约提出索赔"。

（三）采用某些术语表示装运时间

这种规定方法不规定具体期限，只是用"立即装运"（immediate shipment）、"即刻装运"（prompt shipment）、"尽速装运"（shipment as soon as possible）等词语表示。在买方急需而卖方又有现货的情况下，也可慎重地采用这种方法来表示装运时间。但这类术语在国际上并无统一的解释，极易引起争议和纠纷。因此，除非买卖双方已有统一理解外，应避免使用这类术语。

二、装运港和目的港

装运港和目的港涉及商品的价格和买卖双方各自承担的运输责任，是装运条件的重要内容，应在合同中作出明确、合理的规定。

（一）合同中规定装运港的方法及应注意的问题

装运港（port of shipment）是买卖双方约定的装运合同规定货物的起始地点，通常是由卖方为便利于货物装运而提出的，经买方同意后确定。合同中规定装运港的方法有如下 3 种：

（1）只规定一个港口为装运港，并列明具体港口名称，如“装运港：广州”。

（2）规定两个或两个以上港口为装运港，并分别列明港口名称，如“装运港：广州、汕头、湛江”。这一方法一般是在货物数量较大而货源又分散在几处的情况下采用。

（3）笼统规定某一航区为装运港，如广东口岸、中国口岸。这一方法主要用于成交时装运港还不能具体确定的情况。

规定装运港时应注意的问题：

（1）在我国出口业务中，一份合同一般只规定一个装运港，但如一份合同的货物要在几个港口装运，也可规定为几个港口或某一航区甚至中国口岸，一般应靠近货源地。

（2）在我国进口业务中，国外装运港应当明确具体。如是我方派船接货的，国外装运港应当注意选择设备较好、费用较低、船舶可以安全停靠的较大的港口，这样有利于我方租船订舱和节约费用。此外，还应注意国外装运港的重名问题。

（二）合同中规定目的港的方法及应注意的问题

目的港（port of destination）是买卖双方约定的最终卸货的港口，一般是由买方根据使用、转售的需要而提出，经卖方同意后确定的。合同中规定目的港的方法有以下几种：

（1）只规定一个港口为目的港，并列明具体港口名称，如“目的港：纽约”。

（2）规定两个或两个以上港口为目的港，并分别列明港口名称，最后由买方确定其中一个港口作为目的港，如“目的港：热那亚/马赛/伦敦”。

（3）笼统规定某一航区为目的港，如欧洲主要港口（main European ports）。

规定目的港时应注意的问题：

（1）在我国进口业务中，如是卖方租船订舱，目的港应只规定一个港口，这个港口应靠近用货单位；如是我方派船接货，则目的港可以订一个港口，也可视需要订为“中国港口”。

（2）在我国出口业务中，如是买方派船接货，目的港只要不是我国政策不允许往来的国家的港口，都可接受。如是我方租船订舱，则应注意以下几点：

一是一般只应规定一个港口，如买方要求笼统地规定“欧洲主要港口”“非洲主要港口”等则不应接受，以免陷入被动局面。

二是必须符合我国对外政策规定。

三是应当是安全港，最好选择有直达班轮航线、装卸条件较好、费用较低的港口为目的港。如租船运输时，还应进一步考虑码头泊位的深度、有无冰封期、冰封具体时间以及对船舶国籍有无限制等港口制度。

四是如买方要求规定选择港（optional ports），一般不宜超过 3 个港口，这些港口还应在同一条航线上，且有班轮停靠，才能接受。同时，应规定由此增加的选港附加费用由买方负担，并按“选择港”中最高的费率和附加费计算、核定价格和运费，还应在合同中规定买方决定卸货港的最后时间，订明若船舶到达第一个选择港 48 小时前还未确定，则船方有权在任一选择港卸货。

五是应注意国外目的港的重名问题。世界上重名港很多，如维多利亚（Victoria）就有 12 个，波特兰（Portland）、波士顿（Boston）在美国及其他国家都有。像这些重名港，应加注国名，在同一国家有重名的，还必须加注该港口所在国的省或州名。

三、分批装运和转船运输问题

（一）分批装运

所谓分批装运（partial shipment），是指一笔成交的货物分若干批于不同航次装运。但根据国际商会第 600 号出版物《跟单信用证统一惯例》规定，表明使用同一运输工具并经由同次航程运输的数套运输单据在同一次提交时，只要显示相同目的地，将不视为部分发运，即使运输单据上表明的发货日期不同或装货港、接管地或发运地点不同。如果交单由数套运输单据构成，其中最晚的一个发运日将被视为发运日。

在进出口合同中，特别是进行大宗货物交易时，对受到运输条件、货源和市场销售的影响而需分批装运的货物，买卖双方应根据需要和可能，规定好分批条款。分批装运的规定方法有以下两种：

（1）只规定“准许分批”（allow partial shipment），而不加其他限制。这对卖方有利，到时分批还是不分批、分多少批都可由卖方根据实际情况灵活掌握。在我国出口业务中，可根据具体情况，争取订上这个条款。

（2）对分批的次数、每批装运的时间和数量作出限制。如“3—6 月分 4 批每月平均装运”（shipment during March/June in four equal monthly lots）。这时，卖方必须按规定严格执行，只要其中任何一批没有按时、按量装运，就可作为违反合同论处。按《跟单信用证统一惯例》规定，其中任何一批未按规定装运，则该批及以后各批的装运，信用证均告失效。

如果不同意分批装运，需要一次装运完毕，则应在合同和信用证中订明不允许分批装运的限制性条款，以免发生争议和纠纷。因为按《跟单信用证统一惯例》规定：“除非信用证另有规定，允许分批装运。”而有些国家法律则规定：“除非合同中明确规定允许分批装运，否则即是不允许分批装运。”

（二）转船运输

所谓转船运输（transhipment），是指货物通过中途港重新装卸和转运。一般来说，货物中途转船可能导致费用增加和发生货物损失，买方往往不肯接受货物转船的条款。但当进出口货物运往没有直达船的港口或一时无合适的船舶运输货物，或目的地港口条件太差，需通过转船运输时，买卖双方在权衡利弊的基础上，可规定“允许转船”（transhipment to be allowed）的条款，以促成交易。在我国出口业务中，如由对方派船接货的，此项条款不需订上；如由我方租船订舱，上述情况则要订上“允许转船”的条款。对由买方指定中转港、轮船公司和船名的要求，我方一般也不宜接受，因为按照国际航运公司习惯，转船港口和转船事宜一般都是由第一承运人根据具体情况办理的，不必事先征得货主的同意。

四、备货通知、派船通知和装船通知问题

按照FOB条件成交的合同，应由买方派船接货，为保证船货衔接，在合同中应订上卖方备货通知和买方派船通知的条款。备货通知是卖方在预备交货前若干天（如30天或45天）将备货情况电告买方，以便买方能安排派船接货事宜。

派船通知是指买方收到卖方备货通知，并办妥租船订舱手续后，应将船名、船籍、吨位、预计到港日期等电告卖方，以便卖方安排到时将货装船。

至于装船通知则是指在FOB和CFR条件下，卖方将货装船完毕后，必须迅速通知买方有关货物和船舶的情况，以便买方办理保险和准备接货。这是卖方的一项重要法律责任。在实际业务中，有的合同明确订上这一内容，也有的合同没有订上。但不论合同有无规定，卖方装货后均必须迅速发出此项通知。按 *INCOTERMS 2020* 的规定，在CIF条件下，卖方装完船后，也应及时发出装船通知，以便买方做好准备提货的工作。

五、关于滞期和速遣问题

在租船装运的大宗交易合同中，装卸快慢会影响有关方面的利益。从租船方来说，总希望能快装或快卸，因而要求在合同中规定每天的装货率或卸货率是多少、装卸时间如何计算、滞期费（demurrage）和速遣费（despatch）的标准各是多少等项内容。在实际业务中，如果是由我方租船送货或接货时，我方应要求在合同中订上这一条款，具体内容应与我方将来所订租船合同中的有关内容相衔接。如果是对方租船接货或送货时，对方会要求在合同中订立这一条款，我方应根据有关港口装卸设备和效率的实际情况适当地作出规定。按照航运习惯，滞期费一般相当于船舶的营运费用，速遣费一般为滞期费的50%。但这并不是合理的，中国租船有限公司在有些租船合同中已争取到速遣费与滞期费相同。滞期费，是指在约定的允许装卸时间内未能将货物装卸完，致使船舶在港内停泊时间延长，给船方造成经济损失，则延迟期间的损失应按约定每天若干金额补偿给船方的这项补偿金。反之，如按约定的装卸时间和装卸率，提前完成装卸任务，使船方节省了船舶在港的费用开支，船方将其获取的利益的一部分给租船人作为奖励，这项奖励金就叫速遣费。

第三节 运输单据

运输单据也称装运单据，它是承运人或其代理人收到发货人交来的货物后，签发给发货人的收货证明。它是交接货物、处理索赔与理赔以及向银行结算货款或进行议付的重要单据。在按象征性交货术语（FOB，CFR，CIF，FCA，CPT和CIP）成交的合同下，它是卖方借以证明其已履行交货义务的重要凭证。按不同的运输方式，运输单据有海运提单、铁路运单、承运货物收据、航空运单、邮包收据、多式联运单据等。

一、海运提单

（一）海运提单的性质和作用

海运提单（bill of lading，B/L）简称提单，是由船公司或其代理人签发的，证明已收到特定货物，允诺将货物运至特定目的港，并交付给收货人的书面凭证。它的性质和作用是：

（1）提单是承运人或其代理人签发的货物收据（receipt for the goods），证明已按提单所列内容收到货物。

（2）提单是货物所有权的凭证（document of title），提单的合法持有人有权凭提单向承运人提取货物，也可以在载货船舶到达目的港之前办理转让，或凭以向银行办理抵押贷款。

（3）提单是承运人与托运人之间订立运输合同的证明（evidence of contract），也是承运人与托运人或收货人处理双方权利、义务的依据。

提单除了具有以上3项主要作用之外，还有作为收取运费的证明以及在运输过程中起到办理货物的装卸、发运和交货等方面的作用。

（二）海运提单的种类

提单可以从不同角度加以分类，主要有以下几种。

1. 根据货物是否已装船，可分为已装船提单和备运提单

（1）已装船提单（on board B/L或shipped B/L），是指船公司已将货物装上指定船舶后所签发的提单，它必须载明船名和装船日期，并且一般以提单签发日期来证明装船日期。在国际贸易业务中，买方开来的信用证一般都要求卖方必须提供已装船提单。

（2）备运提单（received for shipment B/L），是指船公司已收到托运货物等待装船期间所签发的提单。由于这种提单一般不注明船名，又没有肯定的装船日期，因而很难保证收货人能凭单提到货物，故买方一般不接受这种提单。此外，除非信用证另有规定，否则银行也拒收这种备运提单。但是，备运提单经承运人加注“已装船”

字样，并注明了船名、装船日期及签字证明后，即变为已装船提单。

2. 根据提单上对货物外表状况有无不良批注，可分为清洁提单和不清洁提单

（1）清洁提单（clean B/L），是指货物交运时表面状况良好，承运人在签发提单时未加任何货损、包装不良或其他有碍结汇批注的提单。

（2）不清洁提单（unclean B/L或foul B/L），是指货物交运时，承运人在提单上对货物表面状况或包装不良或存在缺陷等作批注的提单。如提单上批注了“×件破损”“包装不固”“破包”“被雨淋湿”等，就属于不清洁提单。但是，根据国际航运公司的解释，对下列性质作批注的提单不应视为不清洁提单：①批注意义未明确表示货物或包装的“不清洁”状况，如仅批注“旧箱”或“旧桶”等；②批注意义仅在于强调承运人对货物或包装性质所引起的风险不承担责任；③批注意义在于表明承运人不知道货物的内容、重量、容量、质量或技术规格，对所引起的风险不承担责任。

在国际贸易业务中，银行为安全起见，在办理货款支付时，一般都要求提交清洁提单。对于不清洁提单，除信用证明确规定可接受外，一般都拒绝接受。根据国际惯例，买方也有权拒绝接受不清洁提单。

3. 根据提单收货人抬头的不同，可分为记名提单、不记名提单和指示提单

（1）记名提单（straight B/L），是指在提单的收货人栏内具体填明了收货人的名称，只能由该收货人提货，不能背书转让。这种提单虽可避免提单转让过程中的风险，但也失去了物权凭证的作用，不能代表货物进行流通转让，故又称“不可转让提单”。实际业务中，通常只有在托运贵重物品、援助物资和展览品时，才使用这种记名提单。

（2）不记名提单（blank B/L，open B/L或bearer B/L），是指提单收货人栏内没有指明任何收货人，即仅填写“来人”（bearer）或空着不填。这样，谁持有提单，谁就可以提货，承运人交货也只凭单，不凭人。因此，采用这种提单风险大，一般不予使用。

（3）指示提单（order B/L），是指提单收货人栏内只填写“凭指定”（To Order）或“凭某人指定”（To Order of ××）字样，并经背书就可转让的提单，故又称为“可转让提单”。背书的方法有两种：一种是空白背书，即仅由背书人在提单背面签字盖章，而不注明被背书人的名称。凡是指示抬头的提单经过空白背书后，便构成“不记名提单”，持有人有权直接向承运人要求提货，也可以在市场上转让或作为银行的抵押品，而无需再另行背书。另一种是记名背书，即由背书人在提单背面签字盖章外，还列明被背书人的名称。具体又有两种做法：一是由受让人指示的背书，即除了做成上述的“空白背书”形式外，还须在背书人上面打印上“交由××公司指示”（Delivery to the Order of ×× Co.），经过这种背书的提单，受让人仍可在市场上继续背书转让。二是无指示的记名背书，即除了做成上述的“空白背书”形式外，还要

在背书人上面打印上"交由××公司"（Delivery to ×× Co.），经过这种背书的提单，便构成"记名提单"，只能由受让人持提单在目的港直接向承运人或其代理人提货，不能再背书转让。在实际业务中，使用最多的是凭指示空白背书提单，习惯上称为"空白抬头、空白背书"提单。

4. 根据运输方式不同，可分为直达提单、转船提单和联运提单

（1）直达提单（direct B/L），是指轮船中途不经过换船而直接驶往目的港卸货所签发的提单。凡合同和信用证规定不准转船者，必须使用这种直达提单。

（2）转船提单（transhipment B/L），是指货物在装运港装船后，中途需换船而将货物转运至目的港时，由第一程承运人在装运港向托运人签发的运往最后目的港的提单。这种提单上注有"在××港转船"的字样。其转运手续由第一程承运人负责代办，费用也由其承担，但责任由各程船公司分段负责。

（3）联运提单（through B/L），是指经过海运和其他运输方式联合运输时，由第一程承运人所签发的包括全程运输的提单。联运提单的性质同转船提单一样，途中转运的手续和费用都由第一程承运人承担，但转运后的责任由各段的承运人分别负责。

5. 根据提单内容的繁简，可分为全式提单和略式提单

（1）全式提单（long form B/L），又称繁式提单，是指提单背面列有承运人和托运人权利、义务的详细条款的提单。

（2）略式提单（short form B/L），又称简式提单，是指提单上略去背面条款，而只列出提单正面的必须记载事项。使用这种提单一般有两种情况：一是租船合同项下的略式提单，这种提单上注有"根据×月×日签订的租船合同开立"或"所有条件根据×年×月×日签订的租船合同"等字样。由于这种提单受到租船合同的约束，它本身不构成一份完整的独立文件，因此银行一般不接受这种提单。另一种是班轮项下的略式提单，一般是为了简化提单的制备工作而采用，这种提单一般都印有"本提单货物的收受、保管、运输和运费等事项，均按本公司全式提单规定的条款办理，可供托运人随时查阅"等内容。根据国际银行业务的习惯，这种略式提单可凭以向银行办理议付。

6. 其他种类的提单

（1）集装箱提单（container B/L），是指以集装箱装运货物所签发的提单。集装箱提单有两种形式：一种是在普通的海运提单上加注"用集装箱装运"（containerized）字样；另一种是多式联运提单（combined transport B/L），这种提单的内容增加了"集装箱号码"（container number）和"封号"（seal number）。如使用多式联运提单，应在信用证上加注"多式联运提单可接受"（Combined transport B/L is acceptable）或类似的条款。

（2）舱面提单（on deck B/L），是指承运货物装在船舶甲板上所签发的提单，故又称甲板货提单。舱面货风险较大，按《海牙规则》规定，承运人对舱面货的损坏

或灭失不负责任，故银行和买方一般不接受舱面提单。但有毒品、危险品、体积大或价值低廉的废旧品不宜装入舱内，这时应在合同和信用证中加列“可接受舱面提单”的条款。同时，托运人一般都要向保险公司加保“舱面险”。按《汉堡规则》规定，装于舱面的集装箱与舱内货处于同等地位。

(3) 过期提单（stale B/L），是指错过规定的交单日期或者晚于货物到达目的港的提单。前者是指卖方超过提单签发日期后21天才交到银行议付的提单。按惯例，如信用证无特殊规定，银行将拒绝接受这种过期提单。后者是在近洋运输时容易出现的情况，故在近洋国家间的贸易合同中，一般都订有“过期提单可接受”（Stale B/L is acceptable）的条款。

在实践中，近邻国家之间的贸易，常因运输路线短，提单邮寄所需时间往往超过实际运输时间而不能在船到目的港前为进口人所收到，而产生提单“过期”，由于过期提单可能造成进口人不能如期提货而造成损失的情形，所以，在实际业务中，鉴于近邻国家的贸易产生过期提单在所难免，为便于进口人及时提货，买卖双方往往事先商定，待货物装运后，由卖方负责将一份正本提单委托船公司随货带往目的地交开证银行或代收银行，由进口商向银行付款后领取，然后再凭此向船公司提取货物。

(4) 倒签提单（antedated B/L），是指承运人签发提单时倒填签发日期的一种提单。一般提单签发日期应为该批货物全部装船完毕的日期，但有时由于种种原因，不能在合同或信用证规定的装船期内装运，又来不及修改信用证时，为符合合同或信用证装运期的规定而采用倒签日期的做法；但这种做法是不合法的，有巨大风险，应尽量避免。

(5) 预借提单（advanced B/L），是指货物在装船前或装船完毕之前，托运人为了及时结汇，向承运人预先借用的“已装船提单”。这种提单也是不合法的，而且比倒签提单的风险更大。因为货物在装船前可能因各种原因发生灭失、损失或退关，也可能因船舶发生问题而不能装上提单上指定的船舶，而提单业已发出，这就处于十分被动的地位。

（三）有关提单的国际公约

为了统一规定海上运输中承运人和托运人的权利、义务，国际上签署了若干公约。有关提单的国际公约有：

(1) 1924年的《关于统一提单的若干法律规则的国际公约》，简称《海牙规则》。

(2)《1968年布鲁塞尔协定书》，简称《维斯比规则》。

(3)《1978年联合国海上货物运输公约》，简称《汉堡规则》。

《海牙规则》自1924年通过、1931年6月生效以来，世界各国航运公司制定的提单条款大都以此为依据，我国的“中远提单”也是以《海牙规则》的规定来制定的。1968年通过的《维斯比规则》，只是对《海牙规则》作了些枝节上的修改和补充，于1977年6月生效，但只有少数国家参加这一规则。《汉堡规则》对《海牙规则》作了较大的实质性的修改，对承托双方的权益作了较为公平合理的调整。该公约于1978年3月通过，规定要等20个国家提交本国政府批准书后一年才生效，于1991年10月7日第20个国家（赞比亚）交存批准书，已满20个国家批准加入该公约，据此，《汉堡规则》于1992年11月1日起生效。这三个公约我国均未参加。

这三个文件的主要不同点是：

（1）《海牙规则》的基本立场是偏袒承运人利益的，该公约中规定的承运人免责条款达17条之多，除了海难、天灾、战争、货物内在缺陷以及由于托运人的疏忽所造成的货物灭失或损坏可以免责外，诸如船长、船员、引水员或承运人的雇员在航行或管理船舶中的行为、疏忽或不履行义务造成的损失也不予负责。《汉堡规则》废除了航行过失免责条款，加强了承运人的责任，以确定过失或疏忽的原则为基础合理地维护了货方的利益。

（2）《海牙规则》把活动物和甲板货排除在货物范围之外，因此对活动物死亡和甲板货被海水冲走，承运人均不予负责。《汉堡规则》扩大了货物的含义，把活动物和甲板货均列入货物的范围之内。

（3）《海牙规则》规定承运人的责任期间是从装船到卸船，即吊钩到吊钩（tackle to tackle）。《汉保规则》扩大为自接受货物时起到交付货物时止，包括港区到港区（port to port），集装箱堆场到堆场（CY to CY）或者集装箱货运站到货运站（CFS to CFS）。

（4）《海牙规则》规定承运人对每件或每单位货物的灭失或损坏赔偿金额不超过100英镑或相当于100英镑的其他货币。《维斯比规则》对每单位货物的赔偿金额改为不超过10000金法郎或每千克30金法郎，两者中以较高的数额为准。《汉堡规则》规定为835SDR（特别提款权记账单位）或每千克2.5SDR，也是以两者中较高的数额为准。

《中华人民共和国海商法》于1992年颁布，并于1993年7月1日起施行。根据国际航运惯例和我国实际，该法对承运人的责任、责任期间、免责事项和诉讼时效等规定与《海牙规则》基本相似，但为兼顾船、货各方的利益，对承运人的赔偿责任限制作了修改，即对每件或每单位货物的灭失或损坏，承运人的赔偿责任限额是666.67SDR，或按毛重计算每千克为2SDR，以两者中较高的数额为准。

二、海上货运单

海上货运单（sea waybill 或 ocean waybill），简称海运单，是证明海上货物运输合同和货物由承运人接管或装船，以及承运人保证据以将货物交付给单证所载明的收货人的一种不可流通的单证，因此又称为“不可转让海运单”（non-negotiable sea waybill）。

海运单不是货物的物权凭证，故不得转让。收货人不凭海运单提货，承运人亦不凭海运单交货，而是凭海运单所载明的收货人的提货凭条交付货物，只要该凭条能证明提货人为运单上所指明的收货人即可。

海运单与提单既有区别又有联系。

（1）提单是货物收据、运输合同，也是物权凭证；海运单只具有货物收据和运输合同这两种性质，不是物权凭证。

（2）提单可以是指示抬头形式，通过背书流通转让；海运单是一种非流通单据，海运单上标明了确定的收货人，不能转让流通。

（3）提单的合法持有人和承运人凭提单提货和交货，海运单上的收货人并不出示海运单，仅凭提货通知或其身份证明提货，承运人凭收货人出示适当身份证明交付货物。

（4）提单有全式和简式之分，而海运单只是简式单据，背面不列详细货运条款，但一般载有一条可援用海运提单背面内容的条款。

1990 年国际海事委员会正式通过了《1990 年国际海事委员会海运单统一规则》，为海运单的规范使用提供了依据。海运单仅涉及托运人、承运人、收货人三方，程序简单，操作方便，有利于货物的转移，可以简化手续、节省费用，同时由于其不是物权凭证，更能适应 EDI（electronic data interchange，电子数据交换）技术，因此海运单的使用越来越广泛。

三、其他运输单据简介

（一）铁路运输单据

铁路运输可分为国际铁路联运和国内铁路运输。前者使用国际铁路联运运单。后者使用国内铁路运单；而通过铁路对我国香港、澳门地区出口的货物，使用“承运货物收据”作为结汇的凭证。现将国际铁路联运运单和承运货物收据分别简介如下。

1. 国际铁路联运运单

国际铁路货物联运所使用的铁路运单和运单副本是发、收货人与铁路之间缔结的运输契约，对双方都具有法律效力。运单随同货物自始发站到终点站运行，货到终点站，运单作为通知、清点和交付货物的凭证连同货物一并交给收货人。运单副本在始发站经铁路加盖承运日期戳后，退回给发货人，它是发货人连同其他单证向银行办理结汇的主要单据之一。由于国际铁路货物联运分为快运和慢运两种，故在运单及其副本上加有不同的标记。凡需快运的货物，则在运单及其副本的正反两面的上边和下边加印有红线；慢运货物则使用不加注红线的运单和运单副本。铁路运单及其副本，不同于海运提单，它不是代表货物所有权的物权凭证。

2. 承运货物收据

承运货物收据（cargo receipt）是在特定运输方式下所使用的一种运输单据，它既是承运人出具的货物收据，也是承运人与托运人签订的运输契约。我国内地通过铁路运往港、澳地区的出口货物，一般都委托中国对外贸易运输公司承办。当出口货物装车发运后，当地外运公司即签发一份承运货物收据给托运人，以作为对外办理结汇的凭证。

承运货物收据的格式及内容和海运提单基本相同，主要区别是它只有第一联为正本。在该正本的背面印有“承运简章”，载明承运人的责任范围。该简章第二条规定由该公司承运之货物，在铁路、轮船、公路、航空及其他运输机构范围内，应根据各机构的规章办理。可见，这种承运货物收据不仅适用于铁路运输，也可用于其他运输方式。

（二）航空运单

航空运单（air waybill）是航空公司和托运人之间订立的运输合同，是承运人或其代理人收到货物后签发的货物收据。航空运单还可作为承运人核收运费的依据和海关查验放行的基本单据。与海运提单不同的是，航空运单不是代表货物所有权的证件，不能背书转让，也不能凭以向承运人提取货物。在航空运输方式下，货物运抵目的地后，承运人向收货人发出“到货通知”，收货人凭“到货通知”及有关证明提取货物，并在“交货收据”上签收。因此，在航空运单的“收货人”栏内，必须详细填写收货人的全称和地址，而不能做成指示性抬头。

航空运单共有正本一式三份：第一份正本注明“Original—for the Shipper”，应交托运人；第二份正本注明“Original—for the Issuing Carrier”，由航空公司留存；第三份正本注明“Original—for the Consignee”，由航空公司随机带交收货人。其余副本则分别注明“For Airport of Destination”“Delivery Receipt”“For Second Carrier”“Extra Copy”等，由航空公司按规定和需要进行分发。

（三）邮包收据

邮包收据（parcel post receipt）是邮包运输的主要单据，它既是邮局收到寄件人的邮包所签发的凭证，也是收件人凭以提取邮件的凭证，当邮包发生损坏或灭失时，它还可以作为索赔和理赔的依据；但邮包收据不是物权凭证。

（四）多式联运单据

多式联运单据（combined transport documents，CTD 或 multimodal transport documents，MTD）是指证明多式联运合同已订立，并证明多式联运经营人已接管货物并负责按照合同条款运送和交付货物的单据。它与传统的海运提单具有相同的作用，也是一种物权凭证。根据《联合国国际货物多式联运公约》的规定，多式联运经营人必须有自己的联运提单，它可依发货人的要求，由联运经营人签发可转让的或不可转让的多式联运单据。国际商会为了促进多式联运的发展，于1975年制定了《联合运输单据统一规则》，对多式联运单据作了认可的规定："如信用证无特殊规定，银行可接受多式联运经营人所签发的多式联运单据。"2007年修订的《跟单信用证统一惯例》也有类似规定，并在其第19条规定了提交多式联运单据的要求。

【自测题】

一、单项选择题

1. 班轮运费应该（　　）。
   A. 包括装卸费，但不计滞期费、速遣费
   B. 包括装卸费、滞期费及速遣费
   C. 包括装卸费和滞期费，但不计速遣费
   D. 包括装卸费和速遣费，但不计滞期费
2. 下列单据中，只有（　　）才可用来结汇。
   A. 大副收据　　B. 铁路运单副本
   C. 场站收据副联　　D. 铁路运单正本
3. 经过背书才能转让的提单是（　　）。
   A. 提示提单　B. 不记名提单　C. 记名提单　D. 清洁提单
4. 签发联运提单的承运人的责任是（　　）。
   A. 只对第一程运输负责　　B. 必须对全程运输负责
   C. 只对海洋运输负责　　D. 只对最后一程运输负责
5. 海运提单日期应理解为（　　）。
   A. 货物开始装船的日期　　B. 货物装船过程中任意一天
   C. 货物装船完毕的日期　　D. 签订运输合同的日期
6. 关于租船装卸费用划分问题，使用较多的是（　　）。
   A. FO　　B. FIO或FIOST
   C. Gross Terms　　D. FI

二、多项选择题

1. 联运提单与国际多式联运单据在性质上的区别是（　　）。
   A. 使用范围不同　　B. 签发人不同
   C. 签发人对运输责任的范围不同　　D. 运输费率不同
2. 海运提单的性质与作用是（　　）。
   A. 它是海运单据的唯一表现形式
   B. 它是承运人或代理人出具的货物收据
   C. 它是代表货物所有权的凭证

D. 它是承运人与托运人之间订立的运输契约的证明

3. 采用 OCP 条款必须满足的条件是（　　）。

A. 货物最终的目的地必须属于 OCP 地区

B. 货物必须经由美国西海岸港口中转

C. 提单上必须标明 OCP 字样并在提单目的港一栏中注明西部港口及最终内陆城市的名称

D. “运输标志”的目的港城市名称下须加注 OCP 及最终目的地城市名称

4. 我国出口贸易中，通常采用的提单有（　　）。

A. 清洁提单　　B. 指示提单

C. 已装船提单　　D. 记名背书提单

三、判断题

1. 国外开来信用证规定的装运期限为“before 12th May 2021”，应理解为在 2021 年 5 月 12 日或之前装运。（　　）

2. 所有运输单据都是承运人签发给托运人的货物收据，故都是物权凭证，都可以凭此向目的地承运人提货。（　　）

3. 同一票货物如包装不同，其计费标准和等级也不同，如托运人未按不同包装分别列明毛重和体积，则全票货物均按收费较高者计收运费。（　　）

4. 不清洁提单是指表面不清洁、有污渍的提单。（　　）

5. 在航空运单的收货人栏内，必须详细填写收货人的全称和地址。（　　）

6. 不记名提单是指在提单收货人栏内不填写收货人名称而留空，故又称空白提单，它与空白抬头提单是两个不同的概念。（　　）

7. 空白抬头、空白背书的提单是指既不填写收货人又不要求背书的提单。（　　）

8. 按照国际惯例，凡是装在同一航次及同一条船上的货物，即使装运时间和装运地点不同，也不作分批装运。（　　）

【思考题】

1. 什么叫班轮运输？班轮运输有哪些特点？

2. 班轮运费的计算标准有哪几种？

3. 租船运输主要包括哪两种方式？它们有何区别？

4. 买卖合同中的装运条款包括哪些内容？装运时间如何规定？

5. 什么叫提单？提单的性质和作用如何？

6. 简述提单的几种主要分类。

7. 何谓“空白抬头、空白背书”提单？何谓清洁提单和不清洁提单？对结汇有何影响？

8. 什么叫国际多式联运？多式联运单据与联运提单有何区别？

9. 上海运往肯尼亚蒙巴萨港口“门锁”一批计100箱，每箱体积为20厘米×30厘米×40厘米，毛重为25千克。燃油附加费为30%，蒙巴萨港口拥挤附加费为10%。门锁属小五金类，计算标准是W/M，等级为10级，基本运费为每运费吨443.00美元。试计算运费为多少。

10. 我方拟出口某商品10公吨，原对外报价FOB黄埔每公吨1500美元。现客户要求改报CFR新加坡，问我方报价应为多少（该商品按重量计收运费，系木箱装，每箱装货净重20千克，箱重为5千克，从黄埔至新加坡每运费吨运费为300美元，运费吨按长吨计算）。

11. 某公司出口一批货物，共2600件，总重量为37.8公吨，总体积为124.486立方米，由船公司装了一个20英尺和两个40英尺集装箱，从黄埔港装船运至法国马赛，等级1～7级，包箱费率分别为2250美元和4200美元，装箱费率分别为120美元和240美元。(1) 试计算该批货的总运费。(2) 该批货原报价为每件24美元FOB黄埔，试求CFR马赛价。

【案例分析】

1. 某公司以CIF马赛向法国出口冻品一批，对方开来的信用证规定，最迟装船期和议付日期均为10月31日，不准转船。出口方预计中远公司某船于10月下旬到港，10月29日开始装船，11月2日才能装完。出口方以保函向船方预借10月31日已装船提单并于当日送银行议付，经议付行审核无误，即寄送开证行索偿。不料此船装完这批货物后，冷冻机于11月3日损坏，不得不将该批货物卸下，由中远公司另行安排船只运输。因此而耽误约一个月，至11月30日才运出。货到马赛时已超过圣诞节这一旺销季节。客户以实际到货船名与结汇单据船名不符，同时以货物不适当地迟交影响市价为理由，要求索赔30万美元。问卖方应如何处理。

2. 我国某出口公司与某外商按CIF某港口，即期信用证方式付款的条件达成交易，出口合同和收到的信用证均规定不准转运。我方在规定的装运期内将货物装上直驶目的港的班轮，并以直达提单办理了议付。但承运船只在途经某港时，船公司为接载其他货物，擅自将我方托运的货物卸下，换装其他船只继续驶往目的港。由于中途耽搁，加上换装的船舶设备陈旧，使抵达目的港的时间比正常的直达船的抵达时间晚了两个多月，影响了买方对货物的使用。为此，买方向我方提出索赔，理由是我方提交的是直达提单，而实际上是转船运输，是弄虚作假行为。我方有关业务员认为，合同用的是“到岸价”，船舶的舱位亦是我方租订的，船方擅自转船的风险理应由我方承担，因此按对方要求进行了理赔。我方这样做是否妥当？为什么？

第四章　国际货物运输保险

【本章提要】

本章阐述了海上货物运输保险承保的范围，各种运输方式下货物保险险别的责任范围及责任期限等，尤其是海运方式下CIC和ICC对三种基本险的规定，阐明了在实际业务中应如何选择投保险别，如何确定保险金额和计算保险费，以及如何进行保险索赔和签订合同中的保险条款等问题。

保险是国际货物买卖业务中不可缺少的一个环节。在国际贸易中，货物从卖方到买方手中，通常需要经过长途的运输、装卸和储存等环节。在此过程中，货物可能会遇到各种风险而遭受损失。为了在发生损失后能得到经济补偿，保证买卖业务的顺利开展，有必要办理货物运输保险，因而保险也成为进出口贸易合同中一个不可缺少的条款。

国际货物运输保险属于财产保险的范畴。它是以运输过程中的各种货物作为保险标的，被保险人（买方或卖方）向保险人（保险公司）按一定金额投保一定的险别，并交纳保险费；保险人承保后，如果保险标的在运输过程中遭受约定范围内的损失，应按照它所出立的保险单的规定，给予被保险人经济上的补偿。

目前，我国办理的进出口货物运输保险业务，按照运输方式的不同，主要分为海洋运输货物保险、陆上运输货物保险、航空运输货物保险和邮包运输保险等，其中业务量最大、涉及面最广的是海洋运输货物保险。海洋运输保险也是起源最早、历史最久的一种保险。陆上、航空等货物运输保险都是在海洋运输货物保险的基础上发展起来的。尽管各种不同货物运输保险的具体责任有所不同，但它们的基本原则、保险公司保障的范围等基本一致。因此，本章以介绍海洋运输货物保险为主，对其他运输货物保险仅作简要说明。

第一节　海洋运输货物保险承保的范围

货物在海上运输过程中（包括与海上运输相连接的两端陆运），可能遇到各种风险，造成货物的各种损失。海洋运输货物保险承保的范围，包括海上风险、海上损失与费用以及海上风险以外的其他外来原因所造成的风险与损失。正确理解承保范围，对于我们了解保险条款、选择投保险别，以及发生事故后正确进行索赔和理赔，具有重要的意义。

一、保险人承保的风险

在各国保险业务中，保险人承保的风险分为两类：海上风险（perils of the sea）和外来风险（extraneous risks）。

（一）海上风险

海上风险又叫海难，一般是指船舶或货物在海上航行中发生的或随附海上运输所发生的风险。在现代海上保险业务中，保险人所承保的海上风险是有特定范围的，一方面它并不包括一切在海上发生的风险，另一方面它又不局限于航海中所发生的风险。它所包括的是自然灾害和意外事故。

（1）自然灾害（natural calamities）是指不以人们的意志为转移的自然界力量所引起的灾害。但在海上保险业务中，它并不是泛指一切由自然力量所造成的灾害，而是仅指恶劣气候、雷电、海啸、地震或火山爆发等人力不可抗拒的灾害。

（2）意外事故（accidents）是指由意料不到的或者不可抗拒的原因造成的事故。但在海上保险业务中，所谓意外事故并不是泛指海上发生的所有意外事故，而是仅指运输工具遭受搁浅、触礁、沉没，船舶与流冰或其他物体碰撞以及失踪、失火、爆炸等。

（二）外来风险

外来风险一般是指海上风险以外的其他外来原因所造成的风险。外来风险可分为一般外来风险和特殊外来风险。

（1）一般外来风险是指被保险货物在运输途中由偷窃、短量、雨淋、玷污、渗漏、破碎、受热受潮、串味等外来原因所造成的风险。

（2）特殊外来风险是指由政治、军事、国家政策法令以及行政措施等特殊外来原因所造成的风险。常见的特殊外来风险有战争、罢工、交货不到、拒收等。

二、保险人承保的损失

海运保险货物在海洋运输中，由海上风险所造成的损失或灭失，称为海损（average）。根据各国海运保险业务的习惯，海损也包括与海运连接的陆运过程中所发生的损失。海损按照损失的程度不同，可分为全部损失与部分损失。在部分损失中，按其损失的性质，又可分为共同海损和单独海损。

（一）全部损失

全部损失（total loss）简称全损，是指被保险货物由承保风险造成的全部灭失或视同全部灭失的损害。按其损失情况的不同，全部损失又可分为实际全损和推定全损两种。

（1）实际全损（actual total loss）是指被保险货物完全灭失，或者货物已完全变质或货物的控制权和所有权已被剥夺。例如：货物沉没海底无法打捞，或水泥被水浸泡后变成硬块，完全失去原有的用途。

（2）推定全损（constructive total loss）是指货物发生保险事故后，虽未达到完全灭失的状态，但是可以预见到它的全损将不可避免；或者为了避免全损，需要支付的抢救、修理费用加上继续将货物运抵目的地的费用之和，将超过保险价值。在推定全损的情况下，被保险人可以要求保险人按部分损失赔偿，也可以要求按全部损失赔偿。如果要求按全部损失赔付，被保险人必须向保险人发出委付通知（notice of abandonment）。所谓委付，是指被保险人愿意将被保险货物的全部权益转移给保险人，要求按全损赔偿的一种行为。委付必须经保险人同意方能生效。

（二）部分损失

部分损失（partial loss）简称分损，是指被保险货物遭受海损，但未达到全部损失的程度。在保险业务中，部分损失又因其性质的不同，可分为共同海损和单独海损。

（1）共同海损（general average）是指载货船舶在航运途中遇到危及船、货的共同危险，船方为了维护船舶和所有货物的共同安全或使航程能够继续完成，有意识地并且合理地作出某些特殊牺牲或支付一定的额外费用。这些特殊牺牲或额外费用称为共同海损。例如，船舶在海上航行过程中遇到暴风雨，船身严重倾斜，即将倾覆，船长为了避免船只覆没，命令船员抛弃船舱内的一部分货物以保持船身平衡，这部分被抛弃的货物，即为共同海损牺牲。又如，船舶搁浅时，为了使船舶脱险，雇用拖驳强行脱浅的费用，即为共同海损费用。

共同海损的成立，必须具备以下几个条件：

①船方在采取紧急措施时，必须确有危及船、货共同安全的危险存在；

②船方采取的措施必须是为了解除船、货的共同危险，是有意识的和合理的；

③所做的牺牲是特殊的，支出的费用是额外的；

④所做出的牺牲和支出的费用必须是有效果的。

共同海损的牺牲和费用，应由受益的船方、货方和运费收入方按最后获救价值的多少，按比例进行分摊。这种分摊叫共同海损分摊。

（2）单独海损（particular average）是指在海上运输途中因海上风险而造成的不能列入共同海损的部分损失。单独海损不涉及其他各方利益，仅由各受损者单独承担。

三、保险人承保的费用

被保险货物遭遇保险责任范围内的事故，除了使货物本身受到损毁导致损失外，还会产生费用方面的损失。这些费用也由保险人给予赔偿，主要有施救费用和救助费用两种。

施救费用（sue and labour expenses）是指被保险货物在遭受保险责任范围内的灾

害事故时，被保险人或其代理人、雇佣人员或保险单受让人等为抢救被保险货物，以防止损失扩大所采取措施而支出的合理费用。

救助费用（salvage charges）是指被保险货物遭受保险责任范围内的灾害事故时，由保险人和被保险人以外的第三者采取救助行为而应向其支付的报酬。

施救费与救助费的不同，主要在于：

（1）采取行为的主体不同。施救主体是被保险人及其代理人等，而救助的主体是保险人和被保险人以外的第三者。

（2）给付报酬的原则不同。施救费用是不论施救有无效果都予赔偿，而救助则是“无效果，无报酬”。

（3）保险人的赔偿责任不同。施救费用可在保险货物本身的保额之外，再赔一个保额；而保险人对救助费用的赔偿责任是以不超过获救财产的价值为限，亦即救助费用与保险货物本身损失的赔偿金额两者相加，不得超过货物的保额，而且是按保险金额与获救的保险标的之价值比例承担责任。

（4）救助行为一般总是与共同海损联系在一起，而施救行为则并非如此。

第二节　我国海洋运输货物保险险别

中国人民保险公司保险条款简称“中国保险条款”（China Insurance Clause，CIC），是参照国际保险业的习惯并结合我国保险业的实际而制定的。中国保险条款于1981年1月1日修订，现行版本因系2009年向中国保监会报备，故也称2009版，于2010年起适用，该2009版与1981年修订版内容相同。中国保险条款按照不同的运输方式，分为《海洋运输货物保险条款》《陆上运输货物保险条款》《航空运输货物保险条款》和《邮包保险条款》等。

《海洋运输货物保险条款》所承保的险别，分为基本险和附加险两大类。

一、基本险

根据中国人民保险公司现行的《海洋运输货物保险条款》的规定，在基本险别中包括平安险、水渍险和一切险3种。

（一）基本险别及其责任范围

1. 平安险（free from particular average，FPA）

平安险的责任范围如下：

（1）被保险货物在运输途中由恶劣气候、雷电、海啸、地震、洪水等自然灾害造成整批货物的全部损失或推定全损。驳船运往或运离海轮时，每一驳船所装的货物可视作一个整批。

（2）由于运输工具遭受搁浅、触礁、沉没、互撞，与流冰或其他物体碰撞，以及失火、爆炸等意外事故，造成货物的全部或部分损失。

(3) 在运输工具已经发生搁浅、触礁、沉没、焚毁等意外事故的情况下，货物在此前后又在海上遭受恶劣气候、雷电、海啸等自然灾害所造成的部分损失。

(4) 在装卸或转运时，由一件或数件货物整件落海造成的全部或部分损失。

(5) 被保险人对遭受承保责任内危险的货物采取抢救、防止或减少货损的措施而支付的合理费用，但以不超过该批被救货物的保险金额为限。

(6) 运输工具遭遇海难后，在避难港由卸货所引起的损失以及在中途港、避难港由卸货、存仓以及运送货物所产生的特别费用。

(7) 共同海损的牺牲、分摊和救助费用。

(8) 运输契约订有“船舶互撞责任”条款，根据该条款规定应由货方偿还船方的损失。

2. 水渍险（with particular average，WA 或 WPA）

水渍险的责任范围除包括上述平安险的各项责任外，还负责被保险货物由恶劣气候、雷电、海啸、地震、洪水等自然灾害造成的部分损失。

3. 一切险（all risks，AR）

一切险的责任范围除包括平安险和水渍险的所有责任外，还包括货物在运输过程中，因一般外来原因所造成的全部或部分损失。但应注意的是，一切险并非对一切风险造成的损失都负责。

针对上述3种基本险别，被保险人可以从中选择一种投保。

（二）基本险别的除外责任

除外责任（exclusion）是指保险公司明确规定不予赔偿的损失和费用范围。一般都属非意外的、非偶然性的或须经特约承保的风险。为了进一步明确保险人承保的责任范围，中国人民保险公司《海洋运输货物保险条款》对除外责任的规定主要包括下列各项：

(1) 被保险人的故意行为或过失所造成的损失。

(2) 属于发货人责任所引起的损失。

(3) 在保险责任开始前，被保险货物已经存在的品质不良或数量短差所造成的损失。

(4) 被保险货物的自然损耗、本质缺陷、特性以及市价跌落、运输延迟所造成的损失或费用。

(5) 战争险和罢工险条款规定的责任范围和除外责任。

（三）基本险别的责任期限

保险责任期限是指保险人承担保险责任的起讫时限。由于海运货物保险是对特定航程中货物的保险，因而其责任期限没有固定、具体的起讫日期。按照国际保险业的习惯，采用的是“仓至仓条款”（warehouse to warehouse clause，W/W Clause），即保险责任自被保险货物运离保险单所载明的起运地发货人仓库或储存处所时开始生效，包括正常运输过程中的海上、陆上、内河和驳船运输在内，直至该项货物到达保险单所载明目的地收货人的仓库为止，但最长不超过被保险货物卸离海轮后60天。例如，200箱文具从广州出口被运往吉隆坡，海轮于6月1日抵达吉隆坡港并开始卸货，6月3日全部卸在码头货棚而未运往收货人仓库，那么该保险责任到8月2日即告终止。当然，如果在8月2日前这批文具运进了收货人仓库，则不论在哪一天进入该仓库，保险责任也告终止。

另外，保险责任还因发生以下特殊情况而终止：

（1）在上述保险责任期限内，被保险货物需转运到非保险单所载明的目的地时，保险责任则以该项货物开始转运时终止。

（2）被保险货物在运至保险单所载明的目的港或目的地之前的某一仓库而发生分配、分派的情况，则该仓库就作为被保险人的最后仓库，保险责任也从货物运抵该仓库时终止。

此外，被保险人可以要求扩展保险期限。例如，对某些内陆国家出口货物，如在港口卸货转运内陆，无法在保险条款规定的保险期限内到达目的地，即可申请扩展，经保险公司出立凭证予以延长，每日加收一定保险费。

二、附加险

附加险是基本险的扩大和补充，因此，附加险别不能单独投保。被保险人只能在投保了基本险别中的其中一种的基础上，根据需要，选择加保一种或数种附加险别。附加险别有一般附加险和特殊附加险两类。

（一）一般附加险

一般附加险负责赔偿由一般外来原因引起的风险所造成的各种损失。中国人民保险公司承保的一般附加险有11种，即偷窃提货不着险（theft，pilferage and non-delivery，TPND），淡水雨淋险（fresh water and rain damage），短量险（risk of shortage），混杂、玷污险（risk of intermixture & contamination），渗漏险（risk of leakage），碰损、破碎险（risk of clash and breakage），串味险（risk of odour），钩损险（hook damage），受潮受热险（damage caused by sweating and heating），包装破裂险（breakage of packing），锈损险（risk of rust）。

上述一般附加险均已包括在一切险的责任范围内，因此，凡已投保一切险的就无需加保任何一种一般附加险。

（二）特殊附加险

特殊附加险承保由政治、军事、国家政策法令以及其他特殊外来原因引起的风险所造成的损失。它同一般附加险一样，不能单独投保。特殊附加险常见的有以下几种：交货不到险（failure to delivery）、进口关税险（import duty risk）、舱面险（on deck risk）、拒收险（rejection risk）、黄曲霉素险（aflatoxin risk）、出口货物到香港（包括九龙在内）或澳门存仓火险责任扩展条款（fire risk extention clause for storage of cargo at destination HongKong including Kowloon or Macao）、罢工险（strikes risk）和海运战争险（ocean marine cargo war risk）等。

战争险是承保战争或类似战争行为等引起保险货物的直接损失。保险公司对此种险别的承保责任范围包括：由战争、类似战争行为和敌对行为、武装冲突或海盗行为以及由此而引起的捕获、拘留、禁制、扣押所造成的损失；由各种常规武器（包括水雷、鱼雷、炸弹）所造成的损失；由上述原因所引起的共同海损的牺牲、分摊和救助费用。但对原子弹、氢弹等热核武器所造成的损失，保险公司不予赔偿。

战争险的责任起讫与基本险的责任起讫不同，它不采用仓至仓条款。战争险的责任期限仅限于水上危险或运输工具上的危险。例如，海运战争险规定自保险单所载明的起运港装上海轮或驳船时开始，直到保险单所载明的目的港卸离海轮或驳船时为止；如果货物不卸离海轮或驳船，则保险责任最长延至货物到达目的港之当日午夜起算满 15 天为止；如在中途港转船，则不论货物在当地卸载与否，保险责任以海轮到达该港或卸货地点的当日午夜起算满 15 天为止，待再装上续运的海轮时恢复有效。

第三节 其他运输方式下的货运保险

在国际贸易中，不仅海洋运输的货物需办理保险，陆上运输、航空运输、邮包运输的货物也都需要办理保险。保险公司对不同方式运输的货物都订有相应的专门条款。现将中国人民保险公司对其他各种运输方式的货运保险分别介绍如下。

一、陆上运输货物保险

根据中国人民保险公司《陆上运输货物保险条款》的规定，陆上运输货物保险的基本险别有陆运险和陆运一切险。

（一）陆运险和陆运一切险的责任范围

陆运险的承保责任范围与海洋运输货物保险条款中的水渍险相似。被保险货物在运输途中遭受暴风、雷电、地震、洪水等自然灾害，或陆上运输工具（主要指火车、汽车）遭受碰撞、倾覆或出轨，如有驳运过程，包括驳运工具搁浅、触礁、沉没、碰撞，或遭受隧道坍塌、崖崩或失火、爆炸等意外事故所造成的全部或部分损失，保险公司负责赔偿。

陆运一切险的承保责任范围与海洋运输货物保险条款中的一切险相似。保险公司除承担上述陆运险的责任外，还对由一般外来原因造成的货物短少、偷窃、渗漏、破碎等全部或部分损失负责赔偿。

（二）陆上运输货物保险的除外责任

陆上运输货物保险的除外责任与海洋运输货物险的除外责任基本相同。

（三）陆运险和陆运一切险的责任起讫

陆运险和陆运一切险的保险责任期限也与海洋运输货物险的责任期限相同，采用“仓至仓条款”，即保险人负责自被保险货物运离保险单所载明的起运地仓库或储存处所开始运输时生效，包括正常运输过程中的陆上和与其有关的水上驳运在内，直至该项货物运达保险单所载目的地收货人的最后仓库或储存处所或被保险人用作分配、分派的其他储存处所为止；如未运抵上述仓库或储存处所，则以被保险货物运抵最后卸载的车站满60天为止。

二、航空运输货物保险

根据中国人民保险公司《航空运输货物保险条款》的规定，航空运输货物保险的基本险别有航空运输险和航空运输一切险两种。

（一）航空运输险与航空运输一切险的责任范围

航空运输险的承保责任范围与海洋运输货物保险条款中的水渍险大致相同。保险公司负责赔偿被保险货物在运输途中遭受雷电、火灾、爆炸，或由于飞机遭受恶劣气候或其他危难事故而被抛弃，或飞机遭受碰撞、倾覆、坠落或失踪等自然灾害或意外事故所造成的全部或部分损失。

航空运输一切险的承保责任范围除包括上述航空运输险的全部责任外，保险公司还负责赔偿被保险货物由被偷窃、短少等一般外来原因所造成的全部或部分损失。

航空运输险和航空运输一切险的除外责任与海洋运输货物险的除外责任基本相同。

（二）航空运输险和航空运输一切险的责任起讫

航空运输货物保险的两种基本险别的保险责任期限也采用“仓至仓条款”，但与海洋运输险的“仓至仓条款”不同的是：如货物运达保险单所载明目的地而未运抵保险单所载明的收货人仓库或储存处所，则以被保险货物在最后卸载地卸离飞机后满30天为止；如在上述30天内被保险货物需转运到非保险单所载明的目的地时，则以该项货物开始转运时终止。

三、邮运包裹保险

根据中国人民保险公司《邮包保险条款》的规定，邮包保险的基本险别有邮包险和邮包一切险。由于邮包运输可能通过海、陆、空3种方式运输，因此保险责任也兼顾了海、陆、空3种运输工具的情况。

（一）邮包险和邮包一切险的责任范围

邮包险的承保责任范围是保险公司负责赔偿被保险邮包在运输途中，由恶劣气候、雷电、海啸、地震、洪水等自然灾害，或由运输工具搁浅、触礁、沉没、碰撞、倾覆、坠落、失踪、失火和爆炸等意外事故所造成的全部或部分损失。此外，还包括海运途中共同海损的牺牲、分摊和救助费用。

邮包一切险的承保责任范围是保险公司除承担上述邮包险的全部责任外，还对由一般外来原因所造成的包括被偷窃、短少等全部或部分损失负责赔偿。

邮包险和邮包一切险的除外责任与海洋运输货物险的除外责任基本相同。

（二）邮包险和邮包一切险的责任起讫

邮包险和邮包一切险的承保责任期限是自被保险邮包离开保险单所载起运地点寄件人的处所运往邮局时开始生效，直至被保险邮包运达保险单所载明的目的地邮局，自邮局签发“到货通知书”当日午夜起算满 15 天为止，但在此期限内邮包一经递交至收件人的处所时，保险责任即告终止。

陆上、航空、邮包运输货物，除上述种种基本险别外，还可加保战争险和罢工险等特殊附加险。

第四节　伦敦保险协会海运货物保险条款

在国际货物运输保险业务中，英国伦敦保险协会制定的“协会货物条款”（Institute Cargo Clause，ICC），对世界各国保险业有着广泛的影响。“协会货物条款”最早制定于 1912 年，其后经过多次补充和修改，并于 1982 年 1 月 1 日完成第一次修订，1982 年版本使用了 27 年，世界上许多国家在海运保险业务中直接采用该条款，还有许多国家在制定本国保险条款时参考或采用该条款的内容。

为了适应各国法律法规和全球经济政治形势发展的变化，联合货物保险委员会①自 2006 年起在全球范围内进行调研和咨询，并在集中多方意见后于 2008 年 11 月 24 日公布了新版协会货物运输保险条款，新版条款的生效日期为 2009 年 1 月 1 日。新版的协会货物条款扩展了保险责任起讫期限，对保险公司引用免责条款作了一些条件限制，对条款中容易产生争议的用词作出更为明确的规定，同时条款中的文字结构也更为简洁、严密。

2009 年版“协会货物条款”仍然将险别分成六种，如表 4－1 所示。

在表 4－1 六种险别条款中，除恶意损害险外，其余五种险别均按条文的性质统一划分为八个部分：承保范围、除外责任、保险期限、索赔、保险利益、减少损失、防止延迟和法律惯例。各个险别条款的结构统一、体系完整。因此，除（A）、（B）、（C）三种险别可以单独投保外，战争险和罢工险也可作为独立险别进行单独投保。

① 联合货物保险委员会（Joint Cargo Committee）代表的是在伦敦保险业市场上对海运货物及其相关风险承保的保险人利益，由劳合氏市场（the Lloyd's）、伦敦国际保险人协会（IUA）和英国保险市场的保险人代表组成。

表 4-1　ICC 的险别

可单独承保的险别	不可单独承保的险别
协会货物（A）险条款 （Institute Cargo Clause A）	恶意损害险条款 （Malicious Damage Clause）
协会货物（B）险条款 （Institute Cargo Clause B）	
协会货物（C）险条款 （Institute Cargo Clause C）	
协会战争险条款（货物） （Institute War Clause—Cargo）	
协会罢工险条款（货物） （Institute Strikes Clause—Cargo）	

这里主要介绍协会货物（A）、（B）、（C）三种险别的责任范围，如表 4-2 所示。

表 4-2　ICC（A），ICC（B），ICC（C）的承保责任范围

		ICC（A）	ICC（B）	ICC（C）
承保责任范围	①火灾、爆炸	■	■	■
	②船舶或驳船搁浅、触礁、沉没、倾覆	■	■	■
	③陆上运输工具的倾覆或出轨	■	■	■
	④船舶、驳船或运输工具同水以外的任何外界物体碰撞	■	■	■
	⑤在避难港卸货	■	■	■
	⑥共同海损牺牲	■	■	■
	⑦投弃或抛货	■	■	■
	⑧地震、火山爆发、雷电	■	■	
	⑨浪击落海	■	■	
	⑩海水、湖水或河水进入船舶、驳船、运输工具、集装箱、大型海运箱或贮存处所	■	■	
	⑪货物在装卸时落海或跌落导致整件货物的全损	■	■	
	⑫由于任何个人或数人的不法行为故意损坏或破坏保险标的或其任何部分	■		
	⑬海盗行为	■		
	⑭“除外责任”范围以外的一切风险	■		

续表

		ICC（A）	ICC（B）	ICC（C）
除外责任	①被保险人的恶意行为所造成的损失和费用			
	②保险标的的自然渗漏，重量或容量的自然损耗或自然磨损			
	③包装或准备不足或不当造成的损失或费用			
	④保险标的内在缺陷或特性造成的损失或费用			
	⑤由延迟引起的损失或费用			
	⑥由船舶所有人、经理人、租船人或经营人破产或不履行债务所造成的损失或费用			
	⑦由使用任何原子或核子武器所造成的损失或费用			
	⑧船舶、运输工具、集装箱不适航、不适货			
	⑨战争			
	⑩罢工和恐怖主义行为			

注：表中阴影部分表示承保责任。

2009 年版“协会货物条款”扩展了保险人的保险责任期限。1982 年版是“仓至仓”原则，即保险责任是自货物“运离”仓库或储存处所时生效，“运到”收货人仓库或储存处所时终止。而对发货人仓库和收货人仓库内装卸货物发生的风险，并未包括在保险责任起讫期限内。新修订的 2009 年版将这一风险囊括在内，即：从保险责任起点来看，2009 年版规定保险责任起自保险标的在仓库或储存处所“开始搬运”（first move），目的是与航程前“紧接的装货”（immediate loading）紧密联系起来；从保险责任终点来看，1982 年版强调“运到”，2009 年版强调的是“完成卸货”。2009 年版规定保险责任终止的情形包括发生以下四种情况之一：①保险合同载明的目的地最后仓库或储存处所，从运输车辆或其他运输工具完成卸货；②保险合同载明的目的地任何其他仓库或储存处所，或中途任何其他仓库或储存处所，从运输车辆或其他运输工具完成卸货（上述任何其他仓库或储存处所是由被保险人或其雇员选择用作：在正常运输过程之外储存货物，或分配货物，或分派货物）；③被保险人或其雇员在正常运输过程之外选择任何运输车辆或其他运输工具或集装箱储存货物；④自保险标的在最后卸货港卸离海轮满 60 天为止。

第五节 我国进出口货物保险实务

一、投保

进出口货物自装运地运至目的地时，卖方或买方以运输途中的货物为标的，向保险公司投保货物运输险。在办理保险时，需选择适当的险别，确定保险金额、交纳保险费，并办理有关业务手续。

（一）投保险别的选择

保险人承担的保险责任，是以保险险别为依据的。在不同险别情况下，保险人承担的责任范围不同，被保险货物在遭受风险损失时可能获得的补偿不同，保险费率也不同，所以，投保时应选择适当的险别，以保证货物获得充分的经济保障，并节省保险费开支。在国际贸易业务中，买卖双方如果采用 FOB 或 CFR 贸易术语成交，因保险是由买方自己负责办理的，故贸易双方不会在险别的选择上发生争议。但在采用 CIF 术语成交时，由于卖方负责办理投保，而不承担货物在运输途中的风险，卖方为了节省保险费的支出，总希望选择保险责任较小的险别；而买方为了获得更大的保险保障，则希望选择保险责任较大的险别。因此，买卖双方在订立贸易合同时，应对投保险别作出明确的规定，以免日后在执行合同过程中发生争议、纠纷。

选择什么险别，应视保险货物在运输途中可能遭遇的风险而定。一般需考虑下列因素：

（1）货物的性质和特点。不同种类的货物在运输途中遭遇意外事故时，所遭致的损坏和灭失的程度是不相同的。在选择保险险别之前，应分析各种风险对货物致损的影响程度，以确定适当的险别。例如，有些货物容易吸潮（如茶叶、烟草、化学药品等），有些货物容易串味（如茶叶），有些货物容易生锈（如金属制品）等。根据各种货物的不同特点，在选择险别时，均需充分考虑。

（2）货物的包装。货物的运输包装种类对货物的保护程度不同，例如集装箱对保护货物的作用要比其他运输包装好。因此，可根据不同的运输包装，考虑选择不同的险别。

（3）运输路线及港口情况。海运中载货船只的航行路线和港口情况，对货物损失的影响程度有很大不同。某些航线途经热带气候区，如载货船舶通风不良就会增加货损；某些航线要途经正在发生战争的海域，则货物遭受意外损失的可能性自然增大。同时，世界各地港口在设备、装卸能力以及安全等方面也有很大差异。这些因素都要在选择险别时加以考虑。

（二）保险金额的确定与保险费的计算

保险金额是被保险人对保险标的实际投保的金额，是保险人承担保险责任的标准和计收保险费的基础。在保险货物发生保险责任范围内的损失时，保险金额就是保险人赔偿的最高限额。因此，投保人投保运输货物保险时，一般应向保险人申报保险金额。

国际贸易货物运输保险的保险金额，一般以发票价值为基础确定。从买方的进口成本看，除去商品的货价外，还须包括运费和保险费，即以 CIF 价值作为保险金额。但在货物发生损失时，被保险人已支付的经营费用和本来可以获得的预期利润，仍然无法从保险人处获得补偿。因此，各国保险法及国际贸易惯例一般都规定，进出口货物运输保险的保险金额可在 CIF 货价基础上适当加成。例如，《跟单信用证统一惯例》第 28 条 f 款规定："如果信用证对投保金额未作规定，投保金额须至少为货物的 CIF 或 CIP 价格的 110%。" *INCOTERMS 2020* 对 CIF，CIP 条件下卖方的义务之 A5 款规定："最低保险金额须为合同规定价款加 10%（即 110%），并以合同货币投保。"当然，保险人与被保险人可以根据不同的货物、不同地区进口价格与当地市场之间不同差价、不同的经营费用和预期利润水平，约定不同的加成率。但过高的加成率，有时会造成保险人因误解而拒绝承保或大幅度增加保险费，结果是不利的。

保险金额的计算公式是：

$$保险金额 = CIF发票金额 \times (1 + 加成率)$$

以 CIF 发票金额为计算保险金额的基础，这表明不仅货物本身而且包括运费和保险费都作为保险标的而投保，在发生损失时应该获得赔偿。因此，对 CFR 合同项下货物进行投保，需先把 CFR 变成 CIF，再加成计算保险金额。以 CFR 为基础换算为 CIF 时，可用下列计算公式：

$$CIF = \frac{CFR}{1 - (1 + 加成率) \times 保险费率}$$

至于进口货物的保险，外贸单位一般与中国人民保险公司签订有预约保险合同，保险金额以进口货物的 CIF 价值为准，一般不再加成。以 FOB 或 CFR 贸易术语进口时，按预约保险合同规定的平均保险费率直接计算保险金额，其计算公式为：

$$保险金额 = CFR货价 \times (1 + 平均保险费率)$$

或

$$保险金额 = FOB货价 \times (1 + 平均运费率 + 平均保险费率)$$

如果进口单位未与保险公司签订预约保险合同，而是逐笔投保的，其保险金额也是以 CIF 价值为准，一般不再加成，计算公式为：

$$保险金额 = \frac{CFR}{1 - 保险费率}$$

或

$$保险金额 = \frac{FOB \times (1 + 运费率)}{1 - 保险费率}$$

被保险人投保时须向保险公司交纳一定金额的保险费，双方的契约关系才能成立。被保险人交纳保险费是保险合同生效的重要条件，保险公司只有在收到保险费后才能承担相应的保险责任。保险公司收取保险费，不论进口还是出口，都是根据费率表按保险金额计算的，其计算公式为：

$$保险费 = 保险金额 \times 保险费率$$

保险费率是保险公司根据一定时期货物的赔付率情况而确定的。因此，不同的货物、不同的险别、不同的目的地，保险费率也是不同的。

中国人民保险公司出口货物保险费率分为“一般货物费率”和“指明货物附加费费率”。前者适用于一般货物投保基本险别；后者是针对某些易损货物加收的一种附加费率，由于这些货物在运输途中极易因为外来风险引起短少、破碎和腐烂等，损失率较高，所以将它们单独列出，并称之为“指明货物”。

在指明货物中还有一部分货物规定有免赔率。免赔率是指保险人对于某些易损易碎的货物，在运输途中发生的货损货差，如在一定比率之内的，不负赔偿责任。如投保人要求降低免赔率或不计免赔率（irrespective of percentage，IOP）可按费率表规定的标准，经保险公司同意后，另行加费承保。

免赔率有绝对免赔率和相对免赔率两种。绝对免赔率（deductible）是指保险人只赔偿超过免赔的部分，对免赔率内的损失绝对地不赔。相对免赔率（franchise）是指保险人对免赔率内的损失不赔，如损失超过免赔率，则全部损失都赔。中国人民保险公司采取的是绝对免赔率，并规定在投保一切险或加保某些附加险时才有免赔率。

我国进口货物保险也有两种费率，即“特约费率”和“进口货物保险费率”两种。前者仅适用于与中国人民保险公司签订有预约保险合同的各经营进出口业务的公司，它不分国别和地区，对某一大类商品只订一个费率，有的也不分货物和险别，实际上是一种优惠的平均费率。后者适用于未与中国人民保险公司签订预约保险合同的其他单位，分一般货物费率和特价费率两项。一般货物费率按不同的运输方式，分地区、分险别制定，但不分商品，除特价费率中列出的商品外，适用于其他一切货物。至于特价费率，是对一些指定的商品投保一切险时采用的。

（三）投保业务手续

保险的目的在于保障被保险的标的在遭受意外风险时能获得补偿，所以投保人应当在风险可能出现之前办理投保。进出口货物运输保险一般是按照“仓至仓条款”承保，因此，CIF 出口货物应在运离装运地仓库进入码头准备装船之前办理投保；CFR 或 FOB 出口货物是由买方办理投保的，但货物在装运港装船之前这一段的保险仍需卖方自行安排。进口货物的投保，应在风险转移给进口人承担之前办理为宜。

保险人承保的是今后可能发生的意外风险，所以投保时如果被保险的标的已经发生损失，保险理当无效。但在国际贸易中，由于买卖双方相距遥远，传递消息不及时，投保时货物在外地或运输途中已经发生损失的事也是常有的。所以，国际货物运输保险的习惯公认，投保时货物已经发生损失，只要是出于善意，保险仍然有效。如投保人投保时已知货物发生损失，而保险人不知情，则保险无效。

被保险人向保险人投保，是一种签订契约的法律行为，被保险人就是发出要约人，习惯上多以书面形式提出，经保险人承诺，双方就确立了契约关系。被保险人提出的书面申请，称为投保单或投保书。我国出口货物运输保险需逐笔办理，逐笔填写投保单。投保单的主要内容有：①被保险人；②保险货物项目、标记、包装及数量；③保险金额；④装运工具、起讫地、开航日期；⑤投保险别；⑥投保日期；⑦投保人签章。保险公司根据投保单出立保险单或其他保险凭证，以此作为保险人已接受保险的正式凭证。

对于进口货物，为了简化手续和避免漏保，各进出口单位一般都与中国人民保险公司签订预约保险合同，对不带保险条件的进口货物（如FOB，CFR等），由中国人民保险公司自动承保进口合同项下的货运保险；但各进口单位仍须在获悉每批货物起运时，将投保单所要求的内容书面通知保险公司办理投保手续。

二、保险单证

保险单证是证明保险合同成立的法律文件，它列明保险人与被保险人之间的权利和义务，既是保险人的承保证明，又是被保险人向保险人索赔的凭据。

在国际贸易实践中，常用的保险单证主要有两种形式。

（一）保险单

保险单（insurance policy）俗称大保单或正式保险单。这种保险单是保险人根据投保人逐笔投保、逐笔签发的，货物安全抵达目的地后，保险单的效力即告终止。保险单正面的内容包括被保险人名称、货物项目、标记、包装及数量、保险金额、载货船名、起运地和目的地、开航日期、承保险别、理赔地点、保险人的签章以及出立保险单的日期等。保险单背面是印就的各项保险条款，这些条款是确立保险人与被保险人之间权利与义务关系的依据，主要包括承保责任范围、除外责任、责任起讫、被保险人的义务、索赔期限等。

（二）保险凭证

保险凭证（insurance certificate）俗称小保单，是正式保险单的简化形式。它同正式保险单的区别在于背面没有印上保险条款，仅声明："承保货物按照正式保险单所载全部条款及本承保凭证所载的特定条款办理，两者如有抵触，以本承保凭证的特定条款为准。"目前世界各国除个别国家外，一般都承认保险凭证同保险单具有同等效力。但是，如果信用证内规定提交的是保险单，一般不能以保险凭证代替。

（三）批单

保险单开立后，投保人如需要补充或变更其内容时，可根据保险公司的规定，向保险公司提出申请，经同意后即可出具一种凭证，注明补充或更改的内容，这种凭证即称为批单（endorsement）。保险单一经批改，保险公司即按批改后的内容承担责任。其批改内容如涉及保险金额增加和保险责任范围扩大，保险公司只有在证实货物未发生出险事故的情况下才同意办理。批单原则上需粘贴在保险单上，并加盖骑缝章，作为保险单不可分割的一部分。

和海运提单一样，货运保险单和保险凭证可以经背书或其他方式进行转让。保险单据的转让无须取得保险人的同意，也无须通知保险人。即使在保险标的发生损失之后，保险单据仍可有效转让。在CIF或CIP条件下，保险单据的形式和内容必须符合买卖双方约定的要求，特别是在信用证支付条件下，必须符合信用证的有关规定。保险单据的出单日期不得迟于运输单据所列货物装船或发运或承运人接受监管的日期。因此，办理投保手续的日期也不得迟于货物装运日期。

三、保险索赔

保险索赔是指当被保险货物遭受承保责任范围内的风险损失时，被保险人向保险人提出的赔偿要求。

在国际货物买卖业务中，如由卖方办理投保，卖方在交货后便将保险单背书转让给买方或其收货代理人，当货物运抵目的地发现残损时，买方或其代理人作为保险单的合法受让人，应就地向保险人或其代理人要求赔偿。中国人民保险公司为便利我国出口货物运抵国外目的地后及时检验损失，就地给予赔偿，已在100多个国家建立了检验或理赔代理机构。至于我国进口货物的检验索赔，则由有关的进口单位或其委托的收货代理人在港口或其他收货地点，向当地人民保险公司要求赔偿。

被保险人或其代理人向保险人索赔时，应做好下列几项工作：

（1）损失通知和货损检验。当被保险人获悉或发现货物已遭受保险责任范围内的损失，应及时通知保险公司，并尽可能保留现场，由保险人会同有关方面进行检验，勘察损失程度，调查损失原因，确定损失性质和损失责任，采取必要的施救措施，并签发联合检验报告。

（2）保留向第三者责任方的索赔权。当被保险货物运抵目的地，被保险人或其代理人提货时，如发现货物有明显的受损痕迹、整件短少或散装货物已经残损，应立即向理货部门索取残损或短量证明。如货损涉及第三者（如承运人、港务局等）责任，则首先应向有关责任方提出索赔或声明保留索赔权。在保留向第三者责任方索赔的权利的条件下，可向保险公司索赔。被保险人在获得保险补偿的同时，须将受损货物的有关权益转让给保险公司，以便保险公司取代被保险人的地位或以被保险人的名义向第三者责任方进行追偿。这就是保险业所谓的权益转让，保险人的这种权利，称为代位追偿权（the right of subrogation）。

（3）采取合理的施救措施。被保险货物受损后，被保险人和保险人都有责任采取可能的、合理的施救措施，以防止损失扩大。因抢救、阻止或减少货物损失而支付的合理费用，保险公司负责补偿。按照有关法律和保险条款规定，被保险人有义务对受损货物进行施救。被保险人能够施救而不履行施救义务，保险人对于扩大的损失甚至全部损失有权拒赔。

（4）备妥索赔证明，在规定时效内提出索赔。保险索赔时，通常应提供下列证据：①保险单或保险凭证正本；②运输单据（即海运提单或铁路运单、航空运单、邮包收据等）；③商业发票和重量单、装箱单；④检验报告；⑤残损、短量证明；⑥向承运人等第三者责任方请求赔偿的函电或其他证明文件；⑦必要时还需提供的海事报告；⑧索赔清单，主要列明索赔金额及其计算依据，以及有关费用项目和用途等。

根据国际保险业的惯例，保险索赔或诉讼的时效为自货物在最后卸货地卸离运输工具时算起，最多不超过2年。被保险人应在索赔时效内提出索赔或诉讼。

四、合同中的保险条款

买卖双方在磋商和签订进出口合同时，一般都要订立有关货物运输保险条款。保险条款的具体内容，应视不同种类的合同而有所区别。一般情况下，如保险不涉及双方当事人利益，保险条款就比较简单。如常用的FOB及CFR合同，或其他内陆交货合同，买方承担货物在运输途中的风险，并负责办理投保、支付保险费，不涉及卖方利益，合同中的保险条款只要明确由买方办理即可，例如："保险由买方自理"（insurance to be effected by the Buyers）。如果是CIF，CIP等合同，由卖方负责投保并支付保险费，但运输途中的风险则由买方承担，这样，保险就涉及买卖双方利益，合同中的保险条款就应详细、明确订立，以便顺利履行合同。

CIF或CIP合同中的保险条款，应包括以下四个内容：

（1）保险责任。由谁办理保险，一般应视合同中所使用的贸易术语而定。合同中的保险条款应明确规定由哪一方当事人负责办理投保，一般情况下，谁负责投保就由谁负担保险费。在FOB，CFR或FCA，CPT合同下，如双方协议由卖方代办保险，则需订明保险费由买方负担。

（2）保险金额。保险金额关系到保险货物能否获得足额保障，以及对预期费用和利润的加成，并直接影响到保险费开支。买卖双方应事先取得一致，在保险条款内明确规定。

（3）保险险别。投保什么险别，关系到保险货物受损时可能获得多大补偿，是与买方利益攸关的问题，但不同险别又同卖方支付的保险费有关，双方当事人应协商一致，列入保险条款。

（4）适用条款。各国保险公司都订有自己的保险条款，但伦敦保险协会的"协会货物条款"是国际保险业广泛应用的条款，一般保险人都可以按该条款接受承保。

目前，我国通常以中国人民保险公司2010年1月1日生效的"货物运输保险条款"为依据，但有时国外客户要求以"协会货物条款"为准，我方也可以通融接受。

按照上述四个内容，CIF，CIP合同中保险条款一般可订为："由卖方按发票金额的×××%投保××险和××险，按照中国人民保险公司2010年1月1日的有关海洋运输货物保险条款为准。"（Insurance is to be covered by the Sellers for ×××% of invoice value against ×× and ×× as per Ocean Marine Cargo Clauses of the People's Insurance Company of China dated 2010. 1. 1.）

在FOB或CFR合同下，如果买方委托卖方代办保险，由买方负担保险费时，可订为："由买方委托卖方按 CIF 发票金额的×××%代为投保海洋运输险，按 2009 年 1 月 1 日协会货物条款（A）负责，保险费由买方负担。"［Insurance is to be covered by the Sellers on behalf of the Buyers for ×××% of invoice value against Marine Risks as per Institute Cargo Clause（A） dated Jan. 1，2009. Premium is to be for the Buyer's account.］

【自测题】

一、单项选择题

1. 下列风险中属于一般外来风险的有（　　）。

A. 地震、偷窃、战争　　B. 偷窃、串味、短量

C. 洪水、海啸、雨淋　　D. 受潮、雨淋、火灾

2. 我某公司出口稻谷一批，因保险事故被海水浸泡多时而丧失其原有用途，货到目的港后只能低价出售，这种损失属于（　　）。

A. 单独海损　B. 共同海损　C. 实际全损　D. 推定全损

3. 有一批出口服装，在海上运输途中，因船体触礁导致服装严重受浸，如果将这批服装漂洗后再运至原定目的地所花费的费用将超过服装的保险价值，则这种损失属于（　　）。

A. 单独海损　B. 共同海损　C. 实际全损　D. 推定全损

4. 某批出口货物投保了水渍险，在运输途中由于雨淋致使货物遭受部分损失，这种损失保险公司将（　　）。

A. 负责赔偿整批货物　　B. 负责赔偿被雨淋湿的部分

C. 不给予赔偿　　D. 酌情赔偿被雨淋湿的部分

5. 根据我国《海洋货物运输保险条款》的规定，"一切险"包括（　　）。

A. 平安险加 11 种一般附加险　　B. 水渍险加所有的附加险

C. 水渍险加 11 种一般附加险　　D. 平安险加水渍险

6. 我方按 CIF 条件成交出口一批罐头食品，卖方投保时，按（　　）投保是正确的。

A. 偷窃提货不着险、战争险　　B. 一切险、偷窃提货不着险

C. 水渍险、偷窃提货不着险　　D. 平安险、一切险

7. ICC 中的货物 A，B，C 条款的内容大体等于 CIC 条款中的（　　）。

A. 平安险、水渍险、一切险　　B. 一切险、水渍险、平安险

C. 水渍险、一切险、平安险　　D. 水渍险、平安险、一切险

8. 陆运险和陆运一切险相当于海运中的（　　）。

A. 平安险和一切险　　B. 水渍险和一切险

C. 平安险和水渍险　　D. 一切险和平安险

9. 预约保险以（　　）代替投保单，说明投保的一方已办理了投保手续。

A. 提单　　　　B. 国外的装运通知

C. 大副收据　　　　D. 买卖合同

二、多项选择题

1. 某载货船只载着甲货主的3000箱棉织品、乙货主的50公吨小麦、丙货主的200公吨大理石驶往美国纽约。货轮起航的第二天不幸遭遇触礁事故，导致船底出现裂缝，海水入侵严重，使甲货主的250箱棉织品和乙货主的约5公吨的小麦被海水浸湿。因裂口太大，船长为解除船、货的共同危险，使船舶浮起并及时修理，下令将丙货主的50公吨大理石抛入海中，船舶修复后继续航行。货轮继续航行的第三天又遭遇恶劣气候，使甲货主另外50箱货物被海水浸湿。此时，以下答案中（　　）是正确的。

A. 因触礁而产生的船底裂缝及甲、乙货主的货物损失属于单独海损

B. 为使船舶浮起并及时修理而抛入海中的丙货主的货物损失属于共同海损

C. 因恶劣气候而导致的甲货主50箱货物的损失属于单独海损

D. 本案中各货主若都投保了平安险，保险公司将对以上的损失给予赔偿

2. 共同海损的构成条件有（　　）。

A. 必须确有共同危险

B. 采取的措施是有意的、合理的

C. 牺牲和费用支出是非常性质的

D. 所作出的牺牲和支出的费用必须是有效果的

3. 伦敦保险协会海运货物保险条款所规定的险别中可单独投保的是（　　）。

A. ICC（A），ICC（B），ICC（C）　　　　B. 协会战争条款

C. 协会罢工条款　　　　D. 恶意损害险条款

4. 下列（　　）情况会打破“仓至仓”承保期限。

A. 货物运至保单载明的收货人仓库或储存处所

B. 货物抵达提单载明的目的港承运人仓库或储存处所

C. 货物抵达目的港或中途被保险人用作正常运输以外的储存仓库或储存处所

D. 货物抵达目的港或中途被保险人用作分配、分派、分散转运

E. 被保险货物在最后卸货港全部卸离海轮后60天

三、判断题

1. 在平安险中不包括自然灾害引起的部分损失。（　　）

2. 在国际贸易中，向保险公司投保一切险后，在运输途中由任何外来原因造成的一切货损，均可向保险公司索赔。（　　）

3. 托运出口玻璃制品时，投保一切险后，还应加保破碎险。（　　）

4. 某外贸公司按CIF术语出口坯布1000包，根据合同规定投保水渍险，货在途中因为船舱内淡水管道滴漏，致使该批坯布中的200包遭水渍，保险公司应对此负责赔偿。 （ ）

5. ICC（A）承保海盗、被保险人以外的人的故意破坏所造成的损失。 （ ）

6. 按CFR术语进口时，我方在国内投保了一切险，我方承担的风险起止应为"仓至仓"。 （ ）

7. 在保险单出具后，如需要补充或变更保险内容，保险公司可根据投保人的请求出具修改保险内容的凭证，该项凭证称为批单。 （ ）

8. 按照国际保险市场惯例，大保单与小保单具有同等法律效力。 （ ）

9. 按照中国人民保险公司现行的保险条款规定，凡已投保了战争险的，若再加保罢工险，保险公司不另行增收保险费。 （ ）

10. 航空运输货物的保险责任在最后卸货地卸离飞机满30天时终止。 （ ）

【思考题】

1. 在海运货物保险中，保险公司分别承保哪几类风险、损失与费用？

2. 什么叫共同海损？什么叫单独海损？两者有何区别？

3. 中国人民保险公司的海洋运输货物保险条款包括哪些险别？其除外责任与保险期限是如何规定的？

4. 我某公司以CIF对外发盘，如以下列保险条款投保，是否妥当？

（1）一切险、淡水雨淋险、受潮受热险

（2）平安险、一切险、战争险

（3）水渍险、偷窃险、战争险

（4）偷窃险、罢工险、战争险

5. 保险单的作用是什么？保险单有哪几种？

6. 出口合同中的保险条款应包括哪些内容？

7. 某批货物投保了水渍险，载运该批货物的海轮在航行中遇到下雨，而使货物遭到水渍损失。试问在上述情况下，保险公司是否负责赔偿？为什么？

8. 出口手工具一批至曼谷，FOB货价为80000美元，运费2000美元，加一成投保一切险和战争险，一切险费率为0.25%，战争险费率为0.03%。试计算投保金额和保险费应是多少。

9. 我出口公司对非洲某客商发盘，供应某商品，价格条件为CIF非洲某口岸每公吨3000美元，按发票金额110%投保一切险和战争险。对方要求改报FOB中国口岸，经查，自中国口岸至非洲某口岸的海洋运输费用为每公吨400美元，一切险费率为0.8%，战争险费率为2‰。问：FOB价应报多少？如要求改报CFRC5%价，又要报多少？

10. 有一批货物，投保一切险，投保金额为 USD 20 000，货物在运输途中受潮受热，质量遭受损失。已知该批货物在目的地完好价值 USD 28 000，受损后仅值 USD 15 000。保险公司应赔偿多少？

【案例分析】

1. 某货物在运输过程中起火，大火蔓延至机舱，船长下令往舱内灌水灭火，火虽被扑灭，但由于主机受损，无法继续航行，于是船长决定雇用拖轮将货船拖到附近港口修理。事后调查，这次事件造成的损失有：①1000 箱货被火烧毁；②600 箱货由于灌水灭火受到损失；③主机和部分甲板被烧坏；④拖船费用；⑤额外增加的燃油和船长、船员的工资。

试分析以上各项损失的性质，并指出至少应投保何种险别，保险公司才负责赔偿。

2. 有一批货物已按发票总值 110% 投保了平安险，载运该批货物的海轮于 5 月 3 日在海面遇到暴雨的袭击，使该批货物受到部分水渍，损失货值为 1000 美元，该轮在继续航行中，又于 5 月 8 日发生触礁事故，又使该批货物发生部分损失，损失货值 2000 美元。试问：保险公司按平安险条款应赔付多少？为什么？

第五章　商品的价格

【本章提要】

本章阐述了作价的方法及出口商品经济效益的概念和核算方法，介绍了佣金和折扣的计算及表示和支付方法，以及如何签订合同中的价格条款等。

在国际货物买卖中，如何确定进出口商品价格和规定合同中的价格条款，是交易双方最为关心的一个重要问题。因为价格的高低直接关系到买卖双方的经济利益，所以讨价还价往往成为交易磋商的焦点，价格条款便成为买卖合同中的核心条款。买卖双方在其他条款上的利害与得失，一般会在商品价格上反映出来，而价格条款的内容又对其他条款产生影响。可见，价格条款与合同中的其他条款有着密切的联系。

在实际业务中，正确掌握进出口商品价格，合理采用各种作价办法，选好有利的计价货币，适当运用与价格有关的佣金和折扣，并订好合同中的价格条款，对体现对外政策、提高外贸企业的经济效益具有十分重要的意义。

第一节　价格的掌握

在进出口业务中，确定一个合理的价格是一项十分复杂的工作。为了做好这项工作，必须正确贯彻我国进出口商品的作价原则，切实掌握国际市场价格的变动趋势，充分考虑影响价格的各种因素，加强成本和盈亏的核算，并掌握价格换算的方法。

一、正确贯彻作价原则

在确定进出口商品价格时，必须遵循下列三项原则：

（1）按照国际市场价格水平作价。国际市场价格是以商品的国际价值为基础并在国际市场竞争中形成的，它是交易双方都能接受的价格，是我们确定进出口商品价格的客观依据。

（2）要结合国别、地区政策作价。为了使外贸配合外交，在参照国际市场价格水平的同时，也可适当考虑国别、地区政策。

（3）要结合购销意图作价。进出口商品价格在国际市场价格水平的基础上，可根据购销意图来确定，即可略高于或略低于国际市场价格。

二、注意国际市场价格动态

国际市场价格因受供求关系的影响而经常波动，不断变化。因此，在确定进出口商品价格时，必须注意市场供求关系的变化，对国际市场价格走势作出正确判断，避免价格掌握上的盲目性。

三、考虑影响价格的各种具体因素

（一）要考虑商品的质量和档次

在国际市场上，一般都贯彻按质论价的原则，即优质优价、劣质次价。品质的优劣，档次的高低，包装装潢的好坏，商标、牌号的知名度，都影响商品的价格。

（二）要考虑成交数量

按国际贸易的习惯做法，成交量的大小影响价格。成交数量大应予以数量折扣，数量过小应适当提高售价。

（三）要考虑运输距离

国际货物买卖，一般都要通过长途运输。运输距离的远近，影响运费和保险费的开支，从而影响商品的价格。因此，确定商品价格时，必须核算运输成本，做好比价工作，以体现地区差价。

（四）要考虑交货地点和交货条件

在国际贸易中，由于交货地点和交货条件的不同，买卖双方承担的责任、费用和风险也不同，在确定进出口商品价格时，必须考虑这些因素。例如，同一运输距离内成交的同一商品，按 CIF 条件成交与按 DES 条件成交，其价格应当不同。

（五）要考虑季节性需求的变化

在国际市场上，某些节令性商品，如赶在节令前到货，抢行应市，即能卖上好价；过了节令的商品，往往售价很低，甚至以低于成本的“跳楼价”出售。因此，我们应充分利用季节性需求的变化，掌握好季节性差价，争取按对我方有利的价格成交。

（六）要考虑支付条件和汇率变动的风险

支付条件是否有利和汇率变动风险的大小，都影响商品的价格。例如，同一商品在其他交易条件相同的情况下，采用托收方式和信用证付款方式，其价格应当有所区别。同时，确定商品价格时，一般应争取采用对自身有利的货币成交；如采用不利的货币成交时，应当把汇率变动的风险考虑到货价中，即适当提高出售价格或压低购买价格。

此外，交货期的远近、市场销售习惯、市场竞争的激烈程度和消费者的爱好等因素，对确定价格也有不同程度的影响，必须通盘考虑和正确掌握。

四、加强成本核算

在价格掌握上，要注意加强成本核算，以提高经济效益。尤其在出口方面，要注意对出口总成本、出口销售外汇净收入和人民币净收入、出口换汇成本、出口盈亏率等指标的核算和分析，防止出现不计成本、不计盈亏、单纯追求成交量的现象。

出口总成本是指出口商品的进货成本加上出口前的一切费用和税金。出口销售外汇净收入是指出口商品按 FOB 价出售所得的外汇净收入。出口销售人民币净收入是指出口商品的 FOB 价按当时外汇牌价折成人民币的数额。根据上述这些数据，可以计算出出口商品盈亏率、出口商品换汇成本和出口创汇率。

（一）出口商品盈亏率

它是指出口商品盈亏额与出口总成本的比率。出口盈亏额是指出口销售人民币净收入与出口总成本的差额，前者大于后者为盈利，反之为亏损。其计算公式如下：

$$出口商品盈亏率=\frac{出口销售人民币净收入-出口总成本}{出口总成本}\times 100\%$$

（二）出口商品换汇成本

它是指以某种商品的出口总成本与出口所得的外汇净收入之比，得出用多少人民币换取 1 美元，即该商品每出口净收入 1 美元所需要的人民币总成本。它也是用来反映出口商品盈亏的一项重要指标。出口商品换汇成本如高于结汇时银行的外汇牌价，则出口为亏损；反之，则说明出口有盈利。其计算公式如下：

$$出口商品换汇成本=\frac{出口总成本(人民币)}{出口销售外汇净收入(美元)}$$

注意：出口价格如采用美元以外的货币计算时，均需按规定的折算率折成美元。

从出口换汇成本可推算出口换汇率，两者恰好成互为倒数的关系，即

$$出口换汇率=\frac{1}{出口换汇成本}$$

换汇成本与盈亏率有着内在联系，即出口商品亏损率越大，换汇成本越高；反之亏损率越小或有盈利，则换汇成本就越低。它们之间的换算公式如下：

1. 由换汇成本和折算率求盈亏率

$$盈亏率=\frac{折算率-换汇成本}{换汇成本}\times 100\%$$

计算结果如为正数，为盈利率；如为负数，为亏损率。

2. 由盈亏率和折算率求换汇成本

$$换汇成本=\frac{折算率}{1+盈亏率}$$

例 某商品的出口总成本为每公吨2 100元人民币，出口 FOB 价为 360 美元，按折算率 6.30 计算，求其换汇成本和盈亏率，并按换算公式进行验算。

解 换汇成本 $=\frac{2\ 100}{360}=5.83$（元人民币/美元）

$$盈亏率=\frac{360\times 6.30-2\ 100}{2\ 100}\times 100\%=8\%$$

正号表示盈余。

验算：

$$盈亏率=\frac{6.30-5.83}{5.83}=8\%$$

$$换汇成本=\frac{6.30}{1+8\%}=5.83（元人民币/美元）$$

验算正确。

（三）出口创汇率

出口创汇率又叫外汇增殖率，它是指加工后成品出口的外汇净收入与原料外汇成本的比率。如原料为国产品，其外汇成本可按原料的 FOB 出口价计算；如原料是进口品，则按该原料的 CIF 进口价计算。通过出口的外汇净收入和原料外汇成本的对比，可看出成品出口的创汇情况，从而确定出口成品是否有利，特别是在进料加工的情况下，核算该指标更具现实意义。其计算公式如下：

$$出口创汇率=\frac{成品出口外汇净收入-原料外汇成本}{原料外汇成本}\times100\%$$

五、掌握价格换算方法

在国际贸易中，不同的贸易术语表示其价格构成因素不同，即包括不同的从属费用。买卖双方在洽谈交易时，经常会根据对方要求改变原报价的贸易术语，如原按 FOB 报价，对方要求改报 CIF 价和 CFR 价，这就涉及价格换算问题。现将最常用的 FOB，CFR 和 CIF 三种价格的换算方法及公式介绍如下。

（一）FOB 价换算为其他价

（1）$CFR=FOB+F$

（2）$CIF=\frac{FOB+F}{1-(1+投保加成率)\times保险费率}$

（二）CFR 价换算为其他价

（1）$FOB=CFR-F$

（2）$CIF=\frac{CFR}{1-(1+投保加成率)\times保险费率}$

（三）CIF 价换算为其他价

（1）$FOB=CIF\times[1-(1+投保加成率)\times保险费率]-F$

（2）$CFR=CIF\times[1-(1+投保加成率)\times保险费率]$

注：F——运费。

第二节 计价货币的选择和运用

一、计价货币和支付货币

在国际货物买卖中，买卖双方磋商价格时，还要约定使用何种货币计价、支付。在我国，除对方所在国与我国政府订有贸易或支付协定，规定了计价或结算货币外，买卖双方可选择卖方国家货币、买方国家货币或第三国货币作为计价和支付货币。

计价货币（money of account）是指合同中规定用来计算价格的货币。如合同中的价格是用一种双方当事人约定的货币（如美元）来表示，没有规定用其他货币支付，则合同中规定的货币既是计价货币，又是支付货币（money of payment）。如在计价货币之外，还规定了其他货币（如英镑）支付，则这另外规定的货币（这里是英镑）就是支付货币。在这种情况下，就要在合同中规定这两种货币的比值。按照国际上的一般做法，通常是按付款日计价货币和支付货币的比价，把计价货币表示的货款折算成支付货币进行支付。

二、计价货币的选择

在我国进出口业务中，多数情况下计价和支付采用同一种货币。那么，如何选用计价货币呢？这要根据市场和汇率的变动情况以及有关当事人的经营意图而定，且以下两项基本原则是不能忽视的。

（一）货币的可兑换性

目前国际贸易中一般通用的货币有美元、欧元、英镑、港元、日元、瑞士法郎、加元等，它们都是可以自由兑换的货币，其中美元在国际货物买卖中占比重最大。为了有利于调拨和运用，我们在确定计价货币时，主要应从这类国际上通用的可自由兑换的货币中选择。

（二）货币的稳定性

国际货物买卖合同从签订到履行，一般要经过较长的一段时间，其间市场价格和汇率都可能发生变化，从而影响买卖双方的利益。所以，选用计价货币时，应充分考虑汇率波动可能带来的风险，尽量选用对自己有利的货币。一般原则是，出口应选择那些币值相对比较稳定或呈上浮趋势的“硬币”，进口应使用币值有下浮趋势的“软币”。

如果为达成交易而不得不采用对我方不利的货币，则可设法用下述两种办法补救：一是根据该种货币今后可能的变动幅度，相应提高出口报价或压低进口报价；二是在可能的情况下，订立保值条款，以避免汇兑风险。

保值条款即采用稳定货币币值的方法，以消除汇率变动的影响。通常有以下几种方法可供选择：

（1）确定订约时计价货币与另一货币（其币值与计价货币具有相反变化趋势）的汇率，支付时按当日汇率把币值具有相反趋势变化的货币折算成原计价货币支付。

例如：本合同项下的日元，按合同成立日中国银行公布的日元和美元买进牌价之间的比例折算，相等于××美元。在议付之日，按中国银行当天公布的日元和美元买进牌价之间的比例，将应付之全部美元折合成日元支付。

（2）确定订约时计价货币与一揽子货币（即另几种货币）的平均汇率，支付时按当日的计价货币与一揽子货币的平均汇率把一揽子货币折算成原计价货币支付。

（3）价格调整的方法。在合同中规定，根据所用货币币值变动幅度来确定价格的调整幅度。

此外，还可采用外汇保值交易的方法。这是指在出口或进口中，按订约时的外汇汇率确定远期货款支付。订约后，为了防止远期支付时由于汇率变动而带来损失，即刻在外汇市场上对出口做一笔卖出支付货币的交易，对进口做一笔买进支付货币的交易。这种为了消除货物买卖中支付货币的汇率变动风险，而在外汇市场上所做的外汇交易称作外汇保值交易。外汇保值交易一般在外汇市场上采用远期外汇保值的办法，也可在外汇期货市场上进行外汇期货保值或外汇期权保值。

第三节　作价方法

国际货物买卖合同的价格，可视交易的具体情况及买卖双方的需要，协商决定采用固定作价或非固定作价的方法。

一、固定作价

将买卖双方约定的价格订入合同，签约后不管市场价格有何变化，双方均按此价格结算货款。在我国进出口业务中，大多数合同都采用固定作价的办法。

二、非固定作价

有些商品的交易，如大宗初级产品交易或生产周期较长的成套设备的交易，为了减少价格波动的风险，买卖双方可协商采用非固定作价的方法，包括暂不作价、暂定价或滑动价格等做法。

（一）暂不作价

暂不作价是指买卖双方签订合同时，在合同中暂不规定具体价格，留待以后确定。合同中必须订明在什么时间和如何确定价格的方法。例如，规定在合同所规定的装运期××天前由双方协商确定价格。有些初级产品可规定以卖方交货日或×月×日某商品交易所的收盘价或当日成交平均价为基础来确定价格。这种暂不作价的办法，一般适用于成交数量较大或交货期较长，而市场价格波动又较大的交易。采用暂不作价的办法，买卖双方都可避免承担价格变动的风险。但采用这种方法时，如合同中规定不够明确，则有可能到时双方协商不能取得一致意见，导致合同无法履行。

（二）暂定价

暂定价就是买卖双方签订合同时，对合同中所列价格注明是暂定价，并规定在交货前一定时间内，双方根据当时市场情况确定正式价格。暂定价与暂不作价类似，都是由于一时难以确定价格，或不适宜采用固定作价的办法。两者都存在到时协商不成无法确定价格，从而导致无法履行合同的可能。因此，按照暂不作价和暂定价办法签订的合同，都有一定的不稳定性，应慎重使用。

（三）滑动价格

某些货物，如大型成套设备、交通运输工具，从合同成立到履行完毕需要时间较长，为了避免原材料、工资等变动而承担风险，可采用滑动价格。所谓滑动价格，是指先在合同中规定一个基础价格，交货时或交货前一定时间，按工资、原材料价格变动的指数作相应调整，以确定最后价格。在合同中对如何调整价格的方法，应一并具体订明。

第四节　佣金和折扣

佣金和折扣是国际贸易中普遍采用的习惯做法，它直接关系到价格，并在事实上改变了价格水平。在买卖双方磋商价格和估算构成价格的各种因素时，应把佣金和折扣考虑在内。

一、佣金、折扣的含义和作用

佣金（commission）是卖方或买方付给中间商为介绍商品成交而提供服务的酬金。佣金一般由卖方付给，但有时也可由买方付给。折扣（discount）是卖方给买方的价格减让。

正确和灵活运用佣金和折扣，可调动中间商和进口商推销和经营我方货物的积极性，增强有关货物在国外市场的竞争力，从而扩大销售。在实际业务中，佣金和折扣的名目很多，如销售佣金（selling commission）、购货佣金（purchasing commission）、累计佣金（accumulative commission）、数量折扣（quantity discount）、特别折扣（special discount）、贸易折扣（trade discount）、回扣（rebate）等。佣金和折扣在性质上是有区别的。

二、佣金和折扣的表示方法

（一）佣金的表示方法

凡价格中包含佣金的，称为“含佣价”（price including commission）。含佣价的表示方法，可在价格条款中加注文字说明，例如：每打200英镑CFR伦敦包含佣金2%（£200 per doz. CFR London including 2% commission）；也可在贸易术语后加注佣金英文缩写“C”并注明佣金的百分比，例如：每打200英镑CFR C2%伦敦（£200 per doz. CFR C2% London）。

以上两种称为“明佣”。另外，有的合同表面不表示含有佣金，但买卖双方在合同之外另行协议价格中包括一定的佣金，通常把这种佣金称为“暗佣”。

（二）折扣的表示方法

如价格中允许给予折扣，即折扣价，一般要用文字作具体表示，例如：每公吨100美元CIF新加坡减3%折扣（USD100 per M/T CIF Singapore less 3% discount）。

如果有关价格未对含佣或有折扣作出表示，而且双方又无任何约定，则应理解为不含佣价或不给折扣。凡价格中不含佣金，也不给折扣的，称为“净价”（net price）。例如：每公吨100美元FOB汉堡（USD100 per M/T FOB Hamburg），一般情况下都视为净价。有时为了明确说明合同价格是净价，可在贸易术语后加注“净价”字样，例如：每公吨100美元FOB汉堡净价（USD100 per M/T FOB net Hamburg）。

三、佣金和折扣的计算方法

（一）佣金的计算

按照国际贸易的一般习惯，计算佣金时，不论使用何种贸易术语，都是以合同金额（即发票金额）为基础直接计算的。例如：CIF发票金额为10 000美元，佣金率5%，则应付佣金500美元（10 000×5%）；CFR C3%发票金额为10 000美元，则应付佣金300美元（10 000×3%）。也有些合同中规定，合同单价是CIF或CFR，但以FOB金额作为计算佣金的基础，理由是运费和保险费不是出口商收入，不应支付佣金。这两种方法都可采用，看买卖双方如何约定；如未约定，则按一般习惯做法。

在我国出口业务中，如我方原核定的基价是“净价”，或双方本以净价磋商交易，后买方要求改报含佣价，如不降低净收入，则应按以下公式计算：

$$含佣价=\frac{净价}{1-佣金率}$$

（二）折扣的计算

折扣的计算很简单，按照一般习惯做法，不论使用何种贸易术语，都是以合同金额（即发票金额）为基础直接计算。如CIF发票金额为10 000美元，折扣率5%，则应付折扣500美元（10 000×5%）。

四、佣金和折扣的支付方法

买卖双方签订合同时，应就支付佣金的办法取得协议，在合同中订明。支付佣金的方法一般有三种：

（1）从发票中直接扣除。有些中间商以买方身份与卖方签订合同，并承担履行合同的责任。为简化手续，卖方在履行交货、开具发票向买方收取货款时，在发票金额中直接扣除佣金，按净价收款。

（2）由银行从汇票金额中扣除，直接汇付中间商。在信用证支付方式下，买方开来的信用证中规定，议付行议付受益人汇票时，从议付金额中扣除约定比率的佣金，由议付行直接汇给信用证中指定的中间商。这样，卖方实收货款为扣除佣金后的净价货值。

（3）卖方收到货款后，按约定佣金率，将佣金汇给中间商。这种支付佣金的办法比较常用，特别是同那些贸易往来较多或有代理协议的客户，一般都是卖方收妥货款后另行汇付佣金，可以逐笔汇付，也可按月或按季累总汇付。

折扣一般是由卖方在发票金额中扣除，即按扣除折扣后的净价向买方收取货款。

第五节　合同中的价格条款

国际货物买卖合同中的价格条款，一般包含单价和总值两项基本内容，至于确定单价的作价方法及与单价有关的佣金和折扣的运用，也属价格条款的内容。

一、单价

在国际货物买卖业务中，单价（unit price）必须由四个部分组成，缺一不可。这四个部分是计量单位、计价货币、单价金额和贸易术语。具体写法如：每公吨280美元CIF纽约（USD280 per M/T CIF New York）。

二、总值

总值（total value或total amount）是单价同数量的乘积，也就是一笔交易的货款总金额。总值所使用的货币应与单价所使用的货币一致。

【自测题】

一、单项选择题

1. 在我国进出口业务中，选择计价货币应（　　）。

   A. 力争采用硬币收付

   B. 力争采用软币收付

C. 进口时采用软币计价付款，出口时采用硬币计价收款

D. 进口时采用硬币计价付款，出口时采用软币计价收款

2. 我某公司出口某商品，对外报价为400美元/台 CIF 纽约，外商要求将价格改报为 CIF C3%，我方应将价格改报为（　　）。

A. 412美元　　B. 388美元　　C. 387.63美元　　D. 412.37美元

3. 某公司对外发盘，200台1匹空调机，每台150美元 FOB 广州，外商要求改报 CIF 汉堡，经查，运至汉堡的总运费为3500美元，保险费为100美元，则改报价应为（　　）。

A. 3750美元　　B. 167.5美元　　C. 168美元　　D. 184美元

4. 如果 FOB 价格为200美元，运费为22美元，投保加一成，保险费率为2%，则 CIF 价格应为（　　）。

A. 226.0美元　　B. 226.4美元　　C. 226.9美元　　D. 227.0美元

5. 出口换汇成本高于当时的外汇牌价时，说明该次出口（　　）。

A. 亏损　　B. 盈利　　C. 不能确定

6. 价格调整条款主要适用于（　　）。

A. 类似于加工周期不稳定的食品买卖合同

B. 类似于加工周期较短的货物买卖合同

C. 类似于加工周期较长的机械设备买卖合同

D. 类似于加工难度较大的手工商品买卖合同

7. 我某公司下列进口单价中正确的是（　　）。

A. 每箱100美元 FOB 广州　　B. 每公吨100欧元 CIF 广州

C. 每件20港元 CFR 香港　　D. 每台80英镑 FOB 英国

二、多项选择题

1. 在进出口业务中，采用非固定价格的优点是（　　）。

A. 给合同条款的履行带来较大的稳定性

B. 有助于暂时解决双方在价格方面的分歧

C. 解除顾客对价格风险的顾虑，达成长期协议

D. 可使出口方不失时机地做成生意

2. 采用非固定价格订立合同时应该注意（　　）。

A. 明确规定作价标准

B. 慎重选择作价时间

C. 对于大宗商品的出口，一般采用装船后的价格

D. 对于期货商品，应选择有代表性的期货交易市场公布的价格

三、判断题

1. 滑动价格指的是随着国际市场价格浮动而变动的价格。（　　）

2. 买卖双方在合同中规定:“按提单日期的国际市场价格计算。”这是固定作价的一种规定方法。 ( )

3. 因为各种术语包含了不同的成本,因此,使用什么术语没有区别。 ( )

4. 如果出口人坚持收“硬币”,进口人可能会面临汇率波动风险,为避免风险,该交易便无法进行了。 ( )

【思考题】

1. 确定对外成交价格时,应考虑哪些因素?

2. 选择计价货币时,应注意哪些问题?

3. 什么叫佣金?什么叫折扣?

4. 进出口合同中的价格条款包括哪些内容?试举例说明。

5. 下列我方出口单价的写法是否正确?如有错误或不完整,请予以更正或补充。

(1) 3.68 $ CIFC Bangkok

(2) £ 300 per case CFR USA

(3) USD per ton FOB London

(4) EUR 98.50 per doz. FOB D2%

(5) EUR 28.85 CIF C2% Shanghai

6. 我国某出口商品报价为:USD 300 per set CFR C3% New York。试问:CFR 净价和佣金各为多少?如对方要求将佣金增加到5%,我方同意,但出口净收入不变,CFR C5%应如何报价?

7. 某商品每打 CIF 热那亚£ 500,设运费每打£ 45,投保加一成,保险费率为8‰,求 FOB 价。

8. 我国某外贸公司出口某商品1000箱,该货每箱收购价人民币200元,国内费用为收购价的15%,出口后每箱可退税人民币14元,外销价每箱 CFR C5% 曼谷38美元,每箱货应付海运运费2.35美元,银行外汇牌价100美元=630元人民币。试计算该商品的出口换汇成本及盈亏率,并按换算公式进行验算。

【案例分析】

1. 我国某出口公司拟出口化妆品去中东某国。正好该国某佣金商主动来函与该出口公司联系,表示愿为推销化妆品提供服务,并要求按每笔交易的成交金额给予5%的佣金。不久,经该佣金商中介与当地进口商达成 CIF C5% 总金额5万美元的交易,装运期为订约后2个月内从中国港口装运,并签订了销售合同。合同签订后,该佣金商即来电要求我国出口公司立即支付佣金2500美元。我国出口公司复电称:佣金需待货物装运并收到全部货款后才能支付,于是,双方发生了争议。请分析:这起争议发生的原因是什么?我国出口公司应吸取什么教训?

2. 某年我国某出口公司售以西欧甲商货号为 A101，B201，C301 的商品各 5 公吨，2—4 月每月分别各装 5 公吨，D/P 即期付款。2 月份 A101 按约如数装运出口，并顺利收汇。但 3 月份的装运，因 B201 缺货，短少的 2 公吨拟用较低等级的同类产品 B202 代替。该出口公司在与甲商洽商替代货物 B202 的数量和价格时，在电传中将应为每公吨 RMB 27 000 的价格，少打一个“0”，错成 2 700 元。随后甲商曾两次在电传中重复确认“2 700 元”的价格，但我方有关人员不仔细阅读电传，始终未察觉这一重大错误。3 月间 B201 和部分替代货物 B202 装运出口，替代部分（B202）的价格，我方按 RMB ¥27 000 列发票，经银行向甲商托收，遂遭甲商拒付。试分析该案例并指出我方应吸取的教训。

第六章　国际货款的收付

【本章提要】

本章阐述了国际贸易货款的收付中常用的各种支付工具和支付方式，介绍了合同中支付条款的规定方法。其中，着重讲述了汇票、托收和信用证的有关知识，即汇票的含义、内容、种类及使用程序；托收的含义、种类、支付程序、性质及利弊，有关托收的国际惯例和使用托收方式应注意的问题；信用证的含义、内容、支付程序、特点、种类，以及有关信用证的国际惯例等。

在国际贸易中，卖方交货与买方付款是个对流条件，收取货款是卖方的主要权利，支付货款是买方的基本义务。货款的收付直接影响双方的资金周转和融通，以及各种金融风险和费用的负担，所以这是关系到买卖双方切身利益的重要问题。因此，买卖双方在磋商交易时，都力争约定对自己有利的支付条件：从卖方的角度来看，要做到安全收款，及早收款；从买方的角度来看，则希望延期付款，及早收货。

我国对外贸易货款的收付，一般是通过外汇来结算的。货款的结算主要涉及支付工具、付款时间和地点以及支付方式等问题，买卖双方必须对此取得一致的意见，并在合同中做出明确的规定。

第一节　支付工具

国际贸易货款的收付，可以使用现金和票据两种支付工具，但采用现金结算的较少，大多使用非现金结算，即使用代替现金作为流通手段和支付手段的信贷工具来结算国际债权债务。票据是可以流通转让的债权凭证，是以无条件支付一定金额为目的的有价证券。因此，票据是现代国际结算中通行的结算和信贷工具。国际贸易中使用的票据主要有汇票、本票和支票，其中以汇票为主。

一、汇票

在国际货物买卖业务中，货款的结算主要有两种方法：一种是顺汇法，即由付款人主动将款项交给银行，委托银行使用某种结算工具，支付一定金额给收款人；另一种是逆汇法，即由债权人以出具票据的方式，委托银行向国外债务人收取一定金额的结算方法。卖方在索取货款时，往往开出汇票作为要求付款的凭证。

（一）汇票的含义和基本内容

汇票（bill of exchange 或 draft）是一个人向另一个人签发的无条件的书面支付命

令，要求受票人见票时或以后某一规定的或可以确定的时间将一定金额的款项支付给特定的人或其所指定的人或持票人。

汇票的基本内容一般有下列几项：

（1）表明“汇票”的文字。

（2）无条件支付一定金额的命令。

（3）受票人（drawee）的名称和地址。受票人又称付款人（payer），即接受支付命令，履行付款的当事人。在进出口业务中，通常是进口人或其指定的银行。

（4）付款期限。

（5）付款地点。

（6）受款人（payee）的名称。受款人即受领汇票所规定金额的人。在进出口业务中，通常是出口人或其指定的银行。

（7）出票日期和地点。

（8）出票人（drawer）签字。

以上为汇票的基本内容，但并非汇票的全部内容。按照各国票据法的规定，汇票必须具备上述各项基本内容，否则受票人有权拒付。

（二）汇票的种类

汇票从不同角度可以划分为不同种类，一般有以下几种：

（1）按照出票人的不同，汇票分为商业汇票和银行汇票，前者的出票人是工商企业或个人，后者的出票人是银行。

银行汇票（banker's draft）的出票人和付款人都是银行。在国际贸易中，银行汇票签发后，交给付款人，由付款人寄给国外收款人，由国外收款人向指定的付款银行取款。出票行签发汇票后，必须将付款通知书寄给国外付款银行，以便付款银行在收款人持票取款时进行核对。银行汇票一般为光票。

商业汇票（commercial draft）的出票人是工商企业或个人，付款人可以是工商企业或个人，也可以是银行。商业汇票一般由出口人开立，向国外进口人或银行收取货款时使用。商业汇票的出票人不必向付款人寄送付款通知书。商业汇票一般都附有货运单据。

（2）按汇票流通时是否随附货运单据，分为跟单汇票（documentary bill）和光票（clean bill）。随附货运单据的汇票，称为跟单汇票。不随附货运单据的汇票，称为光票。在国际贸易中的货款结算，大多数使用跟单汇票。

（3）按汇票付款时间的不同，分为即期汇票和远期汇票。

即期汇票（sight draft）是指规定付款人见票后即付款的汇票。

远期汇票（time bill 或 usance bill）是指在一定期限或特定日期付款的汇票。

远期汇票的付款时间，有以下几种规定方法：

①见票后若干天付款（at ×× days after sight）；

②出票后若干天付款（at ××days after date）；

③提单签发日后若干天付款（at ××days after date of bill of lading）；

④指定日期付款（fixed date）。

（4）按汇票的承兑人不同，分为商业承兑汇票和银行承兑汇票。

商业承兑汇票（commercial acceptance draft）是指汇票付款人为工商企业，由该企业在汇票上履行承兑手续的远期汇票。

银行承兑汇票（banker's acceptance draft）是指汇票付款人为银行，由该银行在汇票上履行承兑手续的远期汇票。

一张汇票往往可以同时具备几种性质，例如一张商业汇票同时又可以是即期的跟单汇票；一张远期的商业跟单汇票，同时又可以是银行承兑汇票。

（三）汇票的使用

使用汇票支付货款，一般要经过出票、提示、付款等程序。如是远期汇票，付款人还需办理承兑手续；如需转让，通常经过背书行为转让。汇票遭到拒付时，还要涉及作出拒绝证书和行使追索等法律权利。

1. 出票（to draw）

出票是指出票人在汇票上填写付款人、付款金额、付款日期和地点以及受款人等项目，经签字后交给受款人的行为。

在出票时，受款人一栏（俗称“抬头”）的填写方法通常有三种：

（1）限制性抬头。例如“仅付××”（Pay ×× only）或“付××公司不准转让”（Pay ××Co.，not transferable）。这种抬头的汇票不能流通转让，只有受款人才能收取票款。

（2）指示式抬头。例如“付××公司或其指定人”（Pay ××Co. or Order 或 Pay to the Order of ×× Co.）。这种抬头的汇票，除××公司可以收取票款外，也可以经过背书转让给第三者。

（3）持票人或来人抬头。例如“付给来人”（Pay Bearer）。这种抬头的汇票，无需由持票人背书，仅凭交付汇票即可转让，且任何持有汇票的人都有权收取票款。

2. 提示（presentation）

提示是指持票人将汇票提交付款人要求承兑或付款的行为。付款人看到汇票叫见票，如是即期汇票，付款人见票后应立即付款；如是远期汇票，付款人见票后先办理承兑手续，到期时付款。

3. 承兑（acceptance）

承兑是指付款人对远期汇票表示承担到期付款责任的行为。承兑手续是由付款人在远期汇票正面写上“承兑”字样，注明承兑日期，并由付款人签字，交给持票人。付款人承兑汇票后，即为承兑人。承兑人有远期汇票到期时付款的责任。

4. 付款（payment）

对即期汇票，在持票人提示时，付款人即应付款，不需要经过承兑手续；对远期汇票，付款人经过承兑后，在汇票到期日付款。付款人付清款项后，汇票上的一切债权债务即告结束。

5. 背书（endorsement）

除限制性抬头的汇票外，汇票在国际市场上是一种可流通的支付工具，可以在金融市场上流通转让。汇票在转让时，除来人抬头的汇票只需交付汇票即可转让外，指示式抬头汇票转让时必须办理背书。

背书是转让汇票权利的一种法定手续，是由汇票持有人在汇票背面签上自己的名字，或加上受让人的名字，注明背书日期并把汇票交给受让人的行为。作出上述背书行为的人叫作背书人，而按背书指示接受汇票转让的人则称为被背书人。汇票经背书后，其收款权利便转移给受让人。

汇票可以经过背书不断转让下去，对于受让人来说，所有在其以前的背书人以及原出票人都是其“前手”。而对于出让人来说，所有在其让与以后的受让人都是其“后手”。前手对后手负有担保汇票必然会被承兑或付款的责任。

汇票背书主要有以下三种：

（1）限制性背书（restrictive endorsement）。背书人在汇票背面其签字的上方写明被背书人，并加上限制性条件，例如“仅付××”“付××不准转让”。汇票经限制性背书后，就不能再流通转让了。

（2）指示性背书（demonstrative endorsement）。背书人在汇票背面其签字的上方写明被背书人，但允许其继续转让。例如“付给××或其指定人”。汇票经此类背书转让后，受让人若再作同样方式的背书，汇票上就会有多个背书人和被背书人。最后的持票人则凭背书的连续性作为其取得汇票正当权益的证明。这类背书也称为“特别背书”（special endorsement）或“记名背书”。

（3）空白背书（blank endorsement）。它指的是背书人只在汇票背面签字而不注明被背书人的名字，故亦称“不记名背书”。空白背书的汇票如同来人抬头的一样，仅凭交付即可完成转让。

汇票经空白背书后，受让人或持票人根据情况的需要，再作转让时可通过自己的背书把汇票转成记名背书，此后的被背书人又可将其恢复为空白背书继续转让。

在国际市场上，远期汇票经过承兑，持票人如需在汇票到期之前取得票款，可将汇票背书转让给银行（或专业贴现公司），银行扣除利息后将票款付给持票人，这叫“贴现”（discount）。

6. 汇票的拒付和追索

拒付（dishonour）又称退票，它是指持票人向付款人提示汇票时，遭到付款人拒绝付款或拒绝承兑。

除了拒绝承兑和拒绝付款外，付款人拒不见票、死亡或宣告破产，以致付款事实上已不可能时，也称拒付。

按照法律，汇票所列付款人的付款义务，并非由于出票人对其开立了汇票，而是由于在出票前双方已经确立的债权债务关系以及事先商定用开立汇票的办法收取款项。因此，当付款人拒付汇票时，出票人要根据原有契约而不是根据汇票进行交涉。但是，付款人一经在汇票上承兑后，其就确认了汇票主债务人的身份，承担起对汇票到期付款的责任。

按照各国票据法规定，汇票的各债务人（包括出票人、背书人）对持票人负连带责任。所以，倘若汇票经过转让，当被付款人或承兑人拒付时，最后的持有人有权向所有“前手”中一人或数人或全体行使追索权，一直追索到出票人。所谓追索权（right of recourse）是指汇票遭到拒付时，持票人对其前手（背书人、出票人）有请求其偿还汇票金额及费用的权利。持票人为了行使追索权，应及时办理拒绝证书（protest）。拒绝证书是由付款地的法定公证人或其他依法有权作出证书的机构如法院、银行、公会等，作出证明拒付事实的文件，是持票人凭以向其“前手”进行追索的法律依据。有时汇票的出票人或背书人为了避免承担被追索的责任，可以在出票时或背书时加注“不受追索”（without recourse）字样，但载有这样批注的汇票很难在市场上流通转让。

此外，已经承兑的汇票遭到拒付，出票人可以凭拒绝证书向法院起诉，要求承兑汇票的承兑人付款。

二、本票和支票

国际贸易货款的收付，除使用汇票外，有时也使用本票和支票。

（一）本票

本票（promissory note）是一个人向另一个人签发的，保证于见票时或定期或在可以确定的将来的时间，对某人或其指定人或持票人支付一定金额的无条件的书面承诺。简言之，本票是出票人对受款人承诺无条件支付一定金额的票据。本票的出票人与付款人是同一人。

本票可分为商业本票和银行本票。由工商企业或个人签发的称为商业本票或一般本票。由银行签发的称为银行本票。商业本票有即期和远期之分，银行本票则都是即期的。在国际贸易结算中使用的本票，大都是银行本票。有的银行发行见票即付、不记载收款人的本票或是来人抬头的本票，它的流通性与纸币相似。

（二）支票

支票（cheque/check）是以银行为付款人的即期汇票，即存款人对银行的无条件支付一定金额的委托或命令。出票人在支票上签发一定的金额，要求受票的银行于见票时立即支付一定金额给特定人或持票人。

出票人在签发支票后，应负票据上的责任和法律上的责任。前者是指出票人对收款人担保支票的付款；后者是指出票人签发支票时，应在付款银行存有不低于票面金额的存款并设立专门的转账账号。如存款不足，支票持有人在向付款银行提示支票要求付款时，就会遭到拒付。这种支票叫作空头支票。开出空头支票的出票人要负法律上的责任。

第二节 汇付和托收

在国际货物买卖业务中，可采用的支付方式是多种多样的，其中用得最多的是汇付、托收和信用证三种方式。这三种方式中，汇付和托收都属于商业信用，都是由买卖双方根据贸易合同互相提供信用的；而汇付是其中最简单的一种支付方式。

一、汇付

汇付（remittance）又称汇款，是指付款人主动通过银行或其他途径将款项汇交收款人。在汇付业务中，结算工具（汇款通知和票据）的传送与资金的流动方向相同，故属顺汇法。对外贸易的货款如采用汇付，一般是由买方按合同约定的条件（如收到单据或货物）和时间，将货款通过银行汇交给卖方。

（一）汇付方式的当事人

在汇付业务中，一般有四个当事人：

（1）汇款人（remitter），即汇出款项的人。在出口交易中，汇款人通常是进口人。

（2）收款人（payee/beneficiary），即收取款项的人。在进出口交易中通常是出口人。

（3）汇出行（remitting bank），即受汇款人的委托，汇出款项的银行。通常是在进口地的银行。

（4）汇入行（paying bank），即受汇出行委托，解付汇款的银行，因此又称解付行。通常是在出口地的银行。

汇款人在委托汇出行办理汇款时，要出具汇款申请书，此项申请书是汇款人和汇出行之间的一种契约。汇出行一经接受申请，就有义务按申请书中的指示发出付款委托书，通过其代理行即汇入行解付汇款。

汇出行和汇入行之间，一般都建立直接账户往来关系，并订有代理契约。在代理契约规定的范围内，汇入行对汇出行承担解付汇款的义务。

（二）汇付的种类

汇付方式有信汇、电汇和票汇三种。

1. 信汇

信汇（mail transfer，M/T）是汇出行应汇款人的申请，将信汇委托书邮寄给汇入行，授权解付一定金额给收款人的一种汇款方式。

汇入行在收到汇出行邮寄来的信汇委托书后，需核对汇出行的签字或印鉴，证实无误后才能向收款人解付汇款。

信汇的支付程序见图 6-1。

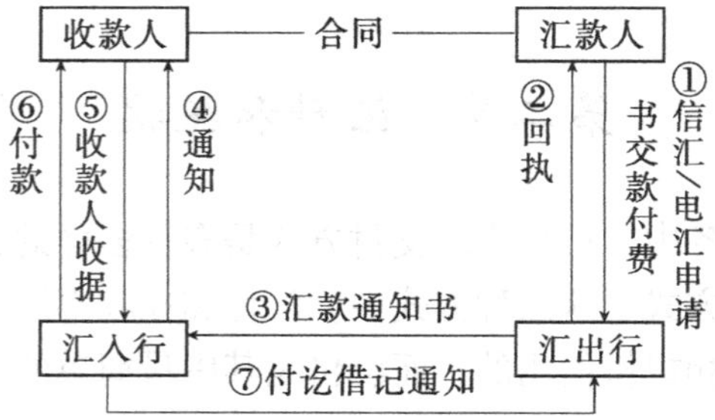

图 6-1　信汇/电汇支付程序

2. 电汇

电汇（telegraphic transfer，T/T）是汇出行应汇款人的申请，拍发加押电报或电传给在国外的汇入行，指示解付一定金额给收款人的一种汇款方式。

汇出行在发给汇入行的电报上须加注密押，以便汇入行核对、证实电报的真伪。汇入行收到电报，核对密押无误后，缮制电汇通知书，通知收款人领款。

电汇的支付程序见图 6-1。

3. 票汇

票汇（remittance by banker's demand draft，D/D）是汇出行应汇款人的申请，开立以汇入行为付款人的银行即期汇票，列明收款人姓名、汇款金额等，交汇款人自行寄交或代交收款人，由收款人凭票向汇入行取款的一种汇款方式。票汇的支付程序见图 6-2。

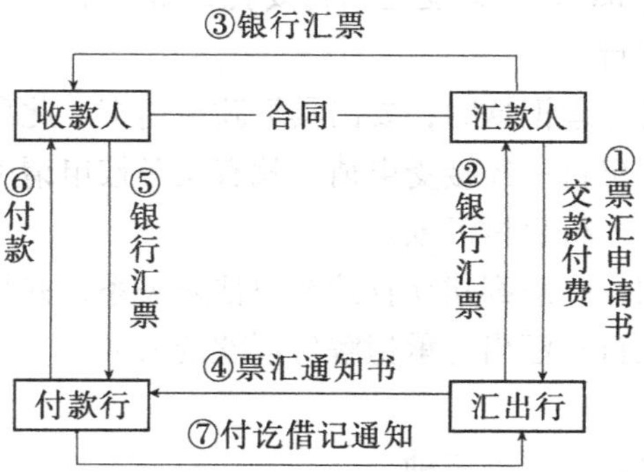

图 6-2　票汇支付程序

（三）汇付的使用

在国际贸易中，汇付方式通常用于预付货款（payment in advance）、随订单付现（cash with order，CWO）、交货付现（cash on delivery，COD）和赊账（open account，O/A）等业务。

（1）预付货款、随订单付现都是由进口人先将货款通过银行汇交出口人，出口人收到货款后，根据合约规定，立即或在一定时间内发运货物。对卖方来说，就是先收款后交货，资金不受积压。这是表示买方对卖方的绝对信任，而且买方确信出口国的政治经济形势较为稳定，付款后不会发生禁止有关货物输出的风险，显然对卖方最为有利。

（2）交货付现就是卖方根据合同规定先将货物付运，待买方收到货物后再汇付货款的一种方式。对卖方来说，就是先交货后收款。这是表示卖方对买方的绝对信任，而且卖方确信进口国的政治经济形势较为稳定，交货后不会发生禁止有关资金转移的风险，显然对买方最为有利。

（3）赊账的意思是赊销或挂账，具体做法还不是很统一。有的是卖方先按合同规定将货装船，随即将提单正本传真给买方，买方收到提单传真后应立即将货款电汇给卖方。也有的是买方要等收到卖方直接寄来的单据后才电汇付款。

此外，汇付方式还用于支付订金、分期付款、待收货款尾数以及佣金等费用。

二、托收

托收（collection）即委托收款，是出口人根据合同规定，按时将货物装运后，开具汇票连同货运单据委托银行代向进口人收取货款的一种方式。

托收方式一般都通过银行办理，所以又叫银行托收。银行托收的基本做法是：由出口人根据发票金额开出以进口人为付款人的汇票，向出口地银行提出托收申请，委托出口地银行（托收行）通过它在进口地的代理银行（代理行）或往来银行（代收行）代向进口人收取货款。

（一）托收方式的当事人

（1）委托人（principal），是指委托银行办理托收业务的客户，通常是出口人。由于委托人一般需开具汇票委托托收行向国外债务人收款，故又称出票人。

（2）付款人（payer），即汇票的受票人，一般就是进口人。

（3）托收行（remitting bank），是指接受委托人的委托，转托国外银行代为收款的银行。通常是出口人在当地的开户银行，又称寄单行。

（4）代收行（collecting bank），是指接受托收银行的委托向付款人收取票款的银行。它是进口人所在地的一家银行，通常是托收行的国外分行或代理行。按《托收统一规则》的定义，代收行是指托收行以外的任何处理托收的银行。

（5）提示行（presenting bank），是指向付款人作出提示汇票和单据的银行。提示行可以是代收行委托与付款人有往来账户关系的银行，也可以由代收银行自己兼任提示行。按《托收统一规则》的定义，提示行是指向付款人办理提示的代收行。

按照各国银行的一般做法及《托收统一规则》的要求，委托人在委托银行办理托收时，须附具一份托收委托书，在委托书中明确提出各种指示。银行接受委托后，则按照委托书的指示内容办理托收。

在托收业务中，如发生拒付，委托人可指定付款地的代理人代为料理货物存仓、转售、运回等事宜。这个代理人叫作“需要时的代理”（customer's representative in case of need）。委托人如指定需要时的代理人，必须在托收委托书上写明此代理人的权限，否则，银行将不受理该代理人的任何指示。

（二）托收的种类

托收可根据所使用的汇票的不同，分为光票托收和跟单托收两类。

光票托收（clean collection）是指出票人仅开具汇票不随附货运单据的托收。通常用于收取货款尾数、样品费、佣金、代垫费用以及其他贸易从属费用，一般附有非货运单据如收据、垫款清单等。

跟单托收（documentary collection）是指出口人装运货物后，开具汇票连同全套货运单据，委托出口地银行通过它在进口地的分行或代理行向进口人收取货款。国际贸易中货款的收取大多采用跟单托收。

跟单托收按照向进口人交付货运单据的条件不同，可分为付款交单和承兑交单两种。

1. 付款交单

付款交单（documents against payment，D/P）是指出口人根据合同规定，将货物付运后，出具以进口人为付款人的汇票，连同全套货运单据，一并交给托收银行寄交代收行，代收行在进口人付清货款后才将货运单据交给进口人，即出口人的交单是以进口人的付款为条件。

按付款时间的不同，付款交单又可分为即期付款交单和远期付款交单两种。

（1）即期付款交单（documents against payment at sight，D/P at Sight），是由出口人按照合同规定发运货物后，开具即期汇票连同货运单据，通过银行向进口人提示时，进口人审核单据无误，即需全数付款，代收行在收到货款后即交出货运单据。即期付款交单业务程序如图 6-3 所示。

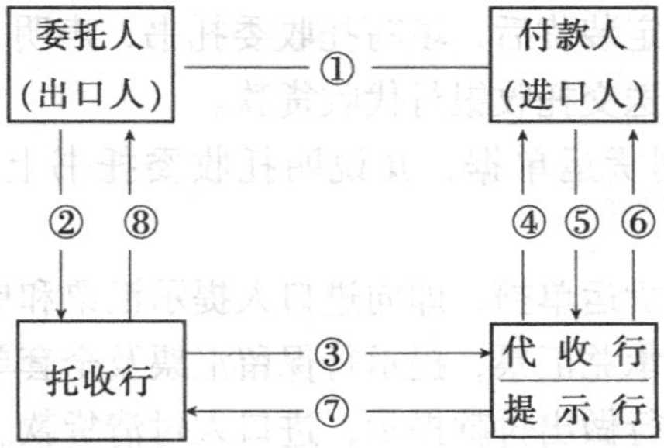

图 6-3　即期付款交单业务程序

说明：

①交易双方在贸易合同中，规定采用即期付款交单方式支付。

②出口人按照合同规定装货后，填写托收申请书，开具即期汇票，连同全套货运单据交托收行，委托代收货款。

③托收行将汇票连同货运单据，并说明托收委托书上各项指示，寄交代收行（即提示行）。

④提示行收到汇票及货运单据，即向进口人提示汇票和单据（付款提示）。

⑤进口人验单无误后付清货款。

⑥提示行将全套货运单据和汇票交进口人。

⑦代收行通知托收行款已收妥转账。

⑧托收行将货款交给出口人。

（2）远期付款交单（documents against payment after sight，D/P after Sight），是由出口人按照合同规定发运货物后，开具远期汇票连同货运单据，通过银行向进口人提示，进口人在审核单据无误后，即在汇票上承兑，于汇票到期日付清货款后，代收银行才交出货运单据。远期付款交单业务程序如图 6-4 所示。

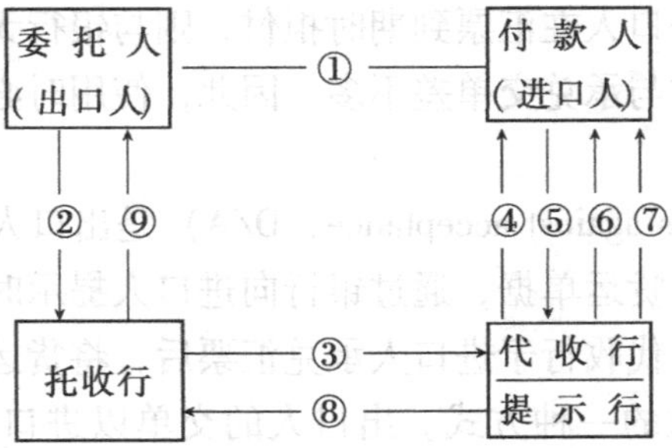

图 6-4　远期付款交单业务程序

说明：

①交易双方在贸易合同中，规定采用远期付款交单方式支付。

②出口人按照合同规定装货后，填写托收委托书，声明“付款交单”，开出远期汇票，连同全套货运单据送交托收银行代收货款。

③托收行将汇票连同货运单据，并说明托收委托书上各项指示，寄交代收行（即提示行）。

④提示行收到汇票及货运单据，即向进口人提示汇票和单据（承兑提示）。

⑤进口人验单无误后承兑汇票，提示行保留汇票及全套单据。

⑥在汇票到期日提示行做出付款提示，进口人付清货款。

⑦提示行将全套货运单据和汇票交进口人。

⑧代收行通知托收行款已收妥转账。

⑨托收行将货款交给出口人。

以上说明，不论是即期付款交单还是远期付款交单，进口商必须在付清货款之后，才能取得单据，提取或转售货物。在远期付款交单条件下，如果付款日期和实际到货日期基本一致，仍不失为对买方的一种资金融通，进口人可以不必在到货之前，提前付款。但如果付款日期晚于到货日期，买方为了抓住有利行市，不失时机地转售货物，可以采取两种做法：一是在付款到期日之前提前付款赎单，扣除提前付款日至原付款到期日之间的利息，作为买方享受的一种提前付款的现金折扣；另一种做法，也是资本主义国家银行的通常业务，即代收行对于资信较好的进口人，允许其凭信托收据（trust receipt，T/R）借取货运单据，先行提货。所谓信托收据，就是进口人借单时提供一种书面信用担保文件，用来表示愿意以代收行的受托人身份代为提货、报关、存仓、保险、出售，并承认货物所有权仍属银行。货物售出后的所得货款，应于汇票到期时交银行。这是代收行自己向进口人提供的信用便利，而与出口人无关。因此，如代收行借出单据后，汇票到期不能收到货款，则代收行应对委托人负全部责任。但如果凭信托收据提货的做法是由出口人主动授权银行办理的，即所谓“付款交单凭信托收据借单”（D/P · T/R），那么进口人在承兑汇票后就可以凭信托收据先行借单提货，日后如果进口人在汇票到期时拒付，则与银行无关，应由出口人自己承担风险。这种做法的性质与承兑交单差不多，因此，使用时必须从严掌握。

2. 承兑交单

承兑交单（documents against acceptance，D/A）是出口人在按照买卖合同发运货物后开具远期汇票，连同货运单据，通过银行向进口人提示时，进口人在审核单据无误后，即在汇票上承兑，代收行于进口人承兑汇票后，将货运单据交给进口人，进口人于汇票到期日才予付款的一种方式。出口人的交单以进口人在汇票上的承兑为条件。承兑交单只适用于远期汇票的托收。承兑交单是进口人只要在汇票上承兑以后，即可取得货运单据，凭以提取货物。也就是说，出口人已交出了物权凭证，其收款的保障依赖进口人的信用，一旦进口人到期不付款，出口人便会遭到货物与货款全部落空的损失。因此，出口人对接受这种方式，一般采取很慎重的态度。

承兑交单业务程序如图 6-5 所示。

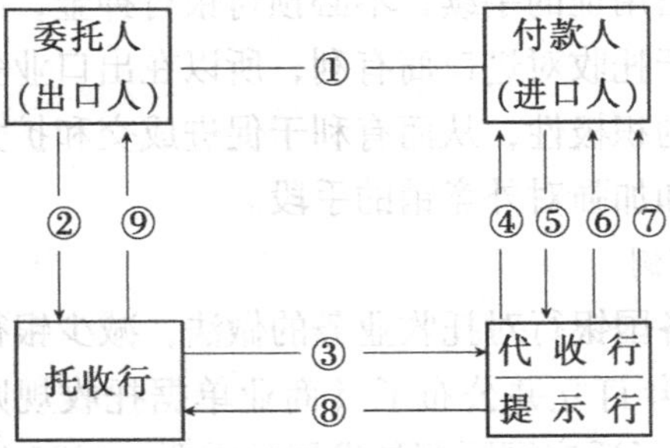

图 6-5 承兑交单业务程序

说明：

①交易双方在贸易合同中，规定采用承兑交单方式支付。

②出口人按照合同规定装货后，填写托收委托书，声明“承兑交单”，开出远期汇票，连同全套货运单据送交托收行代收货款。

③托收行将汇票连同货运单据，并说明托收委托书上的各项指示，寄交代收行（即提示行）。

④提示行收到汇票及货运单据，即向进口人提示汇票和单据（承兑提示）。

⑤进口人验单无误后承兑汇票，提示行保留汇票。

⑥提示行将货运单据交给进口人。

⑦汇票到期日提示行作出付款提示，进口人付清货款。

⑧代收行通知托收行款已收妥转账。

⑨托收行将货款交给出口人。

（三）托收的性质及其利弊

托收的性质为商业信用。托收虽然是通过银行办理，但是银行只是以委托人（出口人）的代理人身份行事，即无审核货运单据是否正确的义务，也无承担付款人必然付款或承兑的责任。如果付款人借故不赎单，除非事先约定，银行也无义务代为保管货物。货款能否收到，完全取决于进口人的信用。

采用托收方式收取货款，对出口人来说，有相当大的风险。在付款交单条件下，进口人在未付清货款前，取不到货运单据，提不走货物，货物的所有权仍属出口人，如进口人拒不付款赎单，出口人除与进口人交涉外，可把货物另行处理或装运回来，但需承担额外费用、手续、降价损失和其他风险。至于在承兑交单的条件下，进口人只要在汇票上办理了承兑手续，即可取得货运单据，凭以提取货物。出口人收款的保障只是进口人的信用。一旦进口人到期不履行付款责任，虽然出口人可向法院起诉，但在这种情况下，进口人多半已陷入无力付款的境地，甚至破产倒闭，出口人便会遭到货、款两空的重大损失。所以，承兑交单比付款交单的风险更大。

托收是一种有利于买方的支付方式。与信用证支付方式比较，采用托收方式，买方不但可免去申请开立信用证的手续，不必预付银行押金，减少费用支出，而且有利于资金融通和周转。由于托收对进口商有利，所以在出口业务中采用托收，有利于调动进口商经营我方商品的积极性，从而有利于促进成交和扩大出口，故许多出口商都把托收作为推销库存货和加强对外竞销的手段。

（四）托收的国际惯例

国际商会为了统一各国银行对托收业务的做法，减少银行和委托人之间可能发生的误解和纠纷，于1967年订立并公布了《商业单据托收规则》，1978年修订并改名为《托收统一规则》。为了适应国际贸易发展的需要，1995年国际商会对该规则再一次进行了修订，称为《托收统一规则》（国际商会第522号出版物）（*Uniform Rules for Collection*，Publication No. 522，简称 *URC 522*），于1996年1月1日起正式生效和实施。

现行的《托收统一规则》除前言外，分总则与定义，托收的形式与结构，提示的形式，义务与责任，付款，利息、手续费与费用，其他规定7部分共26条。其主要内容摘述如下：

（1）跟单托收使用远期汇票时，在有关托收指示书中，必须明确指明在承兑后抑或在付款后，将商业单据交给受票人。如无此项指明，银行只能在受票人付款后，方可将商业单据交出。（第7条）

（2）未经银行事先同意，货物不能直接发给银行或以银行为收货人。如未经同意就将货物发给银行或以银行为收货人，该行无义务提取货物，仍由发货人承担货物的风险及责任。（第10条）

（3）委托人应受国外法律和惯例规定的义务和责任所约束，并对银行承担该项义务和责任并负赔偿之责。（第11条）

（4）银行除了要检查所收到的单据是否与委托书所列一致外，对单据并无审核的责任。但如发现任何单据有遗漏，应立即通知委托人。（第12条）

（5）银行对信息、信件、单据在传递过程中的耽搁和/或遗失所引起的后果，对电讯传递中出现的电文残缺、电文差错，对专门术语的翻译和/或解释中的错误不负责任。（第14条）

（6）银行对天灾、战争、罢工等不可抗力事故所产生的后果不负责任。（第15条）

（7）汇票如被拒付，代收行须及时通知托收行，托收行应在合理的时间内作出进一步处理单据的指示。如代收行在发出拒付通知60天内仍未接到该项指示时，可将单据退回托收行。（第26条）

（五）使用托收方式应注意的问题

虽然跟单托收对出口人有较大的风险，但为了加强对外竞销能力和扩大出口，在我国出口业务中，针对不同商品、不同贸易对象以及不同国家和地区的贸易习惯做法，适当采用托收方式是必要的，如运用得当也是有利的。为了有效地利用托收方式，必须注意下列事项：

（1）调查和考虑进口人的资信情况和经营作风，成交金额应妥善掌握，不宜超过其信用额度。

（2）在交易条件上原则上应选择包括保险在内的贸易术语（CIF，CIP），由出口人办理保险，否则，应投保卖方利益险。

（3）对承兑交单和授权代收行凭进口人出具信托收据借单的做法，应从严掌握。

（4）对于实行进口管制与外汇管制较严的国家以及银行对托收业务有特殊习惯做法的国家和地区，在出口业务中，一般不宜采用托收。

（5）对托收方式的交易，要建立健全管理制度，定期检查，及时催收清理，发现问题应迅速采取措施，以避免或减少可能发生的损失。

第三节 信用证

信用证支付方式是随着国际贸易的发展，在银行与金融机构参与国际贸易结算的过程中逐步形成的。

一、信用证的含义

信用证（letter of credit，L/C）是银行（开证行）应进口商（开证申请人）的要求和指示开给出口商（受益人）的一种保证付款的凭证，银行承担在信用证条款得到完全遵守的情况下向出口商（受益人）付款的责任。简单地说，信用证是银行有条件保证付款的凭证。

国际商会第600号出版物《跟单信用证统一惯例》对信用证的定义是：信用证是一项不可撤销的安排，无论其名称或描述如何，该项安排构成开证行对相符交单予以承付的确定承诺。所谓承付（honour），即指“如果信用证为即期付款信用证，则即期付款；如果信用证为延期付款信用证，则承诺延期付款并在承诺到期日付款；如果信用证为承兑信用证，则承兑受益人开出汇票并在汇票到期日付款”。

信用证支付方式是一种银行信用，信用证本身不是钱，而是开证行以自己的信用作出付款保证。开证行提供的是信用，不是资金。

出口人在信用证支付方式中，取得了开证行的付款保证，只要出口人按照信用证规定的条件提交货运单据，货款可基本得到保证，而且可以迅速收回货款，有利于资金周转。另一方面，进口人也可以通过信用证条款促使出口人按规定履行合同义务，进口人可以在付款后肯定地取得符合规定的货运单据。由于通过信用证方式结算货款在一定程度上解决了进口人和出口人之间互不信任的矛盾，同时在通过信用证方式进行结算的过程中，银行还可为进、出口人提供资金融通的便利，所以，自19世纪80年代在英国出现首例银行信用证以来，这一方式发展得很快，在国际贸易货款结算中被广泛使用，成为国际贸易中最主要的一种结算方式。但是，在国际市场上银行信用也是相对的，在我国出口业务中使用信用证方式时，也要注意调查开证行的资信和偿付能力，以保证安全和及时地收回货款。

二、信用证的当事人

信用证业务中的当事人主要有以下几个：

（1）开证申请人（applicant），是指向银行申请开立信用证的人，即进口人或实际买主，在信用证中又称开证人（opener）。如由银行自己主动开立信用证，此种信用证所涉及的当事人，则没有开证申请人。

（2）开证行（opening bank 或 issuing bank），是指接受开证申请人的委托，开立信用证的银行，它承担保证付款的责任。开证行一般是进口人所在地的银行。

（3）通知行（advising bank 或 notifying bank），是指受开证行的委托，将信用证转交出口人的银行。它只证明信用证的真实性，并不承担其他义务。通知行一般是出口人所在地的银行，而且通常是开证行的代理行。

（4）受益人（beneficiary），是指信用证上所指定的有权使用该证的人，即出口人或实际供货人。

（5）议付行（negotiating bank），是指愿意买入受益人交来的跟单汇票的银行。议付行可以是指定的银行，也可以是非指定的银行，由信用证的条款来规定。议付行对受益人有追索权。

①议付行有义务严格审单，确定单证、单单相符后，垫付货款购买单据。

②背批信用证。议付行在议付信用证时，应该把每次议付的情况如议付日期、金额、发票号码等记录在信用证的背面。这样可以使受益人及银行知道信用证的金额，防止超支或重复支付。

③议付后，议付行取得正当持票人的权利。在开证行无力支付或倒闭或拒付时，议付行立即产生对受益人的追索权。

（6）付款行（paying bank 或 drawee bank），是指信用证规定的汇票付款人。它一般是开证行，也可以是它指定的另一家银行，根据信用证条款的规定来决定。付款行一经付款，对受益人不得追索。

派生的还有：

（7）偿付行（reimbursing bank），是指凭开证行指示或授权偿付货款给议付行或付款行的银行。偿付行不受单，不审单。如偿付行未能偿付时，开证行仍应负责自行偿付。偿付行的出现往往是由于开证行的资金调度或集中在该银行。如信用证货币不是开证行所在国家的货币，为了便于资金调拨，即可授权第三国货币清算中心的一家代理行或联行作偿付行，如信用证货币就是开证行所在国家的货币，开证行可以自行偿付，不必指定另外一家银行作为偿付行。

(8) 承兑行（accepting bank），是指承兑远期汇票的银行，承兑后单据与汇票分离，远期汇票可贴现。

(9) 保兑行（confirming bank），是根据开证行请求在信用证上加具保兑的银行。信用证一经保兑，保兑行即对信用证独立负责，承担必须付款或议付的责任。保兑行可以是通知行或第三家银行。

信用证业务中所涉及的这些当事人之间的关系是：

(1) 开证申请人与受益人之间的关系是由买卖合同所确定的，是买卖合同关系。开证申请人即合同的买方必须按合同规定，按时开出符合合同要求的信用证；而受益人收到信用证后，对不符合合同规定的信用证有权要求修改，若对方不予修改，或修改后仍与合同不符而足以造成不能接受的情况，受益人有权在通知开证申请人后单方面解除合同，拒收信用证，并且还可以提出索赔。

(2) 开证申请人与开证行之间的关系属银行业务关系，双方的权利和义务由开证申请书的内容来确定。申请书的背面是双方的契约，规定了双方的权利和义务，开证行不得超越授权范围。申请人赎单时，如发现单据不符，有权向开证行退单拒付，即使开证行已付款；但对表面相符的单据则必须付款赎单。

(3) 开证行与受益人的关系是在开证行开出信用证而受益人接受信用证后确定的，是一种契约关系，双方均受信用证内容的约束。信用证是开证行和受益人之间的契约，银行只履行信用证上规定的义务。只要受益人提交的单据符合信用证的规定，开证行就必须付款。如果受益人提交的单据不符，开证行就可拒付。

(4) 开证行与通知行之间是一种委托代理关系。

(5) 开证行与议付行的关系如同开证行与受益人的关系。

(6) 议付行与受益人的关系是一种银行业务关系。

从法律的角度考虑，信用证各当事人之间的相互关系是非常重要的，因为这些关系的确定涉及各当事人之间权利、责任和义务范围的划分。正确认识各当事人之间的法律关系，对解决进出口业务实践中出现的当事人之间的争议将是有益的。

三、信用证的主要内容

信用证虽然没有统一的格式，但其基本项目是相同的，主要包括以下几个方面：

(1) 对信用证本身的说明。如信用证的种类、性质、金额及其有效期和到期地点等。

(2) 对货物的要求。如货物的名称、品种规格、数量、包装、价格等。

(3) 对运输的要求。如装运的最迟期限、装运港（地）和目的港（地）、运输方式、可否分批装运和可否中途转船等。

（4）对单据的要求。单据主要分为三类：①货物单据（以发票为中心，包括装箱单、重量单、产地证、商检证书等）；②运输单据（如提单，这是代表货物所有权的凭证）；③保险单据（保险单或保险凭证）。除上述三类单据外，还有可能提出其他单据，如出口许可证、领事发票、寄样证明、装船通知电报副本等。

（5）特殊要求。根据进口国政治经济贸易情况的变化或每一笔具体业务的需要，可能作出不同的规定。

（6）开证行对受益人及汇票持有人保证付款的责任文句。

其中（2）～（5）项要在受益人提供的单据中表示出来。

四、信用证支付的一般程序

采用信用证方式结算货款，从进口人向银行申请开出信用证，一直到开证行付款后又向进口人收回垫款，其中经过多道环节，并需办理各种手续。加上信用证的种类不同，信用证条款有着不同的规定，这些环节和手续也是有简有繁。但是从一般原理来分析，信用证的支付过程包括以下几个最基本的环节，其一般程序见图6－6。

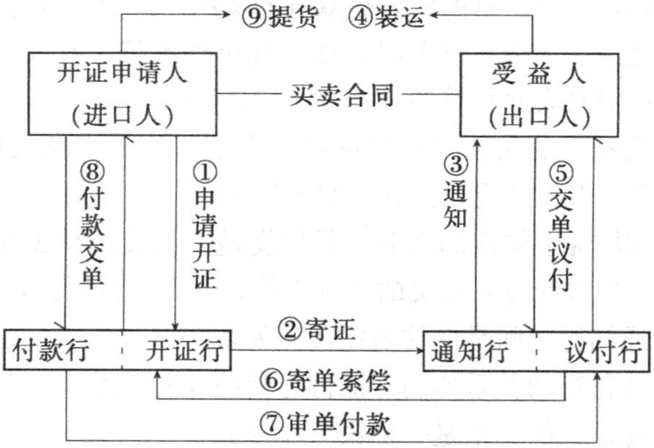

图6－6　议付信用证的一般支付程序

说明：

①进口人向当地银行提出申请，填写开证申请书，依照贸易合同填写各项规定和要求，并交纳押金（或提供其他保证），请银行开证。

②开证行根据申请书内容，向出口人（受益人）开出信用证，并寄交出口人所在地分行或代理行。

③通知行核对信用证的密押和签字印鉴无误后，将信用证交给出口人。

④出口人收到信用证后应立即进行审核，如发现信用证内有的条款不能接受，应及时要求开证人通知开证行修改。如信用证内容符合要求，应按信用证规定装运货物，及时取得运输单据，并着手制作汇票及信用证要求的各种单据。

⑤在信用证有效期内和交单日期内，出口人向当地银行（议付行）提交信用证

规定的汇票和各种单据，议付行按信用证条款审核单据无误后，按照汇票金额扣除利息，把货款垫付给出口人。

⑥议付行将汇票和货运单据寄给开证行（或其指定的付款行）索偿。这一过程也可看作是议付行从受益人手里买进跟单汇票，然后卖给付款行。

⑦开证行（或其指定的付款行）核对单据无误后，付款给议付行。

⑧开证行通知进口人付款赎单，进口人接通知后，即到开证行核对单据，核对无误后将全部票款及有关费用付清并赎取单据。

⑨进口人凭收取的单据向承运人提货。

以上所列的信用证支付过程的九个基本环节，又可归纳为三大步骤：

（1）开立信用证，包括第①～③环节。

（2）提交单据，包括第④～⑥环节。

（3）结算，包括第⑦～⑨环节。

五、国际商会《跟单信用证统一惯例》

《跟单信用证统一惯例》（*Uniform Customs and Practice for Documentary Credits*，简称 *UCP*），是由国际商会于 1933 年制定的。后经 1951 年、1962 年、1974 年、1983 年、1993 年和 2007 年六次修改，现行的版本为 2007 年修订并于 2007 年 7 月 1 日生效的《跟单信用证统一惯例》（国际商会第 600 号出版物），简称为 *UCP600*。这个惯例已为世界上绝大多数国家的银行所采用，成为公认的最重要的国际贸易惯例之一。但应注意的是，该惯例并非法律，只有开证行在信用证中明确订明“本证根据国际商会《跟单信用证统一惯例》2007 年修订本（国际商会第 600 号出版物）办理”，才受其约束。为此，我国银行开立的信用证上也都加上了这些文字。

UCP600 与 *UCP500* 的区别除了结构（与 *UCP500* 的 49 条相比，*UCP600* 的条款减少到了 39 条）和遣词造句的变化外，实质变化有以下几点：

（1）可撤销信用证的提法被取消。

（2）单据处理天数出现变化。*UCP500* 中各当事银行处理单据的时间为“不超过收到单据的翌日起算七个银行工作日”，而 *UCP600* 将银行处理单据的时间改为“不超过收到单据的翌日起算五个银行工作日”。

（3）审单标准的变化。*UCP500* 对银行审核单据的标准是“单证相符、单单不得互不一致”。因此，一旦出现单证不相符、单单不一致的情况，造成信用证的不符点，就意味着银行不需要再承担付款责任。于是，导致了银行在审核单证时，为避免付款责任，实施“严格相符”，甚至故意寻找不符点，使信用证丧失原本功能。鉴此，*UCP600* 的精神有了变更。*UCP600* 对审核单据的标准规定为：单据中内容的描述不必与信用证、信用证对该项单据的描述以及标准银行实务完全一致，但不得与该项单据中的内容、其他规定的单据或信用证相冲突。即不要求“等同”，仅要求“不得矛盾”，比之过去体现了审单标准宽松化的倾向，目的是扶持信用证的使用。

UCP600 全文见本书附录二。

六、信用证的特点

（一）开证行负第一性付款责任

信用证支付方式是一种银行信用，这是它与汇付、托收的根本区别。由开证行以自己的信用作出付款保证，它提供的只是信用而不是资金。信用证是一种银行保证文件，开证行负第一性付款责任。也就是说，开证行是首先付款人，出口人凭信用证直接向开证行凭单取款，而不需先找进口人。开证行对受益人的付款责任是一种独立的责任，只要受益人提交的单据表面上符合信用证条件，银行不得无理拒付。只有在开证行倒闭或丧失支付能力时，出口人才可以转向进口人要求付款。这与同属于银行信用的一般银行担保业务，如银行保函是完全不同的。

（二）信用证是一项独立的文件，不依附于买卖合同

信用证的开立是以买卖合同为依据，但信用证一经开出，就成为独立于买卖合同以外的另一种契约，不受买卖合同的约束。买卖合同是进、出口人之间的合同，只对订约的进、出口双方有约束力，而对开证银行是无约束力的。信用证则是开证银行与受益人以及其他当事人之间的合同。因此，信用证业务中的银行及受益人应受信用证的约束。开证行只对信用证负责，就是要受信用证各项条款的约束，也只凭信用证条款办事。为此，国际商会在 *UCP600* 第 4 条中有十分明确的规定：信用证与可能作为其依据的销售合同或其他合同，是相互独立的交易。即使信用证中提及该合同，银行亦与该合同完全无关，且不受其约束。所以，进口商要维护自己在贸易合同上的权利，就必须在申请开证的指示中列明出口商须提交的能证明其已按合同要求履约的所有单据和证明，如有错漏，办理信用证业务的银行也只凭信用证的条款为依据，进口商无权要求银行按合同的约定来审收单据等凭证。作为交易另一方的出口商，如要保障安全、迅速收汇，亦必须注意其交出的单据是否合格，唯一的衡量标准也是信用证的条款。假如信用证开出后，进出口商又另行商定了合同的修改或补充条款，而信用证条款没作改动，那么，开证行也仍然只以信用证的条款来判别是否付款，丝毫不会受合同改动后或增减后的内容的左右和约束。

（三）信用证业务以单据为准，而不是货物

在信用证方式下，实行的是凭单付款的原则。银行处理信用证业务时，只凭单据，不问货物，它只审查受益人所提交的单据是否与信用证条款相符，以决定其是否履行付款责任。*UCP600* 第 5 条明确规定：“银行处理的是单据，而不是单据可能涉及的货物、服务或履约行为。”在信用证业务中，只要受益人提交符合信用证条款的单据，开证行就应承担付款责任，进口商也应接受单据并向开证行付款赎单。如果进口商付款后发现货物有缺陷，则可凭单据向有关责任方提出损害赔偿要求，而与银行

无关。因此，卖方在议付货款时，必须严格保证所提供的单据与信用证规定相符。否则，即使所交货物与合同完全相符，而所交单据与信用证不符，也会遭银行拒付。

信用证业务是纯单据业务，银行只管单据，不管货物，而且只管单据的表面。*UCP600* 第 14 条明确规定：按照指定行事的被指定银行、保兑行（如有）以及开证行必须对提示的单据进行审核，并仅以单据为基础，以决定单据在表面上看来是否构成相符提示。*UCP600* 第 34 条进一步规定：银行对任何单据的形式、充分性、准确性、内容真实性、虚假性或法律效力，或对单据中载明或附加的一般或特殊条件，概不负责；银行对任何单据中有关货物的描述、数量、重量、品质、状况、包装、交货、价值或存在，或对货物发货人、承运人、货运代理人、收货人或保险人或其他任何人的诚信或行为或疏忽、清偿能力、履约或资信状况，也概不负责。这两条规定清楚地表明，银行审核单据只是用以确定单据表面上是否符合信用证条款，银行只根据表面上符合信用证条款的单据承担付款责任。

需要指出的是，相对 *UCP500* 及以前传统审单业务强调"严格一致"而言，于 2007 年 7 月 1 日生效实施的 *UCP600* 出现了审单标准宽松化的倾向。

七、信用证的种类

根据不同的性质、用途、付款期限、转让可能、授信方式等，信用证可作不同的分类，但是这些分类只是从不同角度来划分。实际上，一张信用证常常包含了几种类型的特点，例如不可撤销的即期付款跟单信用证等。需要特别说明的是，*UCP500* 规定信用证有可撤销和不可撤销两种性质，因此在信用证上需加以说明。国际贸易通常不接受可撤销信用证，*UCP600* 取消了可撤销性质。

下面以不同的区分标准，简要地介绍与之对应的各类信用证。

（一）跟单信用证和光票信用证

以信用证项下的汇票是否附有货运单据划分，信用证可分为跟单信用证和光票信用证。

（1）跟单信用证（documentary credit），是开证行凭跟单汇票或仅凭单据付款的信用证。单据是指代表货物或证明货物已交运的单据，前者指提单，后者指铁路运单、航空运单、邮包收据等。国际贸易所使用的信用证绝大部分是跟单信用证。

（2）光票信用证（clean credit），是指开证行仅凭不附单据的汇票付款的信用证。有的信用证要求汇票附有非货运单据，如发票、垫款清单等，也属光票信用证。在采用信用证方式预付货款时，通常是用光票信用证。

（二）保兑信用证和不保兑信用证

在不可撤销信用证中，按信用证有无另一家银行参加负责保证兑付，可分为保兑信用证和不保兑信用证。

（1）保兑信用证（confirmed letter of credit），是指一家银行开出的不可撤销的信用证由另一家银行加以保证兑付。在信用证上加以保兑的这家银行叫作保兑行（confirming bank）。保兑行通常是通知行，也可以是其他银行。

信用证经另一家银行保兑后，对受益人来说，就取得了两家银行的付款保证。保兑行同开证行一样，也是负第一性付款人的责任。在保兑信用证项下，受益人发货后提交的票据和单据，可以首先向保兑行提示，保兑行的付款责任相当于它本身开证。在独立承担付款责任的意义上，可理解为：保兑行与开证行的关系恰似开证行与开证申请人的关系。

保兑信用证通常由保兑行在信用证上加列保兑文句，如“此证已经我行保兑”“兹对此证加具保兑并保证于提示符合此证条款的单据时履行付款”。

（2）不保兑信用证（unconfirmed letter of credit），是指未经另一家银行加具保兑的信用证。未加保兑的信用证就是一般的不可撤销信用证，由开证行单独承担付款保证责任。当开证行资信好和成交金额不大时，一般都使用这种未加保兑的信用证。

（三）即期信用证和远期信用证

根据付款时间的不同，信用证可分为即期信用证和远期信用证。

（1）即期信用证（sight credit），是指开证行或付款行收到符合信用证条款的跟单汇票或装运单据后，立即履行付款义务的信用证。这种信用证的特点是出口人收汇迅速安全，有利于资金周转。

在即期信用证中，有时还加列电汇索偿条款（T/T reimbursement clause）。这是指开证行允许议付行用电报或电传通知开证行或指定付款行，说明各种单据与信用证要求相符，开证行或指定付款行接到电报或电传通知后，有义务立即用电汇方式将货款拨交议付行。

（2）远期信用证（usance letter of credit），是指开证行或付款行收到信用证的单据时，在规定期限内履行付款义务的信用证。远期信用证还可分为下列几种：

①银行承兑信用证（banker's acceptance credit），是指以开证行作为远期汇票付款人的信用证。承兑信用证中一般规定：“Credit available with ××× Bank by acceptance.”这种信用证项下的汇票，在承兑前，银行对出口商的权利义务以信用证为准；在承兑后，银行作为汇票的承兑人，应按票据法规定，对出票人、背书人、持票人承担付款责任。具体做法是：出口人按照信用证规定，开立以开证行为付款人的远期汇票，连同单据交议付行。议付行审单无误后，将汇票、单据寄交其在进口地的代理行或分行，由后者向开证行提示汇票请求承兑；或者议付行直接将单据寄交开证行要求承兑，开证行承兑汇票后，将单据留下，寄出“承兑书”给议付行；或将汇票退给议付行在进口地的代理行保存，待汇票到期时再向开证行作出付款提示要求付款，款项收妥后汇交出口商。如出口商要求贴现汇票，则议付行在进口地的代理人于汇票提示承兑后，将汇票送交贴现公司办理贴现。贴现公司扣除贴现息后，将净款交给议付行，转交出口商。汇票到期时，由贴现公司向开证行提示汇票，要求付款。

②延期付款信用证（deferred payment credit），是指开证行在信用证中规定货物装船后若干天付款，或开证行收单后若干天付款的信用证。如信用证中规定："This credit is available by deferred payment with issuing bank or a nominated bank." 延期付款信用证不要求出口商开立汇票，所以出口商不能利用贴现市场资金，只能自行垫款或向银行借款。在出口业务中，若使用这种信用证，货价应比银行承兑信用证高一些，以拉平利息率与贴现率之间的差额。

此外，还有一种信用证，规定受益人开立远期汇票，由付款行负责贴现，并规定一切利息和费用由进口人负担。这种信用证，表面上看是远期信用证，但从上述条款规定来看，出口人却可以即期收到十足的货款，因而习惯上称之为"假远期信用证"（usance credit payable at sight）。这种信用证对出口人而言，实际上仍属即期收款，但对进口人来说，则待远期汇票到期时才付款给付款行。因此，人们把这种信用证又称为"买方远期信用证"（buyer's usance L/C）。开立假远期信用证的目的，是便于买方利用付款行的资金。

（四）议付信用证和付款信用证

根据受益人的索款路线来分，信用证可分为议付信用证和付款信用证。

1. 议付信用证

议付信用证（negotiation credit），是指开证行允许受益人向某一指定银行或任何银行交单议付的信用证。

议付是指由议付行对汇票和/或单据付出对价。只审单据而不支付对价，不能构成议付。

议付信用证又可分为公开议付信用证和限制议付信用证。

（1）公开议付信用证（open negotiation credit），又称自由议付信用证（freely negotiation credit），是开证行对愿意办理议付的任何银行作公开议付邀请和普遍付款承诺的信用证，即指任何银行均可按信用证条款自由议付的信用证。

在公开议付信用证中，通常载有下列类似的保证文句："根据本信用证并按其所列条款开具之汇票向我行提示并交出本证规定之单据者，我行同意对其出票人、背书人及善意持有人履行付款责任。"[We hereby agree with the drawers, endorsers and bonafide holders of the draft(s) drawn under and in compliance with the terms of this credit that such draft(s) shall be duly honoured on due presentation and delivery of documents as herein specified.]

（2）限制议付信用证（restricted negotiation credit），是指开证行指定某一银行或开证行本身自己进行议付的信用证。在限制议付信用证中，通常有下列限制议付文句："本证限××银行议付。"（Negotiation under this credit is restricted to ×× Bank.）

公开议付信用证和限制议付信用证的到期地点都在议付行所在地。这种信用证经议付后，如因故不能向开证行索得票款，议付行有权对受益人行使追索权。

2. 付款信用证

付款信用证（payment credit），是指受益人只能直接向开证行或其指定的付款行交单索偿的信用证，也称直接信用证。付款信用证一般不要求受益人开具汇票，而仅凭受益人提交的单据付款。在付款信用证中通常有类似的保证文句："我行凭提交符合信用证条款的单据付款。"（We hereby engage that payment will be duly made against documents presented in conformity with the terms of this credit.）

（五）可转让信用证和不可转让信用证

根据受益人对信用证的权利可否转让，分为可转让信用证和不可转让信用证。

1. 可转让信用证

可转让信用证（transferable credit），是指开证行授权有关银行在受益人的要求下，可将信用证的全部或一部分金额转让给第三者（即第二受益人）的信用证。可转让信用证必须由开证行明确注明"可转让"字样，没有明确注明的信用证则不可转让。

进口人请银行开出可转让信用证，就是同意出口人的交货、交单可以由出口人指定的其他人来执行。

可转让信用证只限转让一次。如信用证允许分批装运，在总和不超过信用证金额的前提下，可分别转让给几个第三者，这种转让仍看作该证的一次转让；如信用证是不准分运的，则只能转让给一个第二受益人。

在实际业务中，要求开立可转让信用证的第一受益人，通常是中间商。为了赚取差额利润，中间商可将信用证转让给实际供货人，由供货人办理出运手续。但信用证的转让并不等于买卖合同的转让，如第二受益人不能按时交货或单据有问题，第一受益人（即原出口人）仍要负买卖合同上的卖方责任。

2. 不可转让信用证

不可转让信用证（non-transferable credit），是指受益人不能将信用证的权利转让给他人的信用证。凡信用证中未注明"可转让"者，就是不可转让信用证。

（六）循环信用证

循环信用证（revolving credit），是指信用证被全部或部分使用后，其金额又恢复到原金额，可再次使用，直至达到规定的次数或规定的总金额为止。

循环信用证一般适用于定期分批装运、分批结汇的长期供货合同，既可避免多次开证手续上的重复及开证额度的限制，又可节省开证费用和押金。

循环信用证的循环方式有：

（1）自动式循环，即信用证金额在每次用完后不必等待开证行通知即自动恢复到原金额。例如信用证中规定："本证将再次自动恢复每月一期，每期金额20000美元，总金额100000美元。"

（2）非自动循环，即信用证金额用完后须等待开证行的通知到达方能恢复原金额。例如信用证中规定："本金额须在每次议付后收到开证行关于本证可以恢复的通知，方可恢复。"

（3）半自动循环，即信用证金额每次使用后须等待若干天，如在此期间开证行未提出不能恢复原金额的通知即自动恢复原金额。例如信用证中规定："议付行在每次议付后×天内未被通知停止恢复，则信用证未用余额即增至原金额。"

（七）对开信用证

对开信用证（reciprocal credit），指两张信用证的开证申请人互以对方为受益人而开立的信用证。对开信用证的特点是第一张信用证的受益人（出口人）和开证申请人（进口人）就是第二张信用证的开证申请人和受益人，第一张信用证的通知行通常就是第二张信用证的开证行。两张信用证的金额相等或大体相等，两证可同时互开，也可先后开立。对开信用证多用于易货贸易或来料加工和补偿贸易业务，交易的双方都担心对方凭第一张信用证出口或进口后，另外一方不履行进口或出口的义务，于是采用这种互相联系、互为条件的开证办法，彼此得以约束。

对开信用证上一般加列如下的对开条款：

"This is a reciprocal credit against ××× Bank credit No. ××× favouring ××× covering shipment of ×××."

（八）对背信用证

对背信用证（back to back credit）又称转开信用证，是指受益人要求原证的通知行或其他银行以原证为基础，另开一张内容相似的新信用证。对背信用证的受益人可以是国外的，也可以是国内的。对背信用证的开证行只能根据不可撤销信用证来开立。对背信用证的开立通常是中间商转售他人货物，从中图利，或两国不能直接办理进出口贸易时，通过第三者以此种方式来沟通贸易。

对背信用证的内容除开证人、受益人、金额、单价、装效期等可作变动外，其他条款一般与原证相同。由于对背信用证的条款修改时，新证开证人需得到原证开证申请人的同意，所以修改比较困难，而且所需时间也较长。

（九）预支信用证

预支信用证（anticipatory L/C），是指开证行授权代付行（通常是通知行）向受益人预付信用证金额的全部或一部分，由开证行保证偿还并负担利息。预支信用证与远期信用证相反，开证人付款在先，受益人交单在后。预支信用证可分为全部预支或部分预支。预支信用证凭出口人的光票付款，也有要求出口人附一份负责补交信用证规定单据的声明书的。如出口人以后不交单，开证行和代付行并不承担责任。当货运单据交到后，代付行在付给剩余货款时，将扣除预支货款的利息。为引人注目，这种预支货款的条款，常用红字，故又称"红条款信用证"（red clause L/C）。但现今信用证的预支条款并非都用红色表示，但效力相同。

预支信用证中的预支条款一般应规定以下内容：

（1）预支的最高金额或百分比（一般为信用证金额的30%～40%）和预支款利息由何方负担；

（2）预支的依据，如受益人出具的书面保证、书面确认或收据等；

（3）如在信用证有效期内受益人未交单或未发货，开证行对预支行需承担担保责任，即开证行向预支行偿付预支款、利息及有关费用等。

（十）备用信用证

备用信用证（standby letter of credit）又称担保信用证（guarantee letter of credit），是指开证行根据开证申请人的请求对受益人开立的承诺承担某项义务的凭证。即开证行保证在开证申请人未能履行其应履行的义务时，受益人只要凭备用信用证的规定向开证行开具汇票（或不开汇票），并提交开证申请人未履行义务的声明或证明文件，即可取得开证行的偿付。

备用信用证属于银行信用，开证行保证在开证申请人未履行其义务时，即由开证行付款。因此，备用信用证对受益人来说是备用于开证申请人发生毁约时，取得补偿的一种方式。

备用信用证已被列入《跟单信用证统一惯例》，但它与一般信用证仍有区别。一般信用证用于履行买卖合同，而备用信用证主要用于保证方面，如借款保证、投标担保以及履约保证等。亦即它是作为违约时补偿之用的，如履约正常，就可以“备而不用”，因此称它为备用信用证。

此外，还有一种与备用信用证用途类似的银行信用凭证，叫银行保证书（letter of guarantee，L/G）。它与一般信用证相比，在使用范围和承担责任上有明显差别。一般信用证仅用于为进口人开立，银行承担按信用证规定条件付款的第一性责任，银行不受买卖合同约束。而银行保证书则不仅用于货物的买卖，而且广泛用于其他国际经济合作领域，其形式、内容和条款也多种多样，银行承担的责任是第二性的，即在被保证人未履行有关契约时才负责付款或赔偿，因此，它与合同密切相关。

常见的银行保证书大致有以下三种：

（1）还款保证书。甲方向乙方借款，乙方为保证到时确能收回款项，要求甲方申请一家银行开出一份保证书给乙方，如到期甲方不能还款，乙方可凭保证书向银行索偿。

（2）履约保证书。出口方银行为出口人向进口人开立保证书，保证出口人按买卖合同规定履行交货，否则，由保证银行赔付一定金额。例如大型运输工具交易合同，出口人收到进口人所付定金后委托其银行向进口人开立保证书保证如期交货，否则退回定金并赔偿利息。

（3）投标保证书。采用国际招标方式采购物资或接受承包工程时，银行应投标人的申请开给招标人的保证书，保证投标人在开标前不中途撤标或片面修改投标条件，中标后不拒绝签约，否则银行负责赔偿招标人的损失。

八、SWIFT 信用证

“SWIFT”是环球银行财务电信协会（Society for Worldwide Interbank Financial Telecommunication）的简称。该组织于1973年在比利时成立，专门从事传递各国之间非公开性的国际的财务电信业务，其中包括外汇买卖、证券交易、开立信用证、办理信用证项下的汇票业务和托收等，同时还兼理国际的账务清算和银行间的资金调拨。该组织的总部设在布鲁塞尔，并在荷兰阿姆斯特丹和美国纽约分别设立交换中心（swifting center），及为各参加国开设集线中心，为国际财务业务提供快捷、准确、优良的服务。目前，已有1 000多家分设在包括我国在内的不同国家和地区的银行参加该协会，并采用该会电信业务的信息系统，使用时必须依照SWIFT使用手册规定的标准，否则会被自动拒绝。

凡依据国际商会所制定的电信信用证格式设计，利用SWIFT系统设计的特殊格式（format），通过SWIFT系统传递的信用证的信息（message），即通过SWIFT开立或通知的信用证称为SWIFT信用证，也有称为“环银电协信用证”的。

采用SWIFT信用证，必须遵守SWIFT使用手册的规定，使用SWIFT手册规定的代号（tag），而且信用证必须按国际商会制定的《跟单信用证统一惯例》的规定，在信用证中可以省去银行的承诺条款（undertaking clause），但不能免去银行所应承担的义务。

过去进行全电开证时，都采用电报或电传开证，各国银行标准不一，条款和格式也各不相同，而且文字繁琐。采用SWIFT开证后，使信用证具有标准化、固定化和格式统一的特性，且传递速度快，成本也较低，因此能使银行乐于在开立信用证时使用。现在已被西北欧、美洲和亚洲等国家和地区的银行广泛使用。在我国银行电开信用证或收到的信用证电开本中，SWIFT信用证也已占很大比重。SWIFT信用证实例见本书附录一。

第四节　各种支付方式的选用

选择和运用各种不同的支付方式，应在贯彻我国外贸方针政策的前提下，从保障外汇资金安全、加速资金周转、扩大贸易往来等因素来考虑。为了适应我国外贸发展的需要，必须在认真研究国际市场各种惯用的支付方式的基础上，灵活地加以运用。

在出口业务中，在一般情况下，采用即期信用证，收汇比较迅速、安全。如果需要采用远期信用证，计算价格时，应将利息因素考虑在内。为了促进某些商品出口，可针对有些地区的特点，对某些资信较好的客户，采用付款交单（D/P）作为竞争的手段，但采用承兑交单（D/A）应慎重。

在实践中，有时为了促进交易，在双方未能就某一支付方式达成协议时，也可以采用两种或多种方式结合使用的方式，常见的有如下几种。

（一）信用证与汇付相结合

指部分货款用信用证支付，余数用汇付方式结算。例如，对于矿砂等初级产品的交易，双方约定：信用证规定凭装运单据先付发票金额的若干成，余数待货到目的地后，根据检验的结果，按实际品质或重量计算出确切的金额，另用汇付方式支付。

（二）信用证与托收相结合

指部分货款用信用证支付，余数用托收方式结算。一般做法是，信用证规定出口人开立两张汇票，属于信用证部分的货款凭光票付款，而全套单据附在托收部分汇票项下，按即期或远期付款交单方式托收。但信用证上必须订明“在发票金额全部付清后才可交单”的条款，以策安全。其合同中的支付条款通常如下订立：

“货款××%应开立不可撤销即期信用证，其余××%见票立即（或见票后××天）付款交单。全套单据随附于托收部分，在到期时发票金额全数付清后方予交单。如××%托收金额被拒付时，开证行应掌握单据，听凭卖方处理。”

（三）分期付款与延期付款

在成套设备、大型机械产品和交通工具的交易中，由于交易金额大、交货时间长，一般按工程进度和交货进度分若干期付清货款，即分期付款和延期付款。

1. 分期付款

分期付款（progression payment），是指由买方根据产品的工程进度，按约定的生产阶段，分若干期付清货款，故又称按工程或交货进程付款。

采用分期付款时，买方一般在合同签订后、产品投产前，先交付部分货款作为定金；卖方在买方付出定金前，应向买方提供出口许可证影印本和银行保证书。除定金外，其余货款可按不同阶段分期支付，由买方开立不可撤销信用证，即期付款。但最后一笔付款，一般在交货时或卖方承担质量保证期满时付清，货物所有权亦在此时转移。分期付款的做法举例如下（见图6-7）：

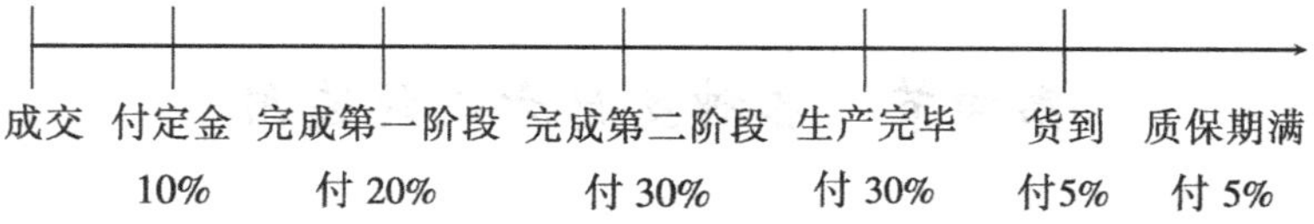

图6-7 分期付款示例

分期付款的主要特点是，在货物交付时货款已付或已基本付清，货物所有权是在进口方付清货款的最后一部分后转移。同时，由于货款的全部或大部分在交货前就已交付出口方，所以，分期付款方式是出口方利用了进口方的资金。

2. 延期付款

延期付款（deferred payment），是指买方在签订合同后，预付一小部分货款作为定金，根据生产进度分期付部分货款，但大部分货款则在交货后若干年内分期付清。延期支付的那部分货款，实际上是一种赊销，等于是卖方给买方提供的商业信贷，因此，买方应承担延期付款的利息。在采用延期付款的条件下，货物所有权一般在交货时转移。延期付款的做法举例如下（见图 6-8）：

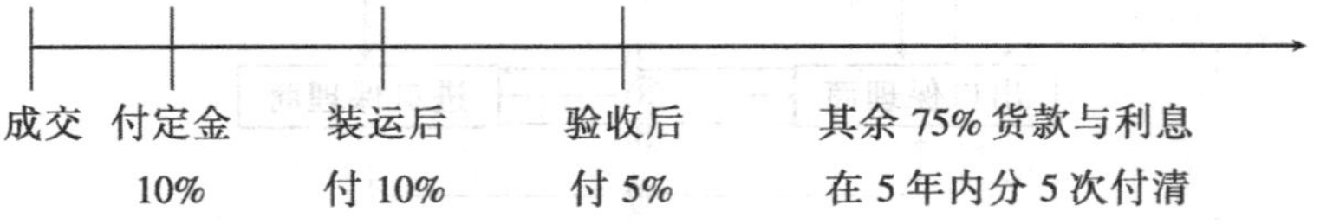

图 6-8　延期付款示例

（四）国际保理业务

传统的国际贸易收付方式如前所述主要有三种：汇付、托收和信用证。汇付和托收都属于商业信用，出口商承担着收款风险，而对进口商则相应有利。为了克服汇付和托收这种商业信用的不足，信用证便应运而生。信用证虽对出口商的收款给予了银行信用保证，而对进口商则增添了不便，进口商在申请开证时需付开证费，并需垫付一定数额的押金，影响了进口商的资金周转。在当今以买方市场为特征的国际市场上，竞争十分激烈，出口商就需要一种既能安全收汇又能给予进口商方便的新型的具有出口竞争优势的国际结算方式，国际保理业务便由此产生。

国际保理业务（international factoring），是指出口商以承兑交单（D/A）或赊销方式（O/A）与进口商签订合同以前，先与保理公司进行磋商签约，由保理公司向出口商提供进口商信用额度的调查、信用风险担保、应收账款管理和贸易融资，目的是使出口方放心使用 D/A 或 O/A 支付方式出口。国际保理业务是一种集融资、结算、财务管理和信用担保于一身的融资结算方式。

1. 进行保理业务的基本条件

（1）进、出口商所在地有保理公司，或者可以得到保理公司的服务。

（2）保理公司对进、出口商的资信能力作调查并能评估出他们的信用额度。

（3）保理公司对所服务的进、出口商的信用表示满意。

（4）保理公司的业务能力高于当地的一般银行和保险公司。

2. 保理业务的程序

当买卖双方经过谈判，决定放弃传统信用证方式，而采用 D/A 或 O/A 等更加宽松的信用付款方式时，保理公司便对进口商进行资信调查及评估，并确定其信用额度。

买卖双方在此基础上签订销售合同并交货后，保理公司将在信用额度内通过银行为出口商提供 100% 的风险担保，并垫付 80% 以上的货款，而且负责应收账款管理和追收。出口商和进口商按传统方式交单、收汇、赎单和付款。保理业务涉及出口商、进口商、出口保理商和进口保理商四个当事人，其业务程序如图 6-9 所示。

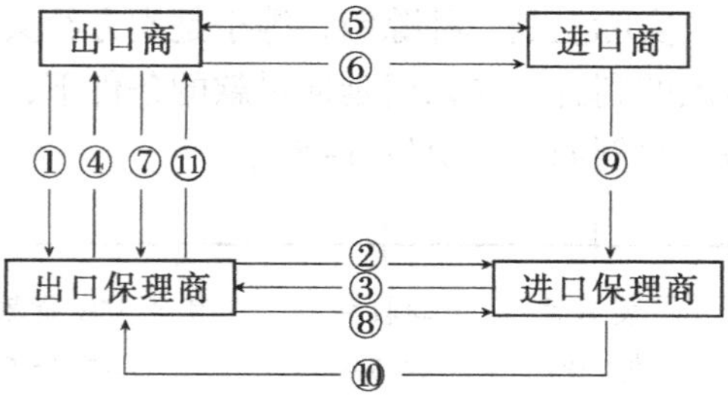

图 6-9　国际保理业务程序

说明：

①出口商和出口保理商（export factor）签订保理协议，并将进口商的名称、地址等情况及交易资料（如合同金额）一并交出口保理商。

②出口保理商将资料整理后转给与之有业务往来的进口保理商。

③进口保理商对进口商的资信进行调查和评估，确定进口商的信用额度，并将调查结果通知出口保理商。

④出口保理商转通知出口商，如果进口商的资信可靠，则出口保理商对进出口双方的交易予以确认。

⑤进出口双方签订以 D/A 或 O/A 为支付条件的国际保理方式结算的贸易合同。

⑥出口商按合同规定发货后，将发票（发票上注明进口商将发票金额支付给进口保理商）和各项装运单据寄交进口商。

⑦出口商同时将发票副本交给出口保理商，出口保理商垫付 80% ~ 90% 的货款，或者出口保理商可贴现出口商转让的发票，贴现额为发票金额的 80% ~ 90%。贴现率一般为伦敦银行同业拆放利率（LIBOR）再加 2% 左右。

⑧出口保理商将发票副本转寄进口保理商，由后者将发票记入应收账款，并定期负责催收货款。

⑨进口商在付款到期日向进口保理商交付发票所载全部金额。

⑩进口保理商将发票金额拨交给出口保理商。

⑪出口保理商扣除预付货款、保理费（1% ~ 2%）及利息后，将余款转付出口商。

由以上程序可以看出，国际保理业务为出口商提供了资信调查、资金融通、信贷管理、资信风险担保等综合性服务。保理商不仅取代了银行的中介地位和作用，而且还将其中介业务转化，并承担全部风险，为出口商安全收汇提供了保障，同时使进口商充分享受了 D/A 的优势，促进了资金的流通和周转。

第五节 合同中的支付条款

货款支付有不同的方式，在合同中必须明确规定使用何种方式及其具体内容。

一、汇付方式

使用汇付方式时，应在合同中明确规定汇付时间、具体的汇付方式和金额等。在预付货款的情况下，汇款到达时间应与合同规定的交货时间相衔接。例如："买方应于××年×月×日前，将全部货款用电汇（信汇或票汇）方式预汇给卖方。"［The Buyers shall pay the total value to the Sellers in advance by T/T（M/T or D/D）not later than ××.］

二、托收方式

使用托收方式时，应在买卖合同中明确规定凭卖方开立的汇票（或提交的单据）付款，以及交单条件、支付时间（汇票期限）等内容。例如："买方应凭卖方开具的即期跟单汇票，于见票时立即付款，付款后交单。"（Upon first presentation the Buyers shall pay against documentary draft drawn by the Sellers at sight. The shipping documents are to be delivered against payment only.）

三、信用证方式

凭信用证支付时，我国进出口合同中的支付条款主要包括：

（1）开证日期。一般规定为"在合同规定的装运期前××天开证"或"在合同订立后××天内开证"。

（2）信用证种类。如前所述，信用证种类繁多，交易双方应根据具体交易的不同情况，在合同中明确订立使用信用证的类别。

在我国出口业务中，通常只接受不可撤销的信用证。至于其他类别，则应视具体情况，酌情加以选定。例如，由于预见到开证行的偿付能力有限或由于特殊原因，也可在合同中规定由买方开具不可撤销保兑信用证；如果是长期供货、分批交货合同，为避免繁琐的开证手续和节省开证费用等，也可允许买方开立循环信用证。无论是哪种信用证，都必须明确开证行的付款时间。

（3）信用证的有效期和到期地点。有效期是指银行承担议付、承兑或付款责任的期限，一般应比装运期限推迟 15 天，以便装运后有充分的时间制作单据。到期地点应订为出口人所在地。

信用证条款的具体订法举例如下：

1. 即期信用证

“以不可撤销的信用证，凭卖方即期跟单汇票议付，有效期应为装运期后15天在中国到期。该信用证须于合同规定的装运月份前30天到达卖方。”（By irrevocable letter of credit available by Seller's documentary draft at sight to be valid for negotiation in China until 15 days after date of shipment. The L/C must reach the Seller 30 days before the contracted month of shipment.）

2. 远期信用证

“以不可撤销的信用证，凭卖方开具的见票后××天付款的跟单汇票议付，有效期应为装运期后15天在中国到期。该信用证须于合同规定的装运月份前30天到达卖方。”（By irrevocable L/C available by Seller's documentary draft at ×× days to be valid for negotiation in China until 15 days after date of shipment. The L/C must reach the Seller 30 days before the contracted month of shipment.）

3. 电报索偿条款信用证

在即期信用证条款后加入“信用证中应列明在收到议付电报通知后即以电汇还款”。（The letter of credit must stipulate that reimbursement is to be made telegraphically upon receipt of the cable advice of negotiation.）

4. 循环信用证

“以不可撤销循环信用证，凭卖方即期跟单汇票议付。信用证金额为××，于每次议付后××天自动恢复到原金额，并在累计议付金额未满××之前，信用证不得认为已用罄。该证有效期应为最后装运期后15天在中国到期。该信用证须于合同规定的第一批装运月份前30天到达卖方。”（By irrevocable, revolving letter of credit available by Seller's documentary draft at sight. The amount of the L/C shall be ×× and be automatically restored to the original amount ×× days after each negotiation but shall not be considered exhausted unless and until the aggregate amount of negotiations reach the limit of ××. The L/C will be valid for negotiation in China until 15 days after date of last shipment. The L/C must reach the Sellers 30 days before the contracted month of first shipment.）

【自测题】

一、单项选择题

1. 银行审单议付的依据是（　　）。

A. 合同、信用证　　B. 合同、单据

C. 单据、信用证　　D. 信用证、委托书

2. 在其他条件相同的前提下，（　　）的远期汇票对受款人最为有利。

A. 出票后30天付款　　B. 提单签发日后30天付款

C. 见票后30天付款　　D. 货到目的港后30天付款

3. 区分银行汇票和商业汇票的依据是（　　）。

A. 是否附随单据　　B. 出票人不同

C. 承兑人不同　　D. 付款时间不同

4. 托收和信用证支付方式最主要的区别是（　　）。

A. 前者是顺汇，后者是逆汇

B. 前者使用商业汇票，后者使用银行汇票

C. 前者是商业信用，后者是银行信用

D. 前者收款速度快，后者收款速度慢

5. 信用证经保兑后，保兑行（　　）。

A. 只有在开证行没有能力付款时，才承担保证付款的责任

B. 和开证行一样，承担第一性付款责任

C. 需和开证行商议决定双方各自的责任

D. 只有在买方没有能力付款时，才承担保证付款的责任

6. 在常年定期、定量供货的交易中，一般多采用（　　），以减少多次开证带来的不便。

A. 备用信用证　　B. 背对背信用证

C. 对开信用证　　D. 循环信用证

7. 若可转让信用证中的第二受益人不能按时交货或单据有问题，责任由（　　）承担。

A. 第一受益人　　B. 第二受益人

C. 供货厂商　　D. 中间商

8. 就卖方的收汇风险而言，从大到小的顺序应该是（　　）。

A. L/C，D/P，D/A，O/A　　B. O/A，D/A，D/P，L/C

C. D/A，D/P，L/C，O/A　　D. D/A，D/P，O/A，L/C

9. 根据*UCP600*，如果开证行在审核单据时发现单证不符，则必须在收到单据后的（　　）内通知寄送单据的一方。

A. 5个银行工作日　　B. 7个银行工作日

C. 5个自然日　　D. 7个自然日

10. 某公司出口一大批电子元件，付款方式一半采用L/C，一半采用D/P at Sight，为了保证收汇安全，应在合同中规定（　　）。

A. 开两张汇票，各随附一套货运单据正本

B. 开两张汇票，信用证项下采用光票，托收项下采用跟单汇票

C. 开两张汇票，信用证项下采用跟单汇票，托收项下采用光票

D. 开两张汇票，信用证和托收项下均采用光票

二、多项选择题

1. 本票与汇票的区别主要有（　　）。

A. 本票是书面支付承诺，汇票是书面支付命令

B. 远期本票无需办理承兑，远期汇票则要办理承兑

C. 本票都是即期的，汇票有即期与远期之分

D. 本票的票面有两个当事人，汇票的票面有三个当事人

2. 关于信用证与合同关系的表述，正确的是（　　）。

A. 信用证的开立以买卖合同为基础

B. 信用证的履行不受买卖合同的约束

C. 有关银行只根据信用证的规定办理信用证业务

D. 合同是审核信用证的依据

3. 假远期信用证与远期信用证的区别是（　　）。

A. 开证基础不同　　B. 信用证条款不同

C. 利息的负担者不同　　D. 收汇的时间不同

4. 对开信用证一般用于（　　）。

A. 来料加工　　B. 补偿贸易　　C. 易货贸易　　D. 一般贸易

5. 以下有关可转让信用证的表述，正确的是（　　）。

A. 只能转让一次

B. 可一次转让给多个第二受益人

C. 第二受益人可将信用证转回给第一受益人

D. 信用证经转让后，买卖合同中卖方仍应履行其应履行的义务

6. 常见的银行保函按其用途不同可分为（　　）。

A. 投标保证书　　B. 履约保证书

C. 付款保证书　　D. 还款保证书

三、判断题

1. 托收属于商业信用，使用商业汇票；信用证属于银行信用，使用银行汇票。（　　）

2. 汇票经背书后，汇票的收款权力就转让给了被背书人，被背书人若日后遭到拒付可向前手行使追索权。（　　）

3. 使用托收方式收款时，出口人应争取按 FOB 术语成交。（　　）

4. 如果卖方所交货物存在严重质量问题，即使提交的单据与信用证严格相符，开证行仍可应买方请求拒付货款，因为卖方未全面地履行合同义务。（　　）

5. 备用信用证一经开出，就必然被使用。（　　）

6. 信用证上若未注明汇票的付款人，根据 *UCP600* 的解释，汇票的付款人应是

开证人。（　）

7. 我某出口公司按照合同的规定于8月1日发运了货物并取得提单，于8月30日向银行提交全套合格单据要求付款。按照*UCP600*的规定，只要未超过信用证有效期，银行就有义务付款。（　）

8. 信用证未规定可否转让，即为不可转让信用证。（　）

【思考题】

1. 解释下列名词：①汇票、本票、支票；②背书；③承兑；④贴现；⑤可转让信用证；⑥循环信用证；⑦保兑信用证；⑧备用信用证。

2. 下面三种汇票，哪种汇票可转让？转让时有什么手续？

①... Pay to ABC Co. only.

②... Pay to the order of ABC Co.

③... Pay to bearer.

3. 何谓托收？托收的性质和种类如何？

4. 出口贸易使用托收方式应注意哪些问题？

5. D/P at 60 days after sight 和 D/A at 60 days after sight 有何区别？各有何风险？

6. 何谓信用证？简述其运作程序。

7. 信用证有哪些基本当事人？各自承担什么责任？

8. 信用证有哪些特点？对买卖双方有哪些风险？如何防范？

9. 信用证有哪些种类？试简述其基本含义和主要用途。

10. 说明信用证的有效期、交单期与装运期之间的关系。

11. 一笔交易，我方要求以不可撤销的即期信用证付款，对方提出按即期L/C和即期D/P各50%方式支付。怎么办？

12. 合同规定即期L/C付款，对方来证规定凭受益人开立之见票后90天付款的远期汇票付款，同时在L/C特别条款中规定“All interest and acceptance commission are for Buyer's account”，可否接受？为什么？

13. 什么是银行保函？它与信用证有何区别？

14. 试述分期付款与延期付款的含义及其区别。

15. 何谓国际保理业务？试述其运作程序。

16. 结合实际试述如何选择支付方式。

【案例分析】

1. 某外贸公司接到国外开来的信用证，证内规定：“数量共6000箱，1至6月份分六批装运，每月装运1000箱。”该信用证受益人在1至3月份，每月装运1000箱，银行已分批议付了货款。对于第四批货物，原定于4月25日装船运出，但由于台风，该批货物延至5月1日才装船。当该公司凭5月1日的装船提单向银行交单议付时，却遭到银行拒付。该公司曾以“不可抗力”为由，要求银行付款，也遭到银行拒绝。试问：在上述情况下，开证行有无拒付的权利？受益人有无引用“不可抗力”条款的权利？为什么？

2. 某公司与往来多年的非洲客户签订某商品销售合同一份，交货条件是6月至12月，每月等量装运××万米，凭不可撤销信用证付款。其后，客户按时开出L/C，其总金额和总数量均与合同相等，但装运条款仅规定：最迟装运期为12月底，分数批付运。我公司见来证未列明“每月等量装运××万米”条款，为了早出口、早收汇，6月底便将合同总数的一半货物一并装出。我银行凭单议付，并向开证行索汇。但是，客户接到装船通知后，发现货物未按合同装运，即向我公司提出异议，并以货物涌至增加仓租、利息为由，要求赔偿损失，同时拒绝立即付清货款。请分析并提出解决该案的建议。

3. 某年我国某出口公司对墨西哥出口商品一批，对方来证在“转运”栏内规定“允许转运”，而在“议付单据”栏内则要求提供“转运通知”。我方业务人员从逻辑推理上认为：来证既然规定“允许转运”，我方有转运或不转运的选择权，如不转运，便无义务也无必要提供“转运通知”。因而，对“议付单据”栏内所要求提供的“转运通知”未予照办，结果遭开证行拒付，引起争议纠纷。试分析并指出应如何解决该纠纷。

4. 我国某出口企业收到国外开来的不可撤销信用证，由设在我国境内的某外资银行通知并加保兑。我出口企业在货物装运后，正拟将有关单据交银行议付时，忽接该外资银行通知，由于开证银行已宣布破产，该行不承担对该信用证的议付或付款责任，但可接受我出口企业委托向买方直接收取货款的业务。对此，你认为我方应如何处理为好？简述理由。

5. 我国某公司向日本某商以D/P见票即付方式推销某商品，对方答复：如我方接受D/P见票后90天付款，并通过其指定的A银行代收则可接受。请分析日方提出此项要求的出发点。

第七章　贸易纠纷的预防和处理

【本章提要】

为了预防贸易纠纷以及在纠纷发生后妥善地处理纠纷，合同中需要对有关商品检验、索赔、不可抗力和仲裁等方面作出相应规定。本章概述了商品检验、索赔、不可抗力和仲裁的基本知识，阐明了国际货物买卖合同中商品检验、索赔、不可抗力和仲裁条款的规定方法。

在国际贸易中，为了使交易顺利进行，预防在履行合同的过程中产生争议以及明确产生争议后应如何处理，除了在贸易合同中对商品的品质、数量、包装、价格、运输、保险和支付等作出明确而周到的规定外，还应在贸易合同中对商品的检验、索赔、不可抗力和仲裁等也作出明确而周到的规定，以便在履行合同时一旦出现争议，能够有章可循，妥善处理，有利于贸易的进行。

第一节　商品的检验

在国际贸易中，买方"收到"货物并不意味着已经"接受"货物，卖方交货之后，也不意味着完成了应尽的义务。所交易的商品一般都要经过检验，根据检验的结果是否与合同规定相符，来决定买方是否接受货物以及卖方是否完成了交货义务。

一、商品检验的含义

商品检验（commodity inspection）主要是指按合同的规定，对进出口商品的质量、数量（重量）、包装等进行鉴定，并出具商品检验证明作为买卖双方交接货物的依据。

商品检验是对外贸易业务中不可缺少的环节。在国际贸易中，买卖双方分处不同国家或地区，一般不当面交接货物，因而往往会在交付货物的品质或数量等问题上发生争议；又因为货物须经长途运输和多次装卸，可能发生涉及承运人、保险公司或装卸部门的责任问题，例如装运技术条件不适合或残损短缺等，就会引起有关方面的争议。为了保障买卖双方的各自利益，避免发生争议，以及发生争议后便于明确责任进行处理，在长期的国际贸易实践中形成了一种习惯做法，即由第三者（一般为专业的检验机构或公证机构）出面，对货物的品质、数量、包装以及装运技术条件或货损、货差等进行检验和鉴定，并出具相应的检验证书，作为买卖双方交接货物、支付货款或处理贸易纠纷的依据之一。

对于商品检验，《联合国国际货物销售合同公约》第36条（1）款作了如下规定："卖方应按照合同和本公约的规定，对风险转移到买方时所存在的任何不符合同情形，负有责任，即使这种不符合同情形在该时间后方始明显。"第38条又规定："（1）买方必须在按情况实际可行的最短时间内检验货物或由他人检验货物。（2）如果合同涉及货物的运输，检验可推迟到货物到达目的地后进行。（3）如果货物在运输途中改运或买方须再发运货物，没有合理机会加以检验，而卖方在订立合同时已知道或理应知道这种改运或再发运的可能性，检验可推迟到货物到达新目的地后进行。"这些规定不仅明确了买方对货物有检验的权利，也明确了如货物不符合合同的情形在风险转移时就已存在，应由卖方负责。

在我国，商品检验是我国商检机构对进出口商品进行管制，维护出口商品信誉，保证进口商品质量，保障对外贸易有关当事人合法权益，以及保护国家环境、人们健康，预防动植物病虫害的重要措施之一。《中华人民共和国合同法》第157条规定："买受人收到标的物时应当在约定的检验期间内检验。没有约定检验期间的，应当及时检验。"第158条又规定："当事人约定检验期间的，买受人应当在检验期间内将标的物的数量或质量不符合约定的情形通知出卖人。买受人怠于通知的，视为标的物的数量或质量符合约定。当事人没有约定检验期间的，买受人应当在发现或应当发现标的物的数量或质量不符合约定的合理期间内通知出卖人。买受人在合理期间内未通知或者自标的物收到之日起两年内未通知出卖人的，视为标的物的数量或质量符合约定，但对标的物有质量保证期的，适用质量保证期，不适用该两年的规定。出卖人知道或者应当知道提供的标的物不符合约定的，买受人不受前两款规定的通知时间的限制。"

二、商品检验的时间和地点

按照国际惯例，在国际货物买卖过程中，一般都允许买方于接受货物前，有权检验货物。至于检验的时间和地点，根据国际上的习惯做法和我国外贸实践，有以下三种基本做法。

（一）在出口国检验

指货物于装运前在出口国进行检验。又可分为产地检验和装运港（地）检验。

（1）产地检验，即货物离开产地（工厂、农场、矿山等）前由卖方或其委托的检验人员或按合同规定会同买方的检验人员对货物进行检验或验收。卖方承担货物离开产地前的责任，在运输途中出现的品质、数量等方面的风险由买方负责。近年来，我国在进口生产线一类的设备时，一般都是在出口国发货前于工厂安装运转测试，凡有质量问题的由供货厂家立即解决。

（2）装运港（地）检验，即货物在装运前或装运时，由双方约定的装运港（地）

检验机构进行检验，并以该检验机构出具的品质、重量（数量）等检验证明作为决定交货品质和重量（数量）的最后依据，这叫作离岸品质和离岸重量（数量）（shipping quality，shipping weight or quantity）。在这种情况下，货物运抵目的港（地）后，即使买方再委托当地商检机构进行复验，也无权就货物的品质和重量（数量）向卖方提出任何异议和索赔。但对于运输途中发生的货损，买方有权向有关责任方索赔。

（二）在进口国检验

指货物于目的港（地）卸货后在进口国进行检验。

一般情况下，货物到达目的港（地）卸货后，由双方约定的目的港商检机构验货，并出具品质、重量（数量）检验证明作为决定交货品质和重量（数量）的最后依据，这叫作到岸品质和到岸重量（数量）（landing quality，landing weight or quantity）。如发现货物的品质或重量（数量）与合同规定不符，且责任确属卖方时，买方有权向卖方提出索赔，卖方应予负责。

对于密封包装、规格复杂、精密度高的货物，不能在使用前开拆包装检验，需具备一定的检验条件或检验设备才能检验时，可将货物运至买方营业处所或最终用户所在地进行检验，由双方约定的该地检验机构出具的品质、重量（数量）检验证明作为最后依据。

（三）出口国检验，进口国复验

指以货物在装运港（地）的检验证书作为收付货款的依据，货到目的港（地）后买方有复验权。

按此规定，货物须于装运前由双方约定的装运港（地）检验机构进行检验，其检验证书作为卖方要求买方支付货款或要求银行偿付货款时提交的单据之一，但并非最后依据。货抵目的港（地）后，如经双方约定的检验机构在规定的时间内复验，发现货物与合同规定不符，并证明这种不符情况不属于承运人或保险公司的责任范围，买方可凭复验证书向卖方提出异议和索赔。

以上三种做法中，第一种于卖方有利，第二种于买方有利，而第三种则对买卖双方都比较公平合理，它既承认卖方提供的检验证书是有效文件，可作为交接货物和结算货款的单据之一，又合理地给予买方以复验权。在国际贸易中，这种做法为大多数企业所接受，故而使用最广，我国进出口贸易合同亦基本上采用这一做法。此外，根据国际贸易惯例和《联合国国际货物销售合同公约》，还有一条公认的原则：对于运输途中改运或买方须再发运的货物，买方没有合理机会加以检验，而卖方在订立合同时已经知道或理应知道这种改运或再发运的可能性，则检验可以推迟到货物到达新的目的港（地）后进行。

三、商检机构和商检证书

（一）商检机构

商检机构是指接受委托进行商品检验与公证鉴定工作的专门机构。

国际上的商检机构从经营的性质来分，有官方经营的，有行业公会、协会经营的，也有私营的。从经营业务的范围来分，有综合性的，有专业性的，也有只限于检验单一商品的。其名称一般称为公证行、公证鉴定人、实验室（所）或宣誓衡量人等。较有名望的有英国劳合氏公证行、瑞士日内瓦通用鉴定公司、日本海事鉴定协会和美国担保人实验所等。

我国的商检机构曾经比较复杂，除中华人民共和国国家进出口商品检验局和代表其从事进出口商品检验或鉴定工作的中国进出口商品检验总公司外，各有关部门还设立了专门从事动植物、食品卫生、药物、船舶、飞机等的检疫或检验机构，如动植物检疫局、卫生检疫局、药品检验所、船舶检验局等。1998 年原国家进出口商品检验局、原农业部动植物检疫局和原卫生部卫生检疫局合并组建了中华人民共和国国家出入境检验检疫局。2001 年国家出入境检验检疫局又与原国家质量技术监督局合并，成立了中华人民共和国国家质量监督检验检疫总局。该局主管全国进出口商品的检验工作。2018 年 3 月，为了进一步深化全国通关一体化，优化进出口货物检验检疫管理，促进贸易便利化，国务院机构改革方案明确将国家质量监督检验检疫总局的出入境检验检疫管理职责和队伍划入海关总署。同年 4 月，中国出入境检验检疫局正式并入海关。其设在各地的直属机构的基本任务有以下三项：

（1）实施法定检验。即为了维护我国的政治、经济及其他各方面利益，根据《出入境检验检疫机构实施检验检疫的进出境商品目录》（简称《检验检疫商品目录》）和《中华人民共和国食品卫生法》以及其他相关法律、行政法规规定，对指定商品实施强制性检验检疫。凡属法定检验的进口商品，未经检验不准销售、使用；凡属法定检验的出口商品，未经检验不准出口。实施检验的内容包括商品的质量、规格、数量、包装以及是否符合卫生、安全要求等。

（2）办理鉴定业务。即接受对外贸易关系人或外国检验机构的委托，或受仲裁及司法机关的指定，办理进出口商品的鉴定业务，签发各种鉴定证书。其业务范围很广，包括：进出口商品的质量、数量、重量、包装鉴定，海损鉴定，集装箱检验，进出口商品的残损鉴定，出口商品的装运技术条件鉴定、货载衡量、产地证明、价值证明以及其他鉴定业务。鉴定业务不具有强制性。

（3）进行监督管理。即通过行政管理手段，对进出口商品的收发货人，生产、储运单位和出入境检验检疫机构及其指定或认定的检验机构的检验工作进行监督管理。其具体内容主要包括：对法定检验以外的进出口商品进行抽检；进行进出口商品质量认证工作，对认证合格的进出口商品及其生产企业颁发认证证书，准许使用进出口商品质量认证标志；对涉及安全、卫生的重要进出口商品及其生产企业实施进出口安全质量许可制度；对出口食品及其生产企业实施卫生注册登记制度；认可符合条件的国内外检验机构承担委托的进出口商品检验或指定的质量认可和认证商品的检测以及企业的评审工作，并有权对不符合要求的检验机构取消其上述资格等。

（二）商检证书

商检机构对进出口商品检验或鉴定后，根据不同的检验或鉴定项目，签发相应的检验证书。目前，我国商检机构签发的检验证书主要有以下10种：

①品质检验证书（inspection certificate of quality）；

②重量检验证书（inspection certificate of weight）；

③数量检验证书（inspection certificate of quantity）；

④兽医检验证书（veterinary inspection certificate）；

⑤卫生检验证书（sanitary inspection certificate）；

⑥消毒检验证书（disinfection inspection certificate）；

⑦验残检验证书（inspection certificate on damaged cargo）；

⑧验舱检验证书（inspection certificate on tank/hold）；

⑨产地检验证书（inspection certificate of origin）；

⑩价值检验证书（inspection certificate of value）。

在交易中，经买卖双方同意，也可由出口商品的生产单位或进口商品的使用单位出具证明，该项证明也能起检验证书的作用。至于一笔交易中究竟需要哪些检验证书，则要根据商品的性质、交易习惯和双方国家的有关法律由买卖双方协商而定。

四、检验标准和方法

商品检验标准通常有生产国标准、进口国标准、国际通用标准及买卖双方协议标准等。商品的检验方法在不同国家或不同检验机构之间亦会有所差别，同一商品用不同方法进行检验，可以得出完全不同的结果，容易导致买卖双方产生异议而发生纠纷。为避免不必要的争议，最好在合同中订明检验标准和方法。在我国外贸实践中，对进口商品一般按我国有关标准和方法进行检验，如对方要求按照对方或第三国标准进行检验，须与出入境检验检疫机构等有关部门研究后再确定。对出口商品，除合同规定检验外，可按生产国标准、国际通用标准或买卖双方同意的标准和方法进行检验。

目前，我国已有许多产品按照有关国际标准的要求进行生产和提供出口，如国际标准化组织（International Standard Organization，ISO）的“ISO 9000《质量管理与质量保证》系列国际标准”、国际羊毛局（International Wool Secretariat，IWS）的纯羊毛标志和美国的担保人试验所（Underwriters Laboratory，UL）的安全标志等。其中，ISO标准是国际标准化组织为适应国际贸易发展的需要而制定的国际质量保证系列标准，它涉及产品自开发到售后服务的全过程，具有很强的指导性和实用性，自1987年发布以来，已得到国际上尤其是发达国家的普遍重视。尽管它是一项推荐性的由企业自愿采用的指标，但由于运用这项指标有利于提高产品质量，有利于把企业和产品推向国际市场，有利于增强客户对产品质量的信心，因此世界上已有许多国家的有关机构陆续将此项标准等效或等同地转化为国家标准，对企业的质量体系进行评审、注册和认证。我国国家技术监督机构于1988年将ISO 9000等效转化为中国国家标准GB/T10300系列，1992年又将该项标准等同转化为GB/T19000系列，并以双编号形式标明（即ISO 9000GB/T19000）。推行这一标准的任务，就是要重视新技术的开发与应用，研制高科技含量和高附加值的新产品，并使之符合上述标准的要求，以扩大商品的出口。

五、合同中的商检条款

合同中的商检条款的内容一般包括：检验的时间和地点、检验机构、检验证书、检验标准与方法等。

合同中所规定的商品品质、重量、数量和包装等内容为商品检验的对象，其条款则是检验的依据，因此，商检条款要与这些条款相互衔接、密切配合，以防止脱节、矛盾等现象。在订立商检条款时，应注意以下事项：

（一）在规定进口方有复验权时，应明确复验的期限

复验的期限也就是索赔的期限，不在规定的复验期限内检验商品，即使以后检验发现商品有问题也无权向出口方提出索赔。若合同中未规定复验期限，虽可以“合理时间”来确定复验期限，但对“合理时间”的解释可能会产生争议，因此还是订明为好。

（二）复验期限的长短应考虑商品的特点、检验所需的时间和港口的情况

（1）品质易发生变化的商品，复验期限宜短；品质较稳定的商品，复验期限可长一些。

（2）检验操作简单的商品，复验期限可短一些；检验操作复杂的商品，复验期限要订得长一些。

（3）若目的港拥挤、装卸能力差，复验期限应适当放宽。进口商品的复验期限最好订明“在目的港卸货后，若干天内进行复验”，这比“到达目的港后若干天内复验”有利。

（三）要选择声誉良好、与买卖双方无利害关系、有足够的检验能力和检验设备的商检机构

在我国出口合同中，商检条款一般的订法为：

“双方同意以装运港（地）中国出入境检验检疫机构签发的品质和数量（重量）检验证书作为信用证项下议付单据的一部分。买方有权对货物的品质、数量（重量）进行复验。复验费由买方负担。如发现品质和/或数量（重量）与合同不符，买方有权向卖方索赔，但须提供经卖方同意的公证机构出具的检验报告。索赔期限为货到目的港××天内。”

（It is mutually agreed that the inspection certificate of quality and quantity（weight） issued by China Exit and Entry Inspection and Quarantine Bureau at the port/place of shipment shall be part of the documents to be presented for negotiation under the relevant L/C. The Buyer shall have the right to reinspect the quality and quantity (weight) of the cargo. The reinspection fee shall be borne by the Buyer. Should the quality and/or quantity (weight) be found not in conformity with that of the contract, the Buyer are entitled to lodge with the Seller a claim which should be supported by survey reports issued by a recognized surveyor approved by the Seller. The claim, if any, shall be lodged within ×× days after arrival of the cargo at the port of destination.)

在我国进口合同中，商检条款一般的订法为：

"商品检验：双方同意以制造厂（或××公证行）出具的品质及数量（重量）检验证明书作为有关信用证项下付款的单据之一。但货物的品质及数量（重量）的检验应按下列规定办理：

货到目的港××天内经中国出入境检验检疫机构复验，如发现品质和（或）数量（重量）与本合同规定不符时，除属保险公司或船公司负责者外，买方凭中国出入境检验检疫机构出具的检验证明书，向卖方提出退货或索赔。退货或索赔引起的一切费用（包括检验费）及损失均由卖方负担。在此情况下，若抽样可行，买方可应卖方要求，将有关货物样品寄交卖方。"

[Inspection: It is mutually agreed that the certificate of quality and quantity (weight) issued by China Exit and Entry quantity (weight) shall be made in accordance Bureau with the following:

In case the quality, quantity (weight) of the goods be found not in conformity with those stipulated in this contract after reinspection by China Exit and Entry Inspection and Quarantine Bureau within ×× days after arrival of the goods at the port of destination, the Buyer shall return the goods to or lodge claims against the Seller for compensation of losses upon the strength of inspection certificate issued by China Exit and Entry Inspection and Quarantine Bureau, with the exception of those claims for which the insurers or the carriers are liable. All expenses (including inspection fees) and losses arising from the return of the goods or claims should be borne by the Seller. In such case, the Buyer may, if so requested, send a sample of the goods in question to the Seller, provided that the sampling is feasible.]

第二节　索赔和理赔

涉及国际货物买卖的索赔有三种情况：货物买卖索赔、运输索赔和保险索赔。本节所讲述的是货物买卖索赔。

一、争议与索赔、理赔的含义

（一）争议（disputes）

又称为异议，指交易的一方认为另一方未能部分或全部履行合同所规定的责任与义务而引起的纠纷。导致争议产生的原因很多，一般可归纳为以下三种情况：

（1）卖方违约。例如，不按合同规定的品质、数量、包装交货；不按期交货或拒不交货；所提供的交货单据种类不齐、份数不足等。

（2）买方违约。例如，未按时开出信用证或拒不开证；无理拒收货物；拒不赎单；在FOB条件下，不按合同规定如期派船等。

（3）合同规定欠明确。例如，采用“合理包装”之类的规定方法，造成双方对合同条款的理解和解释不一致，以致产生争议。

（二）索赔（claim）

所谓索赔，就是指争议发生后，遭受损害的一方向违约方提出赔偿的要求。在法律上索赔是指主张权利，在实际业务中，则通常指受损害方根据合同或法律向违约方提出予以补救的主张。

（三）理赔（claim settlement）

所谓理赔，就是指违约方对受损害方所提赔偿要求的受理与处理。

索赔和理赔是同一问题的两个方面，一方索赔，另一方就得理赔，至于是否赔、赔多少，则要根据有关实际情况和法律规定进行公平处理。

二、不同法律对违约行为的解释

在国际贸易中，违约的情况是各种各样的，因而违约方应承担的责任各不相同，不同的法律对违约也有不同的解释和处理方法。

（一）英美法系的规定

英国法律把违约分为违反要件（breach of condition）和违反担保（breach of warranty）两类。违反要件是指违反合同的主要条款；违反担保是指违反合同的次要条款。两种违约情况所引起的法律后果不同。一般来说，违反要件，受损害方有权解除合同，并有权提出赔偿要求；违反担保，受损害方只能提出赔偿要求，不能解除合同。至于在每个具体合同中，哪些条款属“要件”，哪些条款属“担保”，法律上并无明确规定，须视不同合同、不同情况而定。在买卖合同中，一般认为商品的品质、数量和交货期等条件属要件。

此外，近年来，英国法院在司法实践中已承认了一种新的违约类型，即违反中间性条款或无名条款（breach of intermidiate or innominate terms）。所谓中间性或无名条款，是一种既非要件又非担保的合同条款，违反这类条款应承担的责任须视违约的性质及其后果是否严重而定，若性质及其后果严重，受损害方有权解除合同，并有权提出赔偿要求，否则，只能提出赔偿要求。

美国法律则把违约分为重大违约（material breach）和轻微违约（minor breach）。重大违约是指一方当事人违约，致使另一方无法取得该交易的主要利益。在这种情况下，受损方有权解除合同，并要求损害赔偿。轻微违约是指一方当事人违约，但并未影响对方在该交易中取得其主要利益。在这种情况下，受损方只有权要求损害赔偿，无权解除合同。

（二）大陆法系的规定

大陆法系以当事人有无过错（故意或过失）作为违约责任的前提，并以此判定当事人是否应承担法律责任。

例如德国法把违约分为给付不能（supervening impossibility of performance）和给付延迟（delay in performance）两种情况。给付不能指债务人由于某种原因而无法履行合同义务，其又分为自始不能和嗣后不能。自始不能指合同成立时就不能履行，以不能的给付为标的的合同，在法律上是无效的。嗣后不能指合同成立后的不能履行，这就要视债务人有无过错来定其是否应承担法律责任。给付延迟指债务人没有按期履行合同规定的义务，这同样要视债务人有无过错来定其是否应承担法律责任。此外，德国法院的判例中还有一种积极违约（positive breach of contract），又称不当履行或不良给付，即债务人履行债务存在瑕疵，致使对方遭受损失，对此，债务人应承担法律责任。

（三）《联合国国际货物销售合同公约》的规定

该公约把违约分为根本性违约（fundamental breach）和非根本性违约（non-fundamental breach）两类。《联合国国际货物销售合同公约》（以下简称《公约》）第25条规定：“一方当事人违反合同的结果，如使另一方当事人蒙受损害，以致实际上剥夺了他根据合同规定有权期待得到的东西，即为根本违反合同，除非违反合同一方并不预知而且一个同等资格、通情达理的人处于相同情况中也没有理由预知会发生这种结果。”由此可见，根本性违约是由违约方主观行为造成的，且给受损害方造成了实质性的损害；而非根本性违约是指违约方虽给受损害方造成损害，但损害较轻，且非主观行为所致。根据《公约》规定，若一方当事人根本违约，另一方当事人可宣告合同无效，并要求赔偿损失；若违约情况尚未达到根本违约的程度，则受损害方只能要求赔偿损失而不能宣告合同无效。

（四）《中华人民共和国合同法》的规定

《中华人民共和国合同法》规定，当事人一方延迟履行合同义务或者有其他违约行为致使不能实现合同目的，对方当事人可以解除合同；当事人一方延迟履行主要债务，经催告后在合同期间内仍未履行的，对方当事人可以解除合同。此外，合同解除后，尚未履行的，终止履行；已经履行的，根据履行情况和合同性质，当事人可以要求恢复原状和采取其他补救措施，并有权要求赔偿损失。

综上所述，由于各国的法律和国际惯例对违约的区分不同，为了使争议发生后能顺利地做好索赔、理赔工作，应该认真订好索赔条款。

三、合同中的索赔条款

贸易合同中的索赔条款有两种规定方式：一种是异议与索赔条款（discrepancy and claim clause）；另一种是罚金条款（penalty clause）。前者适用于一般合同，而买卖大宗商品和机械设备时，合同中除订明异议与索赔条款外，还须再订罚金条款。

（一）异议与索赔条款

异议与索赔条款的内容，除了规定一方违约，另一方有权索赔外，还应订明索赔的依据、索赔的期限、索赔处理的办法和索赔金额等。

（1）索赔依据。主要规定索赔必须具备的证据和出证机构。若证据不全，或出证机构不符合要求，均可能遭到对方拒赔。索赔依据包括法律依据和事实依据两个方面，前者指贸易合同和有关国家的法律规定；后者指违约的事实真相及其书面证明，以证实违约的真实性。

（2）索赔期限。指索赔方向违约方提出赔偿要求的有效期限。逾期索赔，违约方可不予受理。因此，索赔期限的规定必须考虑不同类型商品的性质、装卸港的情况以及检验所需时间多少等，并与商检条款相结合。一般货物的索赔期限，通常限定为货到目的港卸货后30天或45天，机械设备的索赔期限则一般较长。《公约》对索赔的法定期限作出了一些规定：买方必须按情况在实际可行的最短时间内检验货物，并在发现和理应发现货物不符合合同规定的一段合理时间内通知对方，提出索赔；否则，就丧失了声称货物与合同不符的权利。此外，《公约》规定了最长索赔期限：如果买方不在实际收到货物之日起两年内将货物不符合合同的情况通知对方，他就丧失了声称货物与合同不符合的权利，除非这一时限与合同规定的保证期不符。

（3）索赔处理的办法和索赔金额。由于签订合同时难以预料未来的具体情况，对此问题一般只作笼统规定。

以下是一个异议与索赔条款的例子：

“品质异议须于货到目的港之日起30天内提出，数量异议须于货到目的港之日起15天内提出，并均须提供经卖方同意的公证行的检验证明。如果货物已经过加工，买方即丧失索赔权利。如责任属于卖方，卖方收到异议20天内答复买方并提出处理意见。”

(In case of quality discrepancy, claim should be filed by the Buyer within 30 days after the arrival of the goods at port of destination; while for quantity discrepancy, claim should be filed by the Buyer within 15 days after the arrival of the goods at port of destination. In all cases, claims must be accompanied by survey reports of recognized public surveyors agreed to by the Seller. If the goods have already been processed, the Buyer shall thereupon lose the right to claim. Should the responsibility of the subject under claim be found to rest on the part of the Seller, the Seller should, within 20 days after receipt of the claim, send his reply to the Buyer together with suggestion for settlement.)

（二）罚金条款

即规定当一方未能履行合同义务时，应向对方支付一定数额的约定金额，以补偿对方的损失，即为罚金条款。罚金亦称“违约金”。

罚金条款一般适用于卖方延期交货，或买方迟延开立信用证或延期接货等情况。其特点是预先在合同中规定罚金的百分率，罚金数额大小则以违约时间长短而定，同时还规定最高限额。罚金的支付并不能解除违约方继续履行合同的义务，违约方既要支付罚金，又要继续履行合同。

以下是一个罚金条款的例子：

“若卖方不能按合同规定如期交货，在卖方同意由付款行在议付货款中扣除罚金或由买方于支付货款时直接扣除罚金的条件下，买方应同意延期交货。罚金率按每7天收取延期交货部分金额的0.5%，不足7天者按7天计算。但罚金不得超过延期交货部分总金额的5%。若卖方延期交货超过合同规定期限10周时，买方有权撤销合同，但卖方仍应不延迟地按上述规定向买方支付罚金。”

(Should the Seller fail to make delivery on time as stipulated in the contract, the Buyer shall agree to postpone the delivery on the condition that the Seller agree to pay a penalty which shall be deducted by the paying bank from the payment under negotiation, or by the Buyer direct at the time of payment. The rate of penalty is charged at 0.5% of the total value of the goods whose delivery has been delayed for every seven days; odd days less than seven days should be counted as seven days. But the total amount of penalty, however, shall not exceed 5% of the total value of the goods involved in the late delivery. In case the Seller fail to make delivery ten weeks later than the time of shipment stipulated in the contract, the Buyer shall have the right to cancel the contract and the Seller, in spite of the cancellation, shall still pay the aforesaid penalty to the Buyer without delay.)

值得注意的是，对于合同中的罚金条款，各国法律有截然不同的规定。有些国家的法律承认和保护罚金条款，但也有些国家的法律认为，对于违约只能要求赔偿，而不能进行惩罚。例如，英美等国的法院将合同中订有固定赔偿金额的条款分为两种性质：一种是预定的损害赔偿（liquidated damages），另一种是罚金。如果法院认定双方当事人约定的金额属预定的损害赔偿，则无论损失金额大小，均按合同约定的金额赔付；如果认定双方当事人约定的金额属罚金，则不予承认，而是根据受损方的实际损失来确定赔偿金额。至于双方当事人约定的金额是属预定的损害赔偿还是罚金，全凭法院根据具体案情加以认定，而不管双方当事人在合同中采用什么措辞。

《中华人民共和国合同法》第114条规定：“当事人可以约定一方违约时应当根

据违约情况向对方支付一定数额的违约金，也可以约定因违约产生的损失赔偿额的计算方法。约定的违约金低于造成的损失的，当事人可以请求法院或仲裁机构予以增加；约定的违约金过分高于造成的损失的，当事人可以请求法院或仲裁机构予以适当减少。当事人就延迟履行约定违约金的，违约方支付违约金后，还应当履行债务。”

在大多数情况下，我国的进出口合同只订立异议与索赔条款，一般只对连续分批交货的大宗货物或机械设备之类的买卖合同，才同时订立罚金条款。

第三节　不可抗力

一、不可抗力的含义

不可抗力（force majeure）又称人力不可抗拒，是指在合同签订后，发生了非因任何一方当事人的过失或疏忽，当事人既不能预见和预防，又无法避免和克服的意外事件，以致合同不能履行或不能按期履行，遭受意外事件的当事人可免除其不履行或不按期履行合同的责任，而另一方不得要求赔偿损失，这些意外事件即称为不可抗力。《公约》第79条第（1）款规定：“当事人对不履行义务，不负责任，如果他能证明此种不履行义务，是由于某种非他所能控制的障碍，而且对于这种障碍，没有理由预期他在订立合同时能考虑到或能避免或克服它或它的后果。”此处所述“障碍”即为不可抗力。合同中的不可抗力条款是一种免责条款。不可抗力是许多国家法律的一个原则，在英美法系中称为“合同落空”，在大陆法系中称为“情势变迁”。

二、不可抗力的认定

不可抗力事件的范围较广，通常可分为两种情况：一种是由自然力量引起的，如水灾、火灾、冰灾、暴风雨、大雪、地震等；另一种是由社会力量引起的，如战争、罢工、政府禁令等。对于自然力量引起的各种灾害，国际上的解释比较一致；但对于由社会力量引起的意外事件，各国的解释常有分歧。例如，美国习惯上认为不可抗力仅指由自然力量所引起的意外事件，而不包括由社会力量所引起的意外事件。由于国际上没有统一的解释，各国法律一般都允许当事人在合同中订立不可抗力条款时自行商定。

对交易双方来说，共同认定不可抗力，应视其是否具备以下三个条件：①意外事件是在订立合同之后发生的；②非因任何一方当事人的故意或过失造成的；③意外事件的发生及其造成的后果是当事人无法预见、无法控制、无法避免和克服的。一项意外事件必须同时满足这三个条件才能视为不可抗力。

三、不可抗力的处理

不可抗力发生后，对合同的处理方式有三种：一是解除合同，二是部分解除合同，三是延期履行合同。至于在什么情况下采取什么样的处理方式，要看不可抗力对履行合同的影响，也可由双方当事人在合同中具体加以规定。若合同对此未作明确规定，一般的解释是：如果不可抗力使合同的履行成为不可能，则可解除合同，全部免除当事人履行合同的责任；如果不可抗力部分地影响了合同的履行，则可部分地免除当事人履行合同的责任；如果不可抗力只是暂时地阻碍了合同的履行，则可延迟履行合同。

四、不可抗力的通知和必要的证明文件

按照国际惯例，当发生不可抗力影响合同履行时，当事人要取得免责权利，必须及时通知对方，并在通知中提出处理意见。对此，《公约》第79条第（4）款规定："不履行义务的一方，必须将障碍及其对他履行义务能力的影响通知另一方。如果该项通知在不履行义务的一方已经知道或理应知道此障碍后一段合理时间内仍未为另一方收到，则他对由于另一方未收到通知而造成的损害应负赔偿责任。"另一方也应在收到通知后及时答复，如有异议应及时提出。尽管如此，买卖双方为明确责任，一般应在不可抗力条款中规定一方发生不可抗力后通知对方的期限。

此外，当一方援引不可抗力条款要求免责时，必须向对方提交证明文件作为证据。在国外，一般由当地商会或合法的公证机构出证；在我国，由中国国际贸易促进委员会（即中国国际商会）或其设在各省、自治区、直辖市的分会出证。对出具证明的机构，最好也在合同中订明。

五、合同中的不可抗力条款

合同中不可抗力条款的内容主要有：不可抗力的范围、对不可抗力的处理原则和办法、不可抗力发生后通知对方的期限和方法、出具证明文件的机构等。

根据不可抗力之范围的确定方法不同，不可抗力条款有以下三种规定办法。

（一）概括式

即在合同条款中不具体订明哪些意外事故属于不可抗力的范围，只作概括的规定。例如："若由于不可抗力，致使卖方不能全部或部分装运或延迟装运合同货物，卖方对于不能装运或延迟装运本合同货物不负有责任。但卖方须用电报或电传通知买方，并须在15天内以航空挂号信件向买方提交由中国国际贸易促进委员会出具的证明此类事故的证明书。"

（If the shipment of the contracted goods is prevented or delayed in whole or in part due to force majeure, the Seller shall not be liable for non-shipment or late shipment of the goods of this contract. However, the Seller shall notify the Buyer by cable or telex and furnish the letter within 15 days by registered airmail with a certificate issued by the China Council for the Promotion of International Trade attesting such event or events.)

这种规定方法未说明不可抗力的具体内容和范围，难以作为解决问题的依据，一旦发生争议，不利于问题的解决。

（二）列举式

即在合同条款中明确规定哪些意外事故是不可抗力，凡合同中未规定的，不能作为不可抗力对待。例如："若由于战争、地震、水灾、火灾、暴风雨、雪灾，致使卖方不能全部或部分装运或延迟装运合同货物，卖方对于不能装运或延迟装运本合同货物不负有责任。但卖方须用电报或电传通知买方，并须在15天内以航空挂号信件向买方提交由中国国际贸易促进委员会出具的证明此类事件的证明书。"

(If the shipment of the contracted goods is prevented or delayed in whole or in part by reason of war, earthquake, flood, fire, storm, heavy snow, the Seller shall not be liable for non-shipment or late shipment of the goods of this contract. However, the Seller shall notify the Buyer by cable or telex and furnish the letter within 15 days by registered airmail with a certificate issued by the China Council for the Promotion of International Trade attesting such event or events.)

这种规定方法过于死板，如果发生超出列举范围的事故，就不能当作不可抗力来对待，也可能导致纠纷。

（三）综合式

即将概括和列举两种方式结合使用，先一一列举若干种不可抗力事故，然后再加以笼统概括。例如："由于战争、地震、水灾、火灾、暴风雨、雪灾或其他不可抗力，致使卖方不能全部或部分装运或延迟装运合同货物，卖方可不负责任。但卖方应立即将事件通知买方，并于事件发生后15天内将事件发生地政府主管当局出具的事件证明书用航空挂号邮寄买方为证，并取得买方认可。在上述情况下，卖方仍有责任采取一切必要措施从速交货。如果事件持续超过3个星期，买方有权撤销合同。"

(The Seller shall not be held responsible for failure or delay to perform all or any part of this contract due to war, earthquake, flood, fire, storm, heavy snow or other cause of force majeure. However, the Seller shall advise the Buyer immediately of such occurrence, and within 15 days thereafter, shall send by registered airmail to the Buyer for their acceptance a certificate issued by the competent government authorities of the place where the accident occurs as evidence thereof; under such circumstance, the Seller however, is still under the obligation to take all necessary measure to hasten the delivery of the goods. In case the accident lasts for more than 3 weeks, the Buyer shall have the right to cancel the contract.)

这种规定方法既明确又有一定的灵活性，若发生了合同未列明的意外事故，有利于双方当事人协商处理，合同中的不可抗力条款最好采用这种规定方法。

第四节 仲 裁

在国际贸易中，买卖双方发生了贸易纠纷，可以采取协商、调解、仲裁和诉讼等方法解决。采用友好协商或邀请第三者居间调停的办法解决纠纷，气氛比较缓和，有利于双方今后贸易关系的发展。但在某些情况下，双方当事人经协商和调解都不能解决问题，这时，一般首选仲裁的途径来处理贸易纠纷。

一、仲裁的含义及特点

仲裁（arbitration）又称公断，指交易双方在争议发生前或争议发生后达成书面协议，自愿将双方的争议提交双方同意的仲裁机构裁决，以解决争议的一种方式。

仲裁与协商或调解相比，其特点在于：仲裁裁决的结果具有约束力，双方必须执行。但仲裁与司法诉讼又有所不同，仲裁区别于诉讼的特点在于：

(1) 仲裁是建立在双方自愿之基础上的，当事人通过仲裁解决争议时，必须先签订仲裁协议，仲裁机构只有收到当事人提交的仲裁协议才可受理有关争议；而诉讼没有双方事先达成的协议，只要一方当事人向有管辖权的法院起诉，法院就可受理争议案件，另一方则必须应诉。

(2) 仲裁机构一般是民间性机构，不具有强制管辖权，仲裁的双方当事人有权各指定一名仲裁员，另外再由仲裁机构指定一名首席仲裁员组成仲裁庭审理案件；而诉讼机构法院是国家机构，法官由国家任命，不能由诉讼当事人选定。

(3) 仲裁庭审理案件一般不对外公开进行，裁决也不公开，有利于保守当事人的商业秘密，也有利于维护当事人的商业信誉；而法院审理案件一般公开进行，可能会对其中一方当事人今后的业务发展不利。

(4) 仲裁的程序比较简单，仲裁裁决是终局的，当事人不能上诉，因此有利于在较短时间内解决争议，费用也较为低廉；而诉讼，有的国家采用两审终审制，有的国家采用三审终审制，即一方当事人对法院判决不服，可上诉至更高一级的法院，因此所需时间较长，且费用比仲裁高。

二、仲裁协议的形式和作用

仲裁协议是双方当事人自愿将争议交仲裁机构解决的书面表示，是申请仲裁的必备材料。

（一）仲裁协议的形式

仲裁协议有两种形式：一种是由双方当事人在争议发生之前订立的，表示同意把将来可能发生的争议提交仲裁解决的协议。这种协议一般已包含在合同内，是合同的一项条款，即我们所说的仲裁条款（arbitration clause）；另一种是由双方当事人在争议发生后订立的，表示同意把已经发生的争议交付仲裁的协议，称为提交仲裁的协议（submission）。这两种仲裁协议的形式虽然不同，其法律作用与效力却是相同的。只要双方当事人在合同中订有仲裁条款，争议发生后任何一方都可根据仲裁条款提出仲裁，而无需再订立提交仲裁的协议。此外，即使合同被宣告无效，作为合同一部分的仲裁条款，却如同独立于合同之外的提交仲裁的协议一样，依然具有法律效力。

（二）仲裁协议的作用

（1）约束双方当事人只能以仲裁方式解决争议，不得向法院起诉；

（2）使仲裁机构取得对争议案件的管辖权；

（3）排除法院对有关案件的管辖权，若一方违背仲裁协议，自行向法院起诉，另一方可根据仲裁协议要求法院不予受理，并将争议案件退交仲裁庭裁断。

三、合同中仲裁条款的主要内容

合同中仲裁条款的内容主要包括：仲裁地点、仲裁机构、仲裁程序、仲裁裁决的效力和仲裁费用的负担等。

（一）仲裁地点的规定

仲裁地点不同，适用的法律有所不同，对买卖双方的权利、义务的解释就会有差别，仲裁裁决的结果也会不同，因此交易双方都力争在自己比较了解和信任的地方，尤其是力争在本国仲裁。我国进出口贸易合同中的仲裁地点，视贸易对象和情况的不同，一般采用下面三种规定方法之一：①力争在我国仲裁；②酌情规定在对方国家仲裁；③规定在双方同意的第三国仲裁。

（二）仲裁机构的选择

仲裁机构指受理案件并作出裁决的机构。仲裁机构有两种：一种是临时仲裁庭，其专门为审理指定的争议案件而由双方当事人指定的仲裁员组成，案件处理完毕后即自动解散；另一种是常设仲裁机构。常设仲裁机构根据一国的法律或有关规定设立，有固定的名称、地址、仲裁员设置，并具备仲裁规则。仲裁规则是仲裁机构、仲裁员和争议双方进行仲裁的行为准则，它规定了进行仲裁的程序和具体做法，包括如何申请仲裁、如何答辩、如何指定仲裁员、如何审理、如何作出裁决以及裁决的效力等内容。如果约定临时仲裁庭仲裁，应写明组成仲裁庭的人数、指定仲裁员的办法、是否需要首席仲裁员以及采取何种仲裁规则等；如果约定在常设仲裁机构仲裁，则应写明仲裁机构的名称。

一般来说，选择在常设仲裁机构仲裁比选择临时仲裁庭仲裁更方便，因为常设仲裁机构的作用主要是从事有关仲裁行政管理和组织工作，便于当事人联系，特别是遇到一方当事人拒不指定仲裁员时，常设仲裁机构有权代为指定。如果没有仲裁机构的协助，有些问题就不好解决，也会影响仲裁的顺利进行。因此，在拟订仲裁条款时，最好选定适当的仲裁机构。仲裁机构的选择与仲裁地点的选择应一并考虑，因为仲裁机构与仲裁地点大多在同一国家。此外，还应考虑仲裁机构的信誉、仲裁规则的内容、仲裁的费用和使用的语言等问题。世界著名的设有国际商事仲裁的常设仲裁机构主要有：英国伦敦仲裁院、瑞典斯德哥尔摩商会仲裁院、瑞士苏黎世商会仲裁院、日本国际商事仲裁协会、美国仲裁协会、意大利仲裁协会以及国际商会仲裁院等。我国常设的涉外商事仲裁机构主要是隶属于中国国际贸易促进委员会的中国国际经济贸易仲裁委员会（2000 年 10 月起同时使用“中国国际商会仲裁院”的名称），其总部设在北京，在深圳和上海设有分会，其聘任在册的仲裁员中约有 1/3 为外籍人士。此外，当前有不少城市根据 1995 年 9 月 1 日实施的《中华人民共和国仲裁法》（简称《仲裁法》）成立了地方仲裁委员会，这些地方仲裁委员会可以受理国内仲裁案件，也可以受理涉外仲裁案件。我国的外贸公司在订立合同中的仲裁条款时，若双方同意在中国仲裁，既可以规定在中国国际经济贸易仲裁委员会仲裁，也可以规定在地方仲裁委员会仲裁。

（三）仲裁程序的适用

仲裁程序（arbitration procedure）是指双方当事人将所发生的争议根据仲裁协议的规定提交仲裁时应办理的各项手续。仲裁程序中的各个环节，无不受有关国家的仲裁法和有关仲裁机构的仲裁规则所制约。因此，在仲裁条款中，应订明采用哪个国家（地区）和哪个仲裁机构的仲裁规则进行仲裁。值得注意的是，所采用的仲裁规则与仲裁机构并非绝对一致，按照国际仲裁的一般做法，原则上应采用仲裁机构所规定的仲裁规则，但许多国家在法律上允许双方当事人自由选定其认为合适的其他仲裁机构的仲裁规则进行仲裁。例如，我国 2015 年 1 月 1 日起施行的《中国国际经济贸易仲裁委员会仲裁规则》第 4 条规定，凡当事人同意将争议提交中国国际经济贸易仲裁委员会仲裁的，均视为同意按照该仲裁规则进行仲裁。如果当事人约定适用其他仲裁规则，或约定对本规则有关内容进行变更的，从其约定。但其约定无法实施或与仲裁强制性法律规定相抵触者除外。

仲裁程序一般包括如下主要内容。

1. 提出仲裁申请

这是仲裁程序开始的首要手续，各国法律和不同的仲裁规则对提出仲裁申请的规定有所不同。根据《中国国际经济贸易仲裁委员会仲裁规则》规定，当事人一方申请仲裁时，应提交包含以下内容的申请书：①申诉人和被诉人的名称和地址；②申诉人的要求、所依据的事实与证据；③应附有的有关证件，如合同、仲裁协议、往来函电等的原件或副本、抄本。此外，还应预缴一定数额的仲裁预订金。

仲裁机构对仲裁申请书须经审查，以确定仲裁手续是否符合要求，所需证件是否齐备，争议是否属于仲裁协议范围，该争议是否被处理过，以及仲裁时效是否过期等。凡不符合要求者不予受理。而对于符合要求者应即予立案，并立即向被诉人发出仲裁通知。

被诉人应在收到仲裁通知之日起45天内向仲裁机构提交答辩书及有关证明文件。答辩，是被诉人为维护自己的权益，对申诉人在仲裁申请书中提出的要求及其所依据的事实证据和理由所作的答复和辩护。答辩书要针对申诉人提出的仲裁要求，并与之一一对应，或承认其要求，或反对其要求，或部分承认部分反对，绝不能采取回避问题的态度。答辩书还应有事实证据。同时，被诉人可以在收到仲裁通知之日起60天内书面提出反请求，提出反请求时应列明所依据的事实及有关证明文件，也应按规定预缴仲裁费。被诉人未提交书面答辩或申诉人对被诉人的反请求未提交书面答辩，均不影响仲裁程序的进行。此外，申诉人和被诉人都可以对其仲裁请求或反请求提出修改，但若仲裁庭认为其修改的提出过迟而影响仲裁程序的正常进行，可以拒绝修改的要求。

2. 组织仲裁庭

一般情况下，双方当事人可以在仲裁协议中规定组成仲裁庭的仲裁员人数和指定方法。若仲裁协议未作规定，则按有关国家的仲裁法规或仲裁机构的仲裁规则办理。

按照我国《仲裁法》规定，仲裁庭可由三名或一名仲裁员组成。由三名仲裁员组成的，设首席仲裁员，申诉人和被诉人可各自在仲裁机构的仲裁员名册中指定一名仲裁员，然后由双方当事人共同选定或由仲裁机构指定第三名仲裁员为首席仲裁员，共同组成仲裁庭。由一名仲裁员单独成立的仲裁庭，可由双方当事人共同选定，也可委托仲裁机构指定一名独任仲裁员单独审理案件。根据《中国国际经济贸易仲裁委员会仲裁规则》规定，被指定的仲裁员若与争议案件有利害关系，应当自行向仲裁委员会请求回避；当事人如果对指定的仲裁员的公正性和独立性具有正当的怀疑理由，有权提出书面请求，要求该仲裁员回避，而是否回避的决定，由仲裁委员会主任作出。

3. 仲裁审理

仲裁庭成立后，便对争议案件进行审理。仲裁庭审理案件的形式有两种：一种是开庭审理，另一种是书面审理。《中国国际经济贸易仲裁委员会仲裁规则》规定，除非双方当事人申请或征得双方当事人同意，仲裁庭应当开庭审理。即仲裁庭召开全体仲裁员、当事人以及其他有关人士如证人、鉴定人员、专家等参加的会议，听取当事人的口头陈述和辩论，对案件进行调查和审理。第一次开庭日期一般由仲裁机构于开庭前30天通知双方当事人，当事人有正当理由可申请延期，由仲裁庭作出是否延期的决定。开庭时，若一方当事人不出席，仲裁庭可进行缺席审理和作出缺席裁决。至于书面审理，则是根据双方当事人提供的书面材料和证据，以及证人、鉴定人、专家的书面证明材料，对争议案件进行审理。在书面审理中，双方当事人必须在规定的日期内提交材料，否则会被认为是放弃权利。

此外，在仲裁审理中，有时还采取保全措施，即根据一方当事人的申请，对另一方当事人的财产采取的临时性的强制措施。如临时扣押财产，冻结银行账户，对有争议的易变质的货物先行出售等。有些国家的仲裁规则认为，仲裁庭有权对争议的标的物采取必要的保全措施，也有些国家的仲裁规则认为，仲裁机构不具有实施保全措施的权力，只能经仲裁机构提出申请，由法院作出保全措施的裁定。根据《中国国际经济贸易仲裁委员会仲裁规则》规定，若当事人申请财产保全，仲裁委员会应将当事人的申请提交被申请人住所地或其财产所在地的法院作出裁定。仲裁中的财产保全措施，应具备以下几个条件：

（1）仲裁案件的一方当事人提出书面的保全措施申请。

（2）申请保全措施要有正当理由。通常，正当理由是由于一方当事人的行为或其他原因，使裁决将来可能不能执行或难以执行。此处，一方当事人的行为是指一方当事人可能将争议的标的物出卖、转移、藏匿、毁损或者抽逃资金，将动产带出国等；而其他原因主要是指由于客观原因，使争议的标的物无法保存，如保存期短的货物可能变质、腐烂等。

（3）申请人要提供担保。为防止保全错误造成的损失无人承担，法院采取保全措施之前，可责令申请人提供担保，申请人不提供担保的则驳回申请。申请有错误的，申请人要赔偿被申请人因财产保全所遭受的损失。

4. 作出仲裁裁决

仲裁裁决是仲裁庭按照仲裁规则审理案件后，根据查明的事实和认定的证据，对当事人提交仲裁的有关争议的请示事项作出的支持或驳回，或者部分支持部分驳回的书面决定，是仲裁程序的最后一个环节。我国的仲裁规则规定，仲裁庭应在组庭后9个月内以书面形式作出仲裁裁决。仲裁书除了作出仲裁裁决外，还要说明理由，并由仲裁庭全体或多数仲裁员署名，加盖仲裁机构的印章，写明作出裁决的日期和地点，该日期即为仲裁裁决生效的日期。

为了进一步提高仲裁效率，以适应某些当事人的需要，我国的仲裁规则还规定了简易仲裁程序。除非当事人另有约定，凡争议金额不超过50万元人民币，或争议金额超过50万元人民币、由一方当事人书面申请并征得另一方当事人书面同意的，可适用简易仲裁程序。在简易仲裁程序中，仲裁庭由双方当事人共同选定或共同委托仲裁委员会指定一名独任仲裁员。被诉人提交答辩书及有关证明文件的期限缩短至其收到仲裁通知之日起30天内，若有反请求，也应在30天内提交反请求书及有关证明文件。审理如果采用开庭的方式，除非必要，一般只开庭一次，并在开庭之日起30天内作出裁决；如果采用书面审理的方式，则在组庭之日起90天内作出裁决。不过，上述期限经仲裁庭要求并具备正当理由的情况下，可由仲裁委员会秘书长决定是否予以延长。

(四) 仲裁裁决的效力

仲裁裁决的效力主要是指由仲裁庭作出的裁决，对双方当事人是否具有约束力，是否为终局性的。

我国《仲裁法》规定，仲裁裁决是终局性的，对双方当事人都有约束力，双方必须执行，任何一方都不得向法院起诉要求变更。在国外，大多数国家也规定仲裁裁决具有终局效力，当事人不得上诉至法院。少数国家的法律规定，当事人可以向法院提起诉讼，但法院一般只审查程序，不审查实体，即只审查仲裁裁决在法律手续上是否完备，而不审查裁决本身是否正确。法院只有查出裁决在程序上有问题，才有权宣布仲裁裁决无效。

尽管如此，为了明确仲裁裁决的效力，承认与执行仲裁，在签订仲裁条款时仍应规定：仲裁裁决是终局的，对双方都有约束力。

(五) 仲裁费用的负担

仲裁条款中要明确规定仲裁费用由谁负担。一般规定由败诉方负担，也有的规定由仲裁庭酌情决定。

以下是我国进出口合同中仲裁条款订法的实例：

(1) 规定在我国仲裁的条款："凡因执行本合同所发生的或与本合同有关的一切争议，双方应通过友好协商解决。如果协商不能解决，应提交北京中国国际经济贸易仲裁委员会，根据该会仲裁规则进行仲裁。仲裁裁决是终局的，对双方都有约束力。"

(All disputes arising out of the performance of, or relating to this contract, shall be settled amicably through friendly negotiation. In case no settlement can be reached through negotiation, the case shall then be submitted to the China International Economic and Trade Arbitration Commission, Beijing, China, for arbitration in accordance with its rules of arbitration. The arbitral award is final and binding upon both parties.)

(2) 规定在被诉方所在国仲裁的条款："凡因执行本合同所发生的或与本合同有关的一切争议，双方应通过友好协商解决。如果协商不能解决，应提交仲裁。仲裁在被诉方所在国进行。如果在中国，由中国国际经济贸易仲裁委员会根据其仲裁规则进行仲裁。如果在××国，则由××（对方所在国仲裁机构名称）根据其仲裁规则进行仲裁。仲裁裁决是终局的，对双方都有约束力。"

(All disputes arising out of the performance of, or relating to this contract, shall be settled amicably through friendly negotiation. In case no settlement can be reached through negotiation, the case shall then be submitted for arbitration. The location of arbitration shall be in the country of the domicile of the defendant. If in China, the arbitration shall be conducted by the China International Economic and Trade Arbitration Commission, Beijing, in accordance with its rules of arbitration. If in ××, the arbitration shall be conducted by ×× in accordance with its rules of arbitration. The arbitral award is final and binding upon both parties.)

（3）规定在第三国仲裁的条款："凡因执行本合同所发生的或与本合同有关的一切争议，双方应通过友好协商解决。如果协商不能解决，应提交××（某第三国某地及某仲裁机构的名称）根据其仲裁规则进行仲裁。仲裁裁决是终局的，对双方都有约束力。"

(All disputes arising out of the performance of, or relating to this contract, shall be settled amicably through friendly negotiation. In case no settlement can be reached through negotiation, the case shall then be submitted to ×× for arbitration, in accordance with its rules of arbitration. The arbitral award is final and binding upon both parties.)

四、仲裁裁决的承认与执行

仲裁裁决的承认是指法院根据当事人的申请，依法确认仲裁裁决具有可执行的法律效力；仲裁裁决的执行是指当事人自动履行裁决事项，或法院根据一方当事人的申请，依法强制另一方当事人执行裁决事项。

仲裁裁决作出后，双方当事人应自动执行。如果一方不执行裁决，另一方可以向法院提出申请，要求予以强制执行。但有时在本国进行的仲裁，败诉的外方当事人拒不执行裁决，而胜诉方向外国的法院申请强制执行，可能存在困难。为了解决各国在承认和执行外国仲裁裁决的问题上所存在的分歧，国际上订有多个双边和多边的有关国际公约。其中影响最广泛的是1958年在联合国主持下缔结的《承认和执行外国仲裁裁决公约》(*Convention on the Recognition and Enforcement of Foreign Arbitral Award*)，简称《1958年纽约公约》，目前已有100多个国家批准参加了这个公约。该公约的主要内容为：一是要求所有缔约国承认双方当事人之间订立的书面仲裁协议（包括合同中的仲裁条款）在法律上的效力；二是根据仲裁协议所作的仲裁裁决，缔约国应承认其效力并有义务执行。

我国已于1987年4月22日加入了上述公约。在公约的缔约国范围内，我国仲裁机构作出的仲裁裁决，我方当事人不执行者，外方当事人可向我国法院提出申请，要求强制执行；外方当事人不执行者，我方当事人可向其所在国法院提出申请，要求强制执行。此外，我国政府与外国政府签订的贸易协定、通商航海条约和其他双边协定，一般也订有互相承认和保证执行仲裁裁决的条款，我国企业在与这些协议对方国家的当事人发生争议时，也可据此办理。若对方所在国既未参加《1958年纽约公约》，又未与我国签订双边条约，只要对方所在国对执行外国仲裁裁决无特殊限制的，当事人也可直接向有管辖权的外国法院申请承认和执行，一般也会获准。

【自测题】

一、单项选择题

1. 在（　　）方式下，买卖双方出现争议时，只能通过协商解决或委托第三方检验机构进行仲裁检验。

A. 工厂检验　　B. 以离岸品质、重量为准

C. 以到岸品质、重量为准　　D. 出口国检验，进口国复验

2. 我方与外商按 CIF 成交某商品 1000 公吨，我方实际装船 1000 公吨并取得清洁提单，货到目的港后，买方电传称仅收到 910 公吨，并提供了短量证明，向我方索赔。我方正确答复应是（　　）。

A. 同意将少装货物及时运至买方　　B. 同意退还少装货物的货款

C. 请其与船公司或保险公司联系　　D. 请其与银行联系

3. 仲裁协议是仲裁机构受理争议案件的必要依据，仲裁协议（　　）达成。

A. 必须在争议发生之前

B. 只能在争议发生之后

C. 必须在争议发生的进程中

D. 既可在争议发生前，也可在争议发生后

4. 我方与德商签订一笔进口机器零件的合同。合同签订后，德商安排两间工厂同时投入生产。在生产过程中，其中一间工厂由于意外事故招致火灾，完全丧失了生产能力，德商（　　）。

A. 因遇不可抗力事故，可要求解除合同

B. 因遇不可抗力事故，可要求延期履行合同

C. 因遇不可抗力事故，可要求延期履行合同，但我方有索赔的权利

D. 不属于不可抗力的范围，我方应要求德商按期履行合同

5. 在我国，出具不可抗力事故证明的机构是（　　）。

A. 商品检验检疫局　　B. 海关

C. 公证机构　　D. 中国国际贸易促进委员会

二、多项选择题

1. 一般情况下，检验时间和地点与交货时间和地点相一致。但在以（　　）贸易术语成交情况下，有必要明确规定检验时间和地点。

A. EXW　　B. FOB　　C. CFR　　D. CIF　　E. DPU

2. 在国际贸易中，根据损失的原因和责任不同，受损方可向（　　）提出索赔。

A. 买方　　B. 卖方　　C. 承运人　　D. 保险公司

3. 在国际贸易中，解决争议的方式主要有（ ）。

A. 友好协商　　B. 调解　　C. 仲裁　　D. 司法诉讼

4. 仲裁与诉讼的区别有（ ）。

A. 仲裁以争议双方当事人自愿为基础，而诉讼具有强制性

B. 仲裁的手续较为简单，而诉讼的手续比较复杂

C. 仲裁对双方的关系影响较小，而诉讼较伤和气

D. 仲裁的费用较低，而诉讼的费用较高

三、判断题

1. 若买方没有利用合理的机会检验货物，就是放弃了检验权，从而就丧失了拒收货物的权利。（ ）

2. 凡属法定检验的商品，在办理进出口清关手续时，必须向海关提供商检机构签发的检验证书，否则海关不予放行。（ ）

3. 一方违反合同应付的损害赔偿额，应与另一方当事人因其违反合同而遭受的包括利润在内的损失额相等。（ ）

4. 当进口商发现货物与合同规定不符后，在任何时间都可向出口商索赔。（ ）

5. 不可抗力一定不是因合同当事人自身的过失或疏忽造成的。（ ）

6. 当事人将争议提请仲裁机构仲裁时，必须提交书面的仲裁协议，否则，仲裁机构不予受理。（ ）

【思考题】

1. 进出口商品为什么要检验？关于检验时间和地点的规定有哪些基本做法？
2. 我国商检机构的任务有哪些？
3. 合同中的商检条款一般包括哪些内容？
4. 何谓索赔与理赔？合同中的索赔条款有哪几种规定方式？各包括哪些内容？
5. 什么是不可抗力？不可抗力的认定需具备哪些条件？
6. 合同中的不可抗力条款有哪几种规定方式？最好采用哪一种方式？为什么？
7. 解决争议的办法有哪些？
8. 何谓仲裁？仲裁有何特点？
9. 仲裁协议有哪些类型？仲裁协议有何作用？
10. 合同中的仲裁条款主要包括哪些内容？

【案例分析】

1. 某贸易商以FOB价向我国某厂订购一批货物，在买卖合同中订明若工厂未能于7月底之前交运，则工厂应赔付货款5%的违约金。后工厂交运延迟5天，以致贸

易商被其买方索赔货款的3%。在这种情况下，贸易商是否可向工厂索赔？索赔5%还是3%？

2. 我国某进出口公司与英国某公司以FOB价签订进口合同，装货港为伦敦。合同签订后不久，英方通知我方货已备妥，要求我方按时派船接货。然而，在我方安排的船舶前往装运港途中，突然爆发中东战争，苏伊士运河被封锁，禁止一切船舶通行，我方船舶只好改变航线绕道好望角航行，增加航程近万公里，到达装运港时已过装运期。这时，国际上的汇率发生变化，合同中的计价货币英镑贬值，英方便以我方未按期派船接货为由，要求提高货物价格，并要求我方赔偿由于延期接货而产生的仓储费。对此，我方表示不能接受，双方遂发生争议。若你为我方派出的代表，将如何处理这个问题？

第八章　国际货物买卖合同的商订

【本章提要】

本章简要介绍了交易洽商前的准备工作及交易洽商的一般程序，并着重论述了发盘和接受这两个达成交易所必不可少的环节及其相关的法律知识，阐述了合同有效成立的条件以及书面合同的形式和内容等。

国际货物买卖合同的商订是指交易洽商（business negotiation）和合同的签订。交易洽商又称为贸易谈判，即买卖双方就买卖商品的有关条件进行协商以期达成交易的过程。交易洽商是买卖合同订立的基础，决定了买卖合同的具体内容，在国际贸易中占有很重要的地位。

第一节　交易洽商前的准备工作

为了提高交易的成功率，在交易洽商开始前应做好以下几方面的准备工作。

一、配备交易洽商人员

为了保证交易洽商的顺利进行，首先要从选人开始，要选择精明能干的人员承担交易洽商工作。对于大宗交易或内容复杂的交易，更是要组织一个强干的谈判班子。有关人员应该精通外语、商务，熟悉法律、财务，懂技术、懂生产，还要掌握谈判技巧，善于互相配合、随机应变。

二、选择目标市场

世界市场范围之广，要求我们加强对国外市场的调查研究，通过各种途径广泛了解市场供求状况、价格动态，各国有关的贸易政策、法规、措施和习惯做法，以便从中选择适当的目标市场，并合理确定市场布局。

对国外市场进行调研的内容，主要包括以下几个方面：

（一）对国外市场进出口商品的调研

在各国市场上，同类商品之间的竞争十分激烈，而在这些同类商品中，总有一些品牌的商品市场占有率高，一些品牌的商品市场占有率低，这与商品的品质、性能、规格、外观设计、包装装潢等是否适应市场需要有着密切的关系。我们应摸清不同品牌的商品在市场的适销情况，特别要研究市场畅销品牌的特点，从中获得启发，从而积极主动地适应市场的需要，并挖掘市场需求，以扩大我们的出口。同时，还要了解国外产品的技术水平、工艺特点和使用效能，以便货比三家，进口我们最满意的商品。

（二）对市场供求关系的调研

市场受生产周期、产品销售周期、消费习惯、消费水平等诸多因素的影响，供求关系经常变化，国际商品市场也是如此。我们应掌握市场供求变化的规律，预测其变化趋势，并结合我国商品供应的可能和进口的实际需要，选择最适当的销售或采购时机。

（三）对国际商品市场价格的调研

在掌握了供求关系的基础上，还必须对同种商品在不同地区、不同时期的价格进行调研，这种调研不仅仅是要了解各地市场的价格情况，更要分析出影响价格变化的因素以及价格变化的规律和趋势，以便选择在最有利的市场和最佳时机推销商品或采购商品。

三、选择交易对象

确定了销售或采购市场后，应在此市场内选择具体的交易对象。选择交易对象，要对客户的资信情况展开全面调查，调查的具体内容主要包括：客户的政治经济背景及其对我们的态度；客户的经营范围、经营能力、经营作风和支付能力等。了解客户的途径很多，可以通过我国驻外机构；通过有关国家的银行、商会和咨询公司；通过举办交易会、展览会、技术交流会、学术研讨会主动接触客户并进行了解等。对客户有所了解后，要选择那些对我们友好、信用好、资力比较雄厚、具有一定经营能力且经营范围符合我们需要的客户作为交易对象。此外，在选择客户时，既要注意巩固与老客户的关系，又要积极物色新客户，以便在国际市场上形成一个广泛的、相对稳定的客户群。

四、制定进出口商品经营方案

为了在对外进行交易洽商时有所依据，应事先制定进出口商品经营方案。商品的种类不同，经营方案的内容也会有所不同。现将出口商品经营方案和进口商品经营方案的主要内容分述如下。

（一）出口商品经营方案的主要内容

（1）货源情况。包括国内生产能力、可供出口的数量以及出口商品的品质、规格和包装等情况。

（2）国外市场情况。主要指国外市场的需求情况和价格变动的趋势。

（3）出口经营情况。包括出口成本、创汇率、盈亏率的情况，并提出经营的具体意见和安排。

(4) 推销计划和措施。包括分国别和地区，按品种、数量或金额列明推销的计划进度，以及按推销计划采取的措施，如对客户的利用，贸易方式、收汇方式的运用，对佣金和折扣的掌握等。

经营方案中的商品，可以是一种商品，也可以是一类商品。凡是大宗商品或重点推销的商品，一般要逐个制定出口经营方案；而普通商品或经营额不大的商品，通常按类制定经营方案；对于一些小商品，则制定内容较为简单的价格方案即可。

此外，出口商品的商标要及早在国外办理商标注册，为创立知名品牌打下基础，否则市场打开后，被他人抢先注册或假冒，将使我方蒙受巨大的经济损失。

(二) 进口商品经营方案的主要内容

进口商品经营方案的主要内容大致包括：进口数量的掌握、采购市场的安排、交易对象的选择、价格的掌握、贸易方式的运用和交易条件的掌握等。

第二节　交易洽商的形式、内容和程序

一、交易洽商的形式

交易洽商的形式可分为口头和书面两种。

(一) 口头洽商

口头洽商主要指交易双方面对面的谈判。参加各种交易会、洽谈会，随贸易团组出访国外，以及邀请国外客户来访等，都有可能与国外客户进行口头洽商。此外，交易双方通过电话进行谈判，也属口头洽商。

口头洽商的特点是：

(1) 信息传递迅速。当一方就某项交易条件提出要求时，马上可以获得对方对此要求的反馈信息，洽商的效率比较高。特别适合谈判内容复杂、涉及问题多的交易。

(2) 有利于交流感情，以促进双方良好关系的发展，为建立长期的业务关系打下基础。

(3) 便于观察对方的态度，从而揣摩其意图和心理，做到见机行事，及时调整谈判策略和方法。

(4) 交易费用较高。如需支出参展费、差旅费等。

(5) 对谈判人员的素质要求较高。谈判人员除了要有丰富的业务知识外，还要思维敏捷，有较强的应变能力。

(二) 书面洽商

书面洽商是指通过信件、电报、电传、传真、EDI 等通信方式进行交易洽商。随

着现代通信技术的发展，书面洽商越来越简便、快捷，且费用比较低廉，因此，日常业务通常采用这种做法。

在贸易实践中，上述两种交易洽商的形式往往结合使用，以互相取长补短。

二、交易洽商的内容

交易洽商的内容，涉及拟签订的买卖合同中的各项条款，包括品名、品质、数量、包装、价格、运输、保险、支付以及商检、索赔、仲裁和不可抗力等。其中品名、品质、数量、包装、价格、装运和支付等交易条件，一般被认为是交易的主要条件，在每一笔交易中必须逐项谈妥。而其他交易条件，如商检、索赔、仲裁和不可抗力等，由于在每笔交易中相对比较固定，为了简化交易洽商的内容，缩短洽商时间，提高效率，往往将这部分内容单独印成书面文件或印在本公司合同的背面，作为“一般交易条件”，事先提供给可能与之交易的客户，只要对方没有异议并签字认可，这些条件也就成为今后双方进行交易的共同基础，而不必在每次交易中逐条协商。这种事先印制好的一般交易条件在法律上称为格式合同或格式条款。有时，买卖双方可以根据交易的需要，在合同中作出与一般交易条件不同的规定，对此，一般的法律原则是：事后协议可改变或否定事先协议；合同的书写条款可改变或否定印刷条款。我国合同法对此问题的规定是：格式条款与非格式条款不一致时，应当采用非格式条款。

一般交易条件的具体内容往往因进出口商品种类的不同而有所不同，但其主要内容仍具有一些共性，就我国出口企业拟订的一般交易条件而言，通常包括以下几个方面：①贸易纠纷的预防和处理（一般包括商检、索赔、不可抗力和仲裁的问题）；②关于主要交易条件的补充说明（如品质机动幅度条款、溢短装条款、关于分批装运和转船的规定、保险金额、保险险别、适用的保险条款、信用证开立的时间等）；③个别强调的主要交易条件（如凭不可撤销即期信用证支付的规定、对包装方法的规定等）。

三、交易洽商的程序

交易洽商的程序可概括为四个环节：询盘、发盘、还盘和接受。其中发盘和接受是达成一笔交易必不可少的两个基本环节。以下对这几个环节分别加以叙述。

（一）询盘

1. 询盘的含义

询盘（inquiry）又称询价，是指交易的一方向另一方询问有关商品的交易条件的行为。询问的内容，通常主要是价格，也可以是其他交易条件。发出询盘的，可以是买方，也可以是卖方。我们常把买方发出的询盘称为操盘（buying inquiry），把卖方发出的询盘称为索盘（selling inquiry）。

2. 询盘的形式

发出询盘，可以采用口头形式，也可以采用书面形式。书面形式一般包括书信、电报、电传、传真、电子邮件和询价单（inquiry sheet）等。若用书信询盘，除了说明要询问的内容外，还应使用一些礼貌性的客套语言以及对交易内容的宣传；而用电报、电传询盘，文字应简洁明了、开门见山。由于电报、电传传递速度快，在实际业务中采用较多。

以下是几个电报询盘的例子：

（1）PLEASE CABLE OFFER SOYBEAN OIL MOST FAVOURABLE PRICE（请报豆油最优惠价）

（2）INTERESTED 2000 MT EACH REDBEANS GREENBEANS IN BULK AND GUNNYBAGS STATING IN DETAIL DESCRIPTION ORIGIN（拟购红豆、绿豆各 20 公吨，请报散装及麻袋包装价，并请详细说明规格、产地）

（3）CAN SUPPLY CHINESE ROSIN WW GRADE SHIPMENT AUG/SEPT PLEASE CABLE IF INTERESTED（可供中国松香 WW 级，八九月份装船，如有兴趣请电告）

3. 询盘的性质

询盘属于试探性的业务联系，其对于询盘人和被询盘人来说，都无法律上的约束力。买方发出询盘后，没有必须购买的义务；卖方发出询盘后，也没有必须出售的责任。但按照商业习惯，被询盘的一方接到询盘后应尽快予以答复。

（二）发盘

1. 发盘的含义、形式和性质

发盘（offer）又称发价或报盘，是指交易的一方向另一方提出某项商品的交易条件，并表示愿意按这些条件达成交易，订立合同的行为。发盘可以在收到询盘后发出，也可以未经询盘直接发出。发盘可以是卖方的行为，称为售货发盘（selling offer）；也可以是买方的行为，称为购货发盘（buying offer）或递盘（bid）。在实际业务中，一般以卖方的发盘居多。

下面是两个电报发盘的例子：

（1）ORDER 50 M/T DRIED YEAST POWDER CONTENT ABOUT 30 PERCENT, PACKING 80 KG FIBRE PACKAGES AUG/SEPT SHIPMENT USD 500 PER M/T CIF GENOA PAYMENT IRREVOCABLE SIGHT L/C REPLY HERE 18TH MAY OUR TIME.（订购 50 公吨干酵母粉，含量约 30%，80 千克纤维包装，8 月或 9 月装船，每公吨 500 美元 CIF 热内亚，不可撤销即期信用证付款，5 月 18 日我方时间复到有效。）

（2）OFFER FROZEN SHRIMPS 50 M/T STG 1200 PER M/T CIF LONDON SHIPMENT DECEMBER PAYMENT IRREVOCABLE SIGHT L/C SUBJECT REPLY HERE 20TH.（兹发盘 50 公吨冻小虾，每公吨 1 200 英镑 CIF 伦敦 12 月交货，以不可撤销即期信用证支付，限 20 日复到。）

发盘既是商业行为，又是法律行为，在合同法中称为要约。发盘对发盘人具有法律上的约束力，在其有效期内，若受盘人表示完全同意发盘内容，发盘人必须按发盘条件与受盘人订立合同。

2. 发盘的构成条件

根据《联合国国际货物销售合同公约》（以下简称《公约》）第14条第（1）款的规定："向一个或一个以上特定的人提出订立合同的建议，如果十分确定并且表明发价人在得到接受时承受约束的意旨，即构成发价。一个建议如果写明货物并且明示或暗示地规定数量和价格，或规定如何确定数量和价格，即为十分确定。"以及该公约第15条第（1）款的规定："发价于送达被发价人时生效。"我们归结出构成一项在法律上有效的发盘必须具备以下四个条件：

（1）发盘要有特定的受盘人。发盘的对象可以是一个，也可以是数个，可以是自然人，也可以是法人，但必须特定化，不能是泛指广大的公众。即发盘要注明受盘人的公司、企业或个人的名称。此规定的目的是把发盘与广告、商品目录、价目单等相区别开来。后者是向广大的公众发出的，没有特定的对象，按照许多国家的法律，此类普通的商业广告不具有发盘的作用，没有法律约束力，只是一种发盘邀请（invitation to offer）。但有些国家如英美的判例则认为，商业广告原则上不是发盘，但如果广告的内容十分明确、肯定，在某些情况下也可视为发盘。对此，《公约》为了消除可能产生的争议，明确规定发盘必须指出特定的对象。《公约》第14条第（2）款规定："非向一个或一个以上特定的人提出的建议，仅应视为邀请做出发价，除非提出建议的人明确地表示相反的意向。"

（2）发盘内容必须十分确定。从《公约》第14条第（1）款的规定来看，一项发盘只要写明货物，规定数量和价格，即可被认为内容"十分确定"。但实践中所涉及的主要交易条件还有许多，如包装、交货和支付条件等。对于这些内容，可在合同成立后，按双方之间已确立的习惯做法、惯例或《公约》第三部分有关买卖双方义务的规定，予以补充。例如，包装可以按《公约》第35条第（2）款规定："货物按照同类货物通用的方式装箱或包装，如果没有此种通用方式，则按照足以保全和保护货物的方式装箱或包装。"交货可以按照《公约》第33条规定："在订立合同后一段合理时间内交货。"支付可以按《公约》第58条第（1）款规定："于卖方按照合同和本公约规定将货物或控制货物处置权的单据交给买方处置时支付价款。"甚至价格也可在合同成立后商订，据《公约》第55条规定："如果合同已有效地订立，但没有明示或暗示地规定价格或规定如何确定价格，在没有任何相反表示的情况下，双方当事人应视为已默示地引用订立合同时此种货物在有关贸易的类似情况下销售的通常价格。"

但是，在我国的外贸业务中，一般都要求在发盘中列明商品的名称与品质、数量、包装、价格、交货和支付等主要交易条件。这是为了防止误解和可能发生的争议，一旦对方接受，便可以制作详细的书面合同，而无需借助任何容易引起意见分歧的补救措施。

此外，发盘中的所有内容都不应含糊不清、模棱两可或似是而非的。比如发盘中注明："参考价××"（reference price...）或"数量大约××"（the amount is about...），均属意思不确定，不能构成法律上的有效发盘。

（3）发盘必须表明承受约束的意旨。即发盘必须表明在得到受盘人接受时，发盘人将按发盘中所列条件，承担与受盘人订立合同的责任。表明承受约束的意旨可以是明示的，也可以是暗示的。明示的表明，例如使用"发盘"、"发实盘"（firm offer）、"递盘"之类的词句，或明确规定有效期等；暗示的表明，是根据其他有关情况，如双方已确定的习惯做法、惯例和当事人随后的行为等来加以判定的。若发盘人在发盘中承受约束的意旨不明确，受盘人应尽快予以澄清，不宜自己猜测决定。

如果发盘带有任何保留条件和限制性条件，例如，规定"以货未售出为准"（subject to prior sale）、"以我方最后确认为准"（subject to our final confirmation）、"不受约束"（without engagement）等，这样的发盘即使使用了"实盘"之类的用语，也都不是真正的发盘，而只能算是发盘邀请。

（4）发盘必须送达受盘人。《公约》和各国的法律都规定，发盘于送达受盘人时生效。如果发盘在传递途中遗失，则该发盘不生效，对发盘人不再有约束力；如果受盘人在收到发盘之前，由其他途径获悉该发盘的内容，未收到发盘就主动表示接受，这样做合同是不成立的，而只能被看作是双方的交叉发盘（cross offer）。

3. 发盘的有效期

发盘的有效期（time of validity 或 duration of offer）是指发盘对发盘人约束的期限，也是受盘人接受发盘的期限。受盘人在有效期内接受发盘，发盘人就要承担按发盘条件与之订立合同的责任；而受盘人超过有效期作出的接受无效，发盘人不必承担按发盘条件与之订立合同的义务。因此，发盘的有效期是对双方的一种限制，也是对双方的一种保障。凡是发盘都有有效期，有的发盘对有效期作出明确规定，也有的不作明确规定。在实际业务中，明确规定有效期的方法有两种：

（1）规定最迟接受期限。如："发盘限18日复到此地"（offer subject reply here 18th）或"发盘有效至我方时间5月10日"（offer valid until may 10th our time）。

由于不同国家之间往往有时差，因此发盘中应明确以何方时间为准。实际业务中，发盘人大多规定以其所在地时间为准。

（2）规定一段接受时间。如："发盘3天有效"（offer valid 3 days）或"发盘10天内复"（offer reply in 10 days）。

采用这种方法规定有效期，须明确"一段时间"的起讫问题。对此，《公约》第20条规定："发价人在电报或信件内规定的接受期间，从电报交发时刻或信上载明的发信日期起算，如信上未载明发信日期，则从信封上所载日期起算。发价人以电话、电传或其他快速通信办法规定的接受期间，从发价送达被发价人时起算。”“在计算接受期间时，接受期间内的正式假日或非营业日应计算在内。但是，如果接受通知在接受期间的最后一天未能送到发价人地址，因为那天在发价人营业地是正式假日或非营业日，则接受期间应顺延至下一个营业日。”

发盘有效期的规定应考虑商品的特点、交易额、市场行情和通信方式等因素。例如，对于像谷物、油脂、棉花、有色金属等初级产品，由于价格波动大，成交金额大，规定的有效期要短，否则，一旦价格发生对发盘人不利的变化，就会给其造成很大损失；而对于一般的日用小商品，由于市价较稳定，交易额不大，规定的有效期可长些。如果是以电报、电传等方式联系，有效期可规定短一些；如果是采用航空信件方式联系，有效期则应稍长一些，至少应包括邮程时间。

有的发盘没有明确规定有效期，例如，只规定“请复”（please reply）、“电复”（cable reply）或“急复”（reply urgently），对此应理解为在合理时间内（within a reasonable time）有效。但对于“合理时间”的长短，各国的法律规定有较大差异。《公约》第18条第（2）款的相关规定是：“须适当地考虑到交易的情况，包括发价人所使用的通信方法的迅速程度。”可见，国际上对于合理时间的衡量并无确切的标准，若交易双方对此理解不一致，则易引起纠纷。因此，我们在对外发价时，一般采用明确规定有效期的方法，以避免造成麻烦和损失。若收到外方没有明确规定有效期的发盘，我方通常采取尽快答复的做法，以免超过对方理解的期限。

4. 发盘的撤回与撤销

发盘的撤回（withdrawal）是指一项发盘在尚未送达受盘人之前亦即尚未生效之前，由发盘人将其取消。发盘的撤销（revocation）是指一项发盘在已经送达受盘人之后亦即已经开始生效之后，由发盘人将其取消。

对于发盘的撤回，各国的法律都认为是可以的。《公约》第15条第（2）款也规定：“一项发价，即使是不可撤销的，得予撤回，如果撤回通知于发价送达被发价人之前或同时送达被发价人。”这一规定是基于发盘送达受盘人之前对于发盘人没有产生约束力，所以，发盘人可以更快的通信方式使撤回的通知赶在发盘到达受盘人之前送达受盘人，或起码与之同时送达，从而取消该发盘。当然，在实际业务中，发盘的撤回只有在使用信件或电报发盘时方可适用，因为从信件或电报发出到送达收件人有一段时间间隔。而如果使用电传或电子邮件等方式发盘，因为这些信息即时传达到对方，就不存在撤回发盘的可能性了。

对于发盘的撤销，各国的法律规定则存在较大差异。英美法系国家的法律认为，发盘在被接受前，发盘人一般可以随时撤销或变更其内容。但也有例外情况，如英国法律规定，经受盘人付出某种对价，要求发盘人在一定有效期内保证不撤销的发盘属于例外；美国《统一商法典》规定，凡是由商人以书面形式作出的发盘，在规定的有效期内不得撤销，未规定有效期的发盘在合理时间内不得撤销，但无论如何不超过

3个月。而大陆法系国家的法律则认为，发盘在有效期内不得撤销。例如，《德国民法典》规定，订有具体有效期的发盘，在有效期内不得撤销；未规定具体有效期的发盘，按通常情况在可望得到答复以前不得撤销。《法国民法典》对此虽未作具体规定，但其法院的判例认为，如果发盘中规定了接受期限，发盘人在该期限届满以前撤销发盘，须承担损害赔偿的责任；即使发盘中未规定接受期限，但根据具体情况或正常的交易习惯，该发盘被视为应在一定期限内等待对方接受的，若发盘人不适当地撤销该发盘，须承担损害赔偿的责任。

《公约》为了协调各国法律在此问题上的分歧，在第16条中作出了折衷的规定："在未订立合同之前，发价得予撤销，如果撤销通知于被发价人发出接受通知之前送达被发价人。""但在下列情况下，发价不得撤销：（a）发价写明接受发价的期限或以其他方式表示发价是不可撤销的；或（b）被发价人有理由信赖该项发价是不可撤销的，而且被发价人已本着对该项发价的信赖行事。"由《公约》的规定可见，发盘在大多数情况下是不可撤销的，因此我们在对外发盘时要采取谨慎的态度，严防差错，避免造成难以挽回的损失。

5．发盘的失效

发盘的失效（termination）又称发盘的终止，即发盘失去了法律效力，发盘人不再受发盘的约束，受盘人也失去了接受该发盘的权利。《公约》第17条规定："一项发价，即使是不可撤销的，于拒绝通知送达发价人时终止。"除此之外，下列情况也可造成发盘的失效：

（1）受盘人作出还盘；

（2）发盘人依法撤回或撤销发盘；

（3）发盘过了有效期；

（4）出现人力不可抗拒的意外事故或事件，如战争、政府禁令、当事人丧失行为能力或破产、死亡等。

（三）还盘

1．还盘的含义和形式

还盘（counter offer）又称还价，是指受盘人不同意或不完全同意发盘人在发盘中提出的条件，为了进一步协商，对发盘提出修改意见的行为。

还盘可以针对价格，也可以针对品质、数量、交货时间及地点、支付方式等交易条件。还盘可以用口头方式表达，也可以用书面方式表达，一般与发盘采用的方式相符。以下是两个电报还盘的例子：

（1）YOUR CABLE 15TH BICYCLE PRICE TOO HIGH PLS REDUCE BY 2PCT.（你方15日电悉，所报自行车价格太高，请减价2%。）

（2）YOUR CABLE 10TH COUNTER OFFER MAY SHIPMENT D/P 30 DAYS CABLE REPLY.（你方10日电悉，还盘装运期5月D/P远期30天，请电复。）

2. 还盘的性质

还盘是对发盘的拒绝，它使原发盘失去效力。同时，一项还盘又是受盘人向原发盘人提出的新的发盘。因此，还盘与发盘具有同样的法律效力，还盘人受其还盘内容的约束，如果原发盘人在还盘的有效期内对还盘内容表示全部接受，还盘人必须按其还盘条件与原发盘人订立合同。

对于还盘，原发盘人也可表示不同意见，因而进行再还盘。有时，一项交易须经多次互相还盘，才能最后达成协议。虽然，在实际业务中，还盘的情况经常出现，但从法律上来讲，还盘并非交易洽商的基本环节。有时，发盘后没有还盘，而是直接被受盘人表示接受。

（四）接受

1. 接受的含义、性质和形式

接受（acceptance）是指受盘人接到对方的发盘或还盘后，同意对方提出的条件，愿意与对方达成交易，并及时表示出来的行为。接受在法律上称为承诺，它与发盘一样，既是一种商业行为，又是一种法律行为。对发盘（或还盘）一旦表示接受，合同即告成立，此时，发盘（或还盘）中的交易条件不仅对发盘人（或还盘人）而且对接受人都构成了法律约束力。

关于接受的形式，根据《公约》第 18 条第（1）款规定："被发价人声明或做出其他行为表示同意一项发价，即是接受。缄默或不行动本身不等于接受。"而《中华人民共和国合同法》第 21 条规定："承诺是受要约人同意要约的意思表示。"可见，接受必须用声明或行为表示出来。

对于用行为表示接受，《公约》第 18 条第（3）款又规定："如果根据该项发价或依照当事人之间确立的习惯做法或惯例，被发价人可以做出某种行为，例如与发运货物或支付价款有关的行为，来表示同意，而无需向发价人发出通知，则接受于该项行为做出时生效，但该项行为必须在上一款所规定的期间内做出。"《中华人民共和国合同法》第 22 条则规定："承诺应当以通知的方式作出，但根据交易习惯或者要约表明可以通过行为作出承诺的除外。"由此可见，用行为表示接受是有前提条件的，即发盘中规定允许如此，或双方当事人之间已形成这样做的惯例。

此外，《公约》第 96 条规定："本国法律规定销售合同必须以书面订立或书面证明的缔约国，可以……声明……任何发价、接受或其他意旨表示得以书面以外任何形式做出的任何规定不适用，如果任何一方当事人的营业地是在该缔约国内。"也就是说，凡参加《公约》时声明合同必须以书面形式订立或书面证明的国家，不适用以行为表示接受的规定。因此，在实际业务中应了解对方国家的有关规定，慎用以行为表示接受的方法。我国在《公约》上签字时，虽也曾作过上述声明，但 1999 年 3 月 15 日通过的《中华人民共和国合同法》第 10 条规定："当事人订立合同，有书面形式、口头形式和其他形式。"这说明我国已承认了书面合同以外的其他形式的合同的合法性，再加之上述《中华人民共和国合同法》第22条的规定，因此以行为表示接受在我国是适用的。

用声明表示接受，包括口头和书面两种形式。一般来说，发盘人如果用口头形式发盘，受盘人即以口头形式表示接受；发盘人如果用书面形式发盘，受盘人也以书面形式表示接受。表示接受，有时是将全部条件复述一遍，也有时无需复述，只是简单地用“接受”（accept）、“同意”（agree）、“确认”（confirm）等表示。当双方还盘次数少、交易条件变化不多、情况简单时，在接受时可不必复述全部条件；如果还盘次数多、交易条件变化多、情况复杂时，则在接受时最好复述全部条件，以避免双方在条件解释上的不一致。

以下是两个用电报表示接受的例子：

（1）YOUR 10TH CABLE CONFIRMED（你方10日电我确认）

（2）YC20 WE ACCEPT GROUNDNUT KERNELS UNGRADED 50MT USD 150 PER M/T CIF VANCOUVER SHIPMENT DECEMBER PAYMENT IRREVOCABLE SIGHT L/C.（你20日电接受，不分级花生仁50公吨，每公吨150美元CIF温哥华，12月份交货，以不可撤销即期信用证付款。）

2. 接受的构成条件

根据《公约》的有关规定，一项有效的接受必须具备以下四个条件：

（1）接受必须由受盘人作出。由于发盘是向特定的人作出的，因此只有特定的受盘人表示接受，才具有法律效力。如果其他人通过某种途径得知发盘内容，并表示完全同意，是不能构成有效接受的。这种“接受”对发价人没有约束力，只能被看作是一项新的发盘，除非原发盘人予以确认，否则合同不成立。

（2）接受必须表示出来。接受必须用声明或行为表示出来，如果受盘人在思想上愿意接受对方的发盘，但保持缄默或没有任何行为表示，则不能构成接受。

（3）接受的内容必须与发盘相符。从原则上讲，接受的内容应该与发盘中提出的条件完全一致，才表明交易双方就有关的交易条件达成了一致意见，从而才能导致合同的成立。如果受盘人在答复对方发盘时，虽使用了“接受”之类的字眼，但同时又对发盘内容作出了某些更改，这就构成了有条件的接受（conditional acceptance）。根据《公约》第19条第（1）款规定：“对发价表示接受但载有添加、限制或其他更改的答复，即为拒绝该项发价，并构成还价。”由此可见，《公约》把“接受必须是无条件的”作为原则。

但是，考虑到贸易的实际情况，《公约》第19条第（2）、（3）款还规定：“对发价表示接受但载有添加或不同条件的答复，如所载的添加或不同条件在实质上并不变更该项发价的条件，除发价人在不过分延迟的期间内以口头或书面通知反对其间的差异外，仍构成接受。如果发价人不做出这种反对，合同的条件就以该项发价的条件以及接受通知所载的更改为准。”“有关货物价格、付款、质量和数量、交货时间和地点、一方当事人对另一方当事人的赔偿责任范围或解决争端等的添加或不同条件，均视为在实质上变更发价的条件。”

由上述规定可知，《公约》把对发盘条件的添加或变更分为实质性的和非实质性的两种。实质性的添加或变更是对发盘的拒绝，构成了还盘；非实质性的添加或变更能否构成有效的接受，要取决于发盘人是否反对。如果发盘人表示反对，接受无效，合同不成立；如果发盘人不表示反对，则接受有效，合同成立。

（4）接受必须在发盘有效期内送达发盘人。一项有效的接受是必须在有效期内送达受盘人，还是只要在有效期发出即可呢？对此，国际上不同法系的规定存在较大差异。英美法系的国家采用“投邮生效”的原则，即以信件或电报表示接受时，只要在有效期内将信件投入邮筒或将电报送至邮局，即为有效。按此规则，即使接受的函电在邮途中延误或遗失，也不影响合同的成立。也就是说，传递延误或遗失的风险由发盘人承担，除非发盘人在发盘中规定了接受答复到达的时限。而大陆法系的国家采用“到达生效”的原则，即以信件或电报表示接受时，信件或电报必须在有效期内送达发盘人方为有效。如果该信件或电报在传递中延误或遗失，则这种接受无效。也就是说，传递延误或遗失的风险由受盘人承担。

《公约》所采用的是“到达生效”的原则。《公约》第 18 条第（2）款规定：“接受发价于表示同意的通知送达发价人时生效。如果表示同意的通知在发价人所规定的时间内，如未规定时间，在一段合理的时间内，未曾送达发价人，接受就成为无效，但须适当地考虑到交易的情况，包括发价人所使用的通信方式的迅速程度。对口头发价必须立即接受，但情况有别者不在此限。”此处，“情况有别”的意思是指双方另有约定等。

3. 逾期接受和重新接受

逾期接受又称迟期接受，是指受盘人的接受通知超过发盘规定的有效期或发盘未明确规定有效期而超过合理时间才到达发盘人。

各国的法律都认为，逾期接受是无效的，只能看作是一项新的发盘。《公约》也认为逾期接受原则上是无效的，发盘人不受其约束。但也有例外情况，《公约》第 21 条规定：“逾期接受仍有接受的效力，如果发价人毫不迟延地用口头或书面将此种意见通知被发价人。”“如果载有逾期接受的信件或其他书面文件表明，它是在传递正常、能及时送达发价人的情况下发出的，则该项逾期接受具有接受的效力，除非发盘人毫不迟延地用口头或书面通知被发价人：他认为他的发价已经失效。”

由此可见，逾期接受是否有效，主动权掌握在发盘人手中。在第一种情况下，逾期接受的原因在于受盘人，若发盘人不表态，接受无效；而第二种情况，逾期接受的责任不在受盘人，若发盘人不表态，则接受有效。

重新接受是指受盘人对一项发盘首先作出了拒绝或还盘，然后又表示接受。如果受盘人采取更加快速的传递方式，使接受通知先于拒绝或还盘送达发盘人，则该项接受有效；如果接受通知与拒绝或还盘同时送达发盘人，或迟于拒绝或还盘送达发盘人，则此接受无效。因为拒绝或还盘一旦送达发盘人，发盘即告失效，受盘人已无接受的权利。

4. 接受的撤回

接受的撤回是指在接受生效之前将接受予以取消，以阻止其生效。《公约》第22条规定："接受得予撤回，如果撤回的通知于接受原应生效之前或同时送达发盘人。"这一规定是基于《公约》采用"到达生效"的原则，所以在接受生效之前，受盘人可以更快的传递方式将接受撤回。但是按英美法系的"投邮生效"原则，接受一经投邮立即生效，合同就此成立，因此不存在接受的撤回问题。

此外，由于接受一旦生效，合同即告成立，所以接受是不能撤销的。撤销一项已生效的接受，无异于撤销已成立的合同，属于毁约行为，是要承担法律责任的。

询盘、发盘、还盘和接受是交易洽商的一般程序，但并非每笔交易的达成都必须经过这四个环节，只有发盘和接受才是达成交易、合同成立所必不可缺的两个基本环节。

第三节 合同的成立和书面合同的签订

一、合同有效成立的条件

合同对当事人构成的约束力是建立在法律基础上的，因此，合同必须符合法律规范才能得到法律的承认和保护。对于合同有效成立应具备的条件，各国法律的要求不尽相同，综合来看，主要的要求有以下几项。

（一）当事人的意思表示要一致

这种意思表示一致是通过要约和承诺而达成的。即如上一节所述，一方向另一方提出要约（发盘），另一方对该项要约表示承诺（接受），双方的意思表示达成了一致，合同即告成立，对双方产生了法律约束力。如果只有要约，没有承诺，即使双方互相要约（cross offer），意思表示正好一致，也不能构成合同的成立。

（二）当事人必须在自愿和真实的基础上订立合同

签订合同必须是双方自愿的。《中华人民共和国合同法》第3条和第4条明确规定："合同当事人的法律地位平等，一方不得将自己的意志强加给另一方。""当事人依法享有自愿订立合同的权利，任何单位和个人不得非法干预。"对此，英美法系和大陆法系的国家都有类似规定。采取欺诈、胁迫的手段或者乘人之危，使对方在违背真实意思的情况下订立的合同，受损方有权请求法院或仲裁机构变更或撤销。

（三）当事人必须具有订立合同的行为能力

根据《中华人民共和国合同法》第9条规定："当事人订立合同，应当具有相应的民事权利能力和民事行为能力。当事人依法可以委托代理人订立合同。”各国法律对此也有类似规定。至于哪些人具有订立合同的民事权利和行为能力，哪些人没有订立合同的民事权利和行为能力，各国也都有具体规定。一般来说，作为自然人，未成年人和精神病患者没有订立合同的能力或者受到一定限制，这些人所签订的合同，根据不同情况，有的是无效的，有的是可以撤销的。还有些国家的法律规定，酗酒者在醉酒时签订的合同，可以要求撤销。

国际货物买卖合同一般是在法人之间签订的。法人是由自然人组织起来的，它必须通过自然人才能进行活动，因此，代表法人的自然人必须具备订立合同的行为能力。同时，法人本身也必须具备一定的行为能力。例如，有关业务应当属于其法定经营范围之内，负责交易洽商与签订合同者应当是法人的法定代表人或其授权人等。

（四）合同必须有对价和合法的约因

对价（consideration）是英美法系中有关合同成立所必须具备的一个要素，是指合同当事人之间所提供的相互给付（counterpart），即双方互为有偿。例如，在货物买卖合同中，买方付款是为了获得卖方的货物；而卖方交货是为了取得买方的货款。买方付款和卖方交货就是买卖双方的相互给付，就是买卖合同的对价。

约因（cause）是大陆法系中有关合同成立所必须具备的一个要素，是指当事人签订合同所追求的直接目的。例如，在货物买卖合同中，买方的约因是获得货物；卖方的约因是获得货款。

买卖合同只有在有对价或约因的情况下，才是有效的。否则，合同得不到法律的保障。

（五）合同的标的和内容必须合法

合同的标的是指双方交易行为的客体，即双方买卖的商品。买卖违禁品，如毒品、走私品等签订的合同是不合法的。同时，合同的内容也必须合法。《中华人民共和国合同法》第7条规定：“当事人订立、履行合同，应当遵守法律、行政法规，尊重社会公德，不得扰乱社会经济秩序，损害社会公共利益。”否则，合同无效。

（六）合同的形式必须符合法律规定的要求

《公约》第11条规定：“销售合同无需以书面订立或书面证明，在形式方面也不受任何其他条件的限制。销售合同可以用包括人证在内的任何方式证明。”即《公约》对国际货物买卖合同的形式，原则上不加以限制，无论采用书面形式、口头形式或是电子信息形式，只要能证明这种形式的存在，均不影响合同效力。这一规定既是参照西方国家的习惯做法，也是为了适应国际贸易发展的特点，因为越来越多的国际货物销售合同是以现代通信方式订立的，不一定存在书面合同。但《公约》允许缔约国对该条规定提出声明予以保留。

1986年我国在核准《公约》时，对这条规定提出保留，坚持必须采用书面方式作为合同生效的条件，书面方式包括电报、电传和传真。但《中华人民共和国合同法》第10条规定："当事人订立合同，有书面形式、口头形式和其他形式。法律、行政法规规定采用书面形式的，应当采用书面形式。当事人约定采用书面形式的，应当采用书面形式。"一般来说，我国外贸企业与国外客户订立买卖合同时，均采用书面形式。

二、书面合同的签订

（一）签订书面合同的意义

《公约》以及西方大多数国家的法律对买卖合同的形式，虽然原则上不加以限制，但在实际业务中，买卖双方的习惯做法，依然是在达成协议后，再签订一份书面合同，将各自的权利和义务用书面方式加以明确。这是因为书面合同具有如下重要意义：

1. 书面合同是合同成立的依据

尽管许多国家的合同法并不否认口头合同的效力，但仅是口头协议，"空口无凭"，一旦双方发生争议，提交仲裁或诉讼，而当事人又不能提供充足的证据，以证明合同关系的存在，因此很难得到法律的保护。对此，有的国家还在法律上作出明文规定，例如美国《统一商法典》规定，凡500美元以上的货物买卖合同必须有书面文件为证，否则不得由法律强制执行。可见，签订书面合同可以起到"立字为证"的作用。

2. 书面合同是履行合同的依据

国际货物买卖合同的履行环节复杂，涉及的部门多，若仅有口头协议，或凭分散于往来函电中的协议条款履行合同，将会给履行工作带来麻烦，使履行工作容易出错。因此，为了给履行合同提供方便，使履行合同准确及时地进行，无论通过什么方式达成的协议，最好把双方协商一致的条件用文字归纳记录，并由双方签字确认，作为履行合同的依据。

3. 书面合同有时是合同生效的条件

《公约》和大多数国家的合同法规定，只要接受生效，合同即告成立。但如果买卖双方在交易磋商时，一方曾声明以签订书面合同为准，在这种情况下，即使双方已对全部交易条件达成一致，在书面合同签订之前，合同也不能生效，因此书面合同就成为合同生效的条件。此外，有些货物买卖按规定须经一方或双方所在国家政府审核批准，这种情况也要求买卖双方必须按有关国家规定的格式签订书面合同。

（二）书面合同的形式

在国际贸易中，一般对书面合同的形式没有具体的限制，买卖双方既可以采用正式的合同、确认书、协议，也可以采用备忘录、订单等多种形式。

1. 合同

合同（contract）的特点在于：内容比较全面，对双方的权利、义务以及发生争议后如何处理，均有较详细的规定。大宗商品或成交金额较大的交易，多采用此种形式的合同。

我国在对外贸易中使用的合同，分为销售合同（sales contract）和购买合同（purchase contract），又称出口合同（export contract）和进口合同（import contract）。这两种合同的格式和主要内容基本一致，其中包括商品的名称、品质、数量、包装、价格、装运、保险、支付、商检、索赔、仲裁、不可抗力等条款。

合同有正本和副本之分。在我国的对外贸易业务中，通常由我方填制合同正本一式两份，经双方签字后，买卖双方各自保存一份。合同副本与正本同时制作，无需签字，亦无法律效力，仅供交易双方内部留作参考资料，其份数视双方需要而定。

2. 确认书

确认书（confirmation）属于一种简式合同，它所包括的条款比合同简单，一般只就主要的交易条件作出规定，对买卖双方的义务描述得不是很详细。这种形式的合同适用于金额不大、批数较多的商品，或者已订有代理、包销等长期协议的交易。

我国在外贸业务中使用的确认书，分为销售确认书（sales confirmation）和购买确认书（purchase confirmation）。这两种确认书的格式基本一致。当达成交易时，通常也由我方填制一式两份，经双方签字后，各自保存一份。它无正本与副本之分。

上述两种形式的合同，即正式的合同和确认书，虽然在格式、条款项目和内容繁简上有所不同，但在法律上具有同等效力，对买卖双方均有约束力。在我国对外贸易业务中，书面合同主要采用这两种形式。

3. 协议

在法律上，协议（agreement）与合同具有相同的含义。书面文件冠以“协议”或“协议书”的名称，只要其内容对买卖双方的权利和义务都作了明确、具体和肯定的规定，它就与合同一样对买卖双方有法律约束力。但是，如果交易洽商的内容比较复杂，双方商定了一部分条件，还有一部分条件有待进一步洽商，于是先签订一个“初步协议”（preliminary agreement）或“原则性协议”（agreement in general），在协议书中也作了“本协议属初步性质，正式合同有待进一步洽商后签订”（This agreement is of preliminary nature，a formal contract will be signed after further negotiation）之类的说明，这种协议就不具有合同的性质。

4. 备忘录

备忘录（memorandum）是在进行交易洽商时用来记录洽商的内容，以备今后核查的文件。如果当事人双方把洽商的交易条件完整、明确、具体地记入备忘录，并经双方签字，那么这种备忘录的性质和作用与合同无异。如果双方洽商后，只是对某些事项达成一致或一定程度的理解或谅解，并记入备忘录，作为双方的初步协议，以及今后进一步合作的参考依据，并常常冠以“理解备忘录”或“谅解备忘录”（memorandum of understanding）的名称，则这种备忘录不具有法律约束力，只是对双方具有一定的道义上的约束力。

5. 意向书

意向书（letter of intent）是在交易磋商尚未最后达成协议之前，买卖双方为了达成某项交易，将共同争取实现的目标、设想和意愿，有时还包括初步商定的部分交易条件，以书面形式记录，作为今后进一步谈判的参考和依据。这种书面文件即称为“意向书”。意向书只是双方当事人达成某项协议的意愿表示，不是法律文件，对当事人仅仅具有一定的道义上的约束力。

6. 订单

订单（order）是指进口商或实际买家拟制的货物订购单。在我国出口贸易实践中，交易达成后，有的客户往往发出订单，要求我方签署后退回一份。这种经洽商成交后发出的订单，实际上是国外客户的购买合同或购买确认书。对此，我方应仔细审阅其内容，看其中的条款与双方已商定的各项交易条件是否一致。如果内容一致或者虽有添加、更改之处，但情况并不严重且我方可以接受，则应按对方要求签署订单。如果发现添加、更改之处是我方所不能接受的，则必须及时向对方提出异议，以免对方误认为我方已默认其订单中所列条款，进而产生不必要的纠纷。此外，有些并未与我方进行过磋商的国外客户有时会径自寄来订单，对于这类订单，应根据其具体内容区分其为发盘还是发盘邀请，并及时予以答复。

（三）书面合同的内容

书面合同的内容一般由以下三部分组成：

1. 约首

约首即合同的序言部分，包括合同的名称、编号、订约双方当事人的名称（要求写明全称）和详细地址。此外，还常常写明双方订立合同的意愿和执行合同的保证。

2. 本文

本文是合同的主体部分，具体列明各项交易条款，如品名和品质条款、数量条款、包装条款、价格条款、交货条款、支付条款以及商检、索赔、仲裁和不可抗力条款等，用以明确双方当事人的权利和义务。有的合同把这些条款全部列在正面，也有的合同将大部分条款列在正面，而将商检、索赔、仲裁和不可抗力等条款印在背面，即所谓“一般交易条件”。

3. 约尾

约尾是合同的结尾部分，一般列明合同的份数、使用的文字及其效力、订约的时间和地点以及生效时间。有的合同将订约时间和地点写在约首部分。订约的地点往往要涉及合同准据法的问题，因此要慎重对待。我国的出口合同的订约地点一般都写在我国。

三、合同的修改和终止

合同一经成立，就具有法律约束力，当事人应当履行合同规定的义务，任何一方不得擅自变更或者解除合同。但在实际业务中，有时合同签订后，一方或双方当事人可能会发现需要对合同的某些内容加以修改或补充。在这种情况下，必须经过双方协商同意，才能对合同进行修改。《公约》第29条规定：“（1）合同只需双方当事人协议，就可更改或终止。”“（2）规定任何更改或根据协议终止必须以书面做出的书面合同，不得以任何其他方式更改或根据协议终止。但是，一方当事人的行为，如经另一方当事人寄以信赖，就不得坚持此项规定。”对此问题，《中华人民共和国合同法》第8条规定：“依法成立的合同，对当事人具有法律约束力。当事人应当按照约定履行自己的义务，不得擅自变更或者解除合同。”第77条规定：“当事人协商一致，可以变更合同。法律、行政法规规定变更合同应当办理批准、登记等手续的，依照其规定。”

【自测题】

一、单项选择题

1. 根据《联合国国际货物销售合同公约》（以下简称《公约》）规定，（　　）为一项发盘必须具备的基本要素。

A. 货名、品质、数量　　B. 货名、价格、数量

C. 货名、价格、支付方式　　D. 货名、价格、品质

2. 某公司星期一对外发盘，限该周星期五电复到有效，客户于星期二回电还盘并邀我方电复。此时，国际市场价格上涨，故我方未予答复。客户又于星期三来电表示接受我方星期一的发盘。在上述情况下，（　　）。

A. 接受有效

B. 接受无效

C. 如我方未提出异议，则合同成立

D. 属有条件的接受

3. “你方2月9日电悉，所提出的各项条件接受，另在外包装左侧刷唛头。”这则传真属于（　　）。

A. 发盘　　B. 还盘

C. 带有实质性条件的接受　　D. 带有非实质性条件的接受

4. （　　）的修改不属于实质性变更发盘的内容。

A. 解决争端的办法　　B. 数量、支付方式

C. 交货时间和地点　　D. 要求分两批装运

5. 根据《公约》规定，合同成立的时间是（　　）。

A. 接受生效的时间　　B. 交易双方签订书面合同的时间

C. 在合同获得国家批准时　　D. 当发价送达被发价人时

二、多项选择题

1. 交易磋商程序中必不可少的两个法律环节是（　　）。

A. 询盘　　B. 发盘　　C. 还盘　　D. 接受

2. 构成一项发盘应具备的条件是（　　）。

A. 向一个或一个以上特定的人发出

B. 发盘内容必须十分确定

C. 表明发盘人承受约束的意旨

D. 发盘必须规定有效期

3. 促使发盘终止的原因主要有（　　）。

A. 发盘的有效期届满

B. 发盘被发盘人依法撤销或撤回

C. 受盘人对发盘的拒绝或还盘

D. 发盘人发盘后发生了不可抗力事故或当事人丧失行为能力

4. 根据《公约》关于“逾期接受”的规定，下列说法正确的是（　　）。

A. 所有逾期接受都无效

B. 逾期是因为邮电部门延误造成，若发盘人没有及时表态，则接受无效

C. 逾期的原因不是邮电部门延误，若发盘人及时表示确认，则该接受仍有效

D. 决定逾期接受是否有效的主动权掌握在发盘人手里

5. 根据《公约》的规定，受盘人对（　　）等条件提出添加或更改，均作为实质性变更发盘的条件。同时规定，实质性变更发盘条件属于还盘性质。

A. 货物的价格和付款　　B. 货物的品质和数量

C. 交货时间与地点

D. 一方当事人对另一方当事人的赔偿责任范围或解决争端的办法

三、判断题

1. 一项发盘，即使是不可撤销的，也可以撤回，只要撤回的通知在发盘送达受盘人之前或同时送达受盘人。（　　）

2. 还盘一经作出，原发盘即告失效。（　　）

3. 凡通过中间商进口的商品，为了发挥“货比三家”的作用，在打算进口这种商品之前，最好同时多向几家中间商发盘，以资比较，并从中择优选定合适的成交对象。（　　）

4. 如发盘无规定有效期，则受盘人可在任何时间内表示接受。 （ ）

5. 根据《公约》的解释，接受必须用声明或行动表示出来，缄默或不行动本身不等于接受。 （ ）

6. 确认书与合同具有同等的法律效力，对买卖双方均有约束力。 （ ）

【思考题】

1. 交易洽商前应做好哪些准备工作？

2. 交易洽商的一般程序是什么？达成一项交易，哪些环节是必不可少的？为什么？

3. 什么是发盘？构成一项法律上有效的发盘必须具备哪些条件？

4. 什么是发盘的有效期？如何规定发盘的有效期？如何对待未具体规定有效期的发盘？

5. 对于发盘的撤回或撤销，《公约》有何规定？

6. 发盘在哪些情况下失效？

7. 什么是接受？构成一项法律上有效的接受必须具备哪些条件？

8. 什么是逾期接受？逾期接受是否有效？

9. 合同有效成立主要应具备哪些条件？

10. 对于合同的形式，我国有何特殊规定和要求？为什么？

【案例分析】

1. 进口商甲收到出口商乙就某商品的发盘，其中写明：“PACKING IN SOUND BAGS.”在发盘有效期内，甲复电称：“REFER TO YOUR TELEX FIRST ACCEPTED PACKING IN NEW BAGS.”乙收到复电后，即着手备货。数日后该商品的国际市场价格猛跌，甲又来电称：“我方对包装条件做了变更，你方未确认，合同并未成立。”而乙则坚持认为合同已经成立，双方发生争议。此案应如何处理？

2. 甲公司拟进口一批货，请乙公司发盘。5月1日乙公司发盘，对该货报价每箱2美元，限5月31日前答复。对此，甲公司作出还盘，提出货物价格每箱1.8美元，并要求乙公司5月20日前答复。至5月20日乙公司一直未回复。由于该货价格看涨，甲公司5月22日又去电，表示接受对方5月1日发盘。此接受是否有效？乙公司的发盘有效期未过，对乙公司是否还有约束力？

第九章　国际货物买卖合同的履行

【本章提要】

本章介绍了出口合同和进口合同的履行程序，着重阐述了履行出口合同的四大环节——证、货、船、款及相关注意事项。

履行合同是指合同当事人按照合同规定履行各自义务的行为。合同的订立只表明当事人双方的经济目的达到了一致，只有履行合同，才能使这种目的得以实现。

“重合同、守信用”是我国对外贸易乃至整个经济活动一贯遵循的原则，也是我们在签订和履行进出口货物买卖合同时必须遵守的原则。这一原则要求我们在进行交易洽商和签订合同时必须慎重，既要考虑经济效益、法律保障，又要考虑国家的方针、政策，同时，还不能忽视履行合同的主客观条件等。合同一经订立，就必须严格执行，绝不能因事先考虑欠周而以各种借口单方面任意修改合同条款，更不能随意毁约，这是基本的商业道德。能否严格遵守合同，不仅关系到买卖双方各自的权利和义务，也关系到一个企业和国家的声誉。实践证明，良好的信誉是企业的无形财富，企业要立足于竞争激烈的国际市场，必须树立良好的信誉，而“重合同、守信用”就是企业重视信誉的集中体现。

当然，货物买卖合同的有效履行取决于买卖双方，所以我方在按“重合同、守信用”的原则严格履行合同义务的同时，还要密切注意对方的履约情况，要求对方切实履行合同规定的义务，如发现对方有违约行为，应及时采取措施以保证我方的利益。

第一节　出口合同的履行

出口合同的履行涉及的工作环节较多，手续也较繁杂。为了保证出口合同的顺利履行，要加强对合同的科学管理，建立能反映合同执行情况的进程管理制度，并采取相应措施，做好以合同和信用证为中心的“四排”“三平衡”工作。

“四排”是指以合同为中心，对信用证和货源情况进行排队，并采取相应措施。对于“有证有货”的合同，应抓紧租船订舱，装运货物后及时制单结汇；对于“有证无货”的合同，应抓紧落实货源；对于“无证有货”的合同，应抓紧催促对方开出信用证，必要时可请驻国外机构人员代催；对于“无证无货”的合同，应一边催促对方开立信用证，一边抓紧落实货源。

“三平衡”是指以信用证为中心，根据信用证规定的货物装运期和信用证有效期，结合货源和运输情况，力求做到证、货、船三方面衔接和平衡，避免三缺一的互等现象出现。

在我国的出口业务中，除少数大宗交易采用FOB术语外，多数以CIF或CFR价格条件成交，以即期不可撤销信用证方式付款。近年来，CPT，CIP术语的使用正在逐步增加。履行这一类合同的工作主要包括备货、落实信用证、安排装运和制单结汇等环节，即以货、证、运、款四个环节的工作最为重要。这些环节之间是互相联系、互相依存的，必须严格按照合同规定和有关法律、惯例的要求，环环相扣地做好每个环节的工作，才能使合同顺利、圆满地得到履行。

一、备货

《联合国国际货物销售合同公约》（以下简称《公约》）第30条规定：“卖方必须按照合同和本公约的规定，交付货物，移交一切与货物有关的单据并转移货物所有权。”《中华人民共和国合同法》第135条和第136条也分别规定：“出卖人应当履行向买受人交付标的物或者交付提取标的物的单证，并转移标的物所有权的义务。”“出卖人应当按照约定或者交易习惯向买受人交付提取标的物单证以外的有关单证和资料。”由此可见，交付货物、移交一切与货物有关的单据和转移货物的所有权，是卖方的三项基本义务。其中，交付货物是卖方最基本的义务，而备货则是为交货准备物质基础，因此必须做好出口备货工作。

备货，就是指卖方根据出口合同的规定，按时、按质、按量地准备好应交的货物，并做好申请报验和领证工作。《公约》第35条第（1）款规定：“卖方交付的货物必须与合同所规定的数量、质量和规格相符，并须按照合同所规定的方式装箱或包装。”以此为出发点，在备货工作中，应注意以下问题。

（一）货物的品质必须符合合同的规定

货物品质符合合同规定的具体要求是：凡凭规格、等级等文字说明表示品质的合同，交货品质应与该文字说明完全相符；凡凭样品表示品质的合同，交货品质应与样品完全相符；若既凭文字说明，又凭样品或样式表示品质，则交货品质与两者均应相符。此外，卖方所交货物的品质既不能低于合同的规定，也不能高于合同的规定，否则都属违约行为。

（二）货物应适用其通常和特定使用目的

《公约》第35条第（2）款规定：“除双方当事人业已另有协议外，货物除非符合以下规定，否则即为与合同不符：（a）货物适用于同一规格货物通常使用的目的；（b）货物适用于订立合同时曾明示或默示地通知卖方的任何特定目的，除非情况表明买方并不依赖卖方的技能和判断力，或者这种依赖对他是不合理的。”《中华人民共和国合同法》第62条第（1）款也规定：“质量要求不明确的，按国家标准、行业标准执行；没有国家标准、行业标准的，按照通常标准或者符合合同目的的特定标准执行。”

在很多时候，买方购买货物不是为了自用，而是为了转销，在这种情况下，“货物应适用通常使用的目的或按照通常标准”之意是指其应具备“可销性”（saleable）或“可转销性”（resaleable）或“商销性”（merchantability）。即要求货物的内在质量良好，外观形态没有缺陷。但其衡量标准并不是凭某一特定买方的喜恶，如果货物的品质不为某买方所接受，而对其他人来说却是可以接受的，那么该货物就是适用通常使用目的或符合通常标准的。

至于货物的品质还须适应买方的特定使用目的，要卖方承担此项义务必须具备两个条件：①订立合同时，买方曾明示或默示地通知卖方其对货物的特定使用目的；②买方依赖卖方的技能或判断力，且这种依赖是合理的。因此，对于特定的使用目的，卖方一方面应提醒买方事先通知，另一方面，如果卖方不能保证所交货物能适用买方所通知的特定使用目的，就必须在订立合同时告知买方，最好在合同中明示排除此项特定用途，在这种情况下，若买方仍决定订购货物，则卖方就可以不承担有关责任了。

（三）货物的数量必须符合合同的规定

交货数量原则上应与合同规定完全一致。但在信用证支付方式下，按*UCP600*第30条b款的规定，“在信用证未以包装单位件数或货物自身件数的方式规定货物数量时，货物数量允许有5%的增减幅度，只要总支取金额不超过信用证金额”。如果交货数量用“约”表示，应按双方约定的惯例处理。而按*UCP600*第30条a款的解释，所交货物的数量允许有10%的增减幅度，但以不超过信用证允许的金额为限。

对于卖方交货数量超过或少于合同约定，《公约》第51条和第52条以及第45～50条也作了具体规定，简要概括之意为：如果卖方短交，虽然买方一般不能宣告合同无效，但有权要求卖方对未交部分继续履行交付义务，同时买方有权要求损害赔偿。而如果卖方短交构成了根本违约，或卖方完全不交货，则买方可宣告合同无效。如果卖方交货超过合同规定的数量，买方除非有使其得以拒收货物的其他理由，否则必须至少收取合同中所规定的数量；对于超交部分，买方可拒绝收取，也可收取一部分或全部，同时买方有权要求损害赔偿。由此可见，为了保证按合同规定的数量交货，卖方必须按合同做好备货工作。在备货的过程中，为了在规定的期限内及时补足储运中的自然或意外损耗，备货数量一般以略多于合同规定的数量为宜。此外，凡按重量计量而在合同或信用证中未规定按毛重还是净重计量者，按惯例应以净重计。

（四）货物的包装和唛头必须符合合同的规定

对货物的包装应进行认真的检查和核对，使之与合同或信用证规定相符，并能达到保护商品、适应运输的要求。如果合同采用“习惯包装”“适合海运包装”等笼统规定，应按买卖双方形成的习惯、海运的要求和共同的理解办理；如果合同对包装未作具体规定，则依据《公约》第35条第（2）款（d）的规定："按照同类货物通用的方式装箱或包装，如果没有此种通用方式，则按照足以保全和保护货物的方式装箱或包装"。对此问题，《中华人民共和国合同法》第156条也有类似规定。如果发现包装不良或破损，应及时进行修整或更换，以免在装运后无法取得清洁运输单据而造成收汇困难。唛头也应严格按合同或信用证规定刷制，如果合同及信用证对唛头未作要求，则由卖方自行选定刷制唛头，卖方自行选定的唛头内容必须规范，一般应包括收货人标志、目的港（地）、件号、合同号码等。还应注意进口国是否规定唛头必须使用特定文字，若有相关规定则应予以照办。唛头的刷制部位要得当，图案字迹要清晰且不易褪色。

（五）备货的时间安排应与合同规定的交货期限相符合

交货时间是国际货物买卖合同的主要交易条件，卖方不按期交货，买方不仅有权拒绝收货并提出索赔，甚至可以宣告合同无效。为了按照合同和信用证规定的时间交货，备货的时间安排应充分考虑生产、运输条件，并留有适当余地，以防止意外情况发生。

凡合同规定收到信用证后若干时间内交货的，为保证按时履约，防止被动，应督促对方按合同规定期限开来信用证。收到信用证后，必须抓紧时间审核，一般来说应在审核无误后，再安排生产、组织货源和办理装运，特别是对于规格、花色特殊，不易另行出售的商品，更应在审证无误后才能展开生产。

此外，在备货工作中，还应注意合同和信用证有关分期、分批装运的规定。*UCP 600* 第31条a款规定，分批支款及/或装运均被许可。第32条规定，如信用证规定在指定的时期内分期支款或装运，而任何一期未按期支款及/或装运，除非信用证另有规定，否则信用证对该期及以后各期均告失效。《公约》第73条则规定："（1）对于分批交付货物的合同，如果一方当事人不履行对任何一批货物的义务，便对该批货物构成根本违反合同，则另一方当事人可以宣告合同对该批货物无效。（2）如果一方当事人不履行对任何一批货物的义务，使另一方当事人有充分理由断定对今后各批货物将会发生根本违反合同，该另一方当事人可以在一段合理时间内宣告合同今后无效。（3）买方宣告合同对任何一批货物的交付为无效时，可以同时宣告合同对已交付的或今后交付的各批货物均为无效，如果各批货物是互相依存的，不能单独用于双方当事人在订立合同时所设想的目的。"另外，《中华人民共和国合同法》第165条、第166条也有类似规定。因此，卖方必须严格按照合同和信用证中有关分期分批的规定进行备货。

（六）货物必须是第三方不能提出任何权利或请求的

根据《公约》第41条、第42条以及《中华人民共和国合同法》第132条和第150条的规定，卖方首先应保证对所售货物享有合法的完全的所有权。他应有权出售该项货物，并保证买方能安稳地占有和支配该货物而不受任何第三方的侵扰。如果卖方出售的货物侵犯了他人的权利，而买方在不知情的情况下购买了该货，一旦这批货物的合法权利人向买方提出权利请求时，这个责任应由卖方承担，卖方必须采取适当措施，在买方认为合理的时间内，解除第三方的权利要求，以保证不影响买方对货物的占有和支配，并确保买方不因此而遭受损失。同时，准备交付的货物还必须是第三方不能根据工业产权或其他知识产权主张任何权利或要求的。但按《公约》的规定，此项权利或要求以卖方在订立合同时已经知道或不可能不知道的权利或要求为限。如果此项权利或要求的发生，是由于卖方按照买方所提供的技术图样、图案、程式或其规格要求生产供应的，则卖方可以不承担责任。在实际业务中，为了明确责任，当接受国外客户来样加工、来料加工、来件装配和进行补偿贸易时，凡涉及有关商标、专利等工业产权或其他知识产权时，最好通过协议避免卖方陷入侵犯他人有关权利的纠纷，即在合同中订明："按买方要求提供的产品涉及任何违反工业产权与其他知识产权的问题，与卖方无关，概由买方负责。"

以上是卖方在备货工作中必须重视的合同的明示和默示义务。此外，在货物备齐后，卖方还有为货物办理检验手续的义务。凡属法定检验的出口商品，必须在规定的地点和期限内，持出口合同、信用证副本、发票、装箱单等单证向出入境检验检疫机构报验。只有取得出入境检验检疫机构签发的检验检疫证书，海关才予放行，而经检验检疫不合格的商品，一律不准出口。对于不属法定检验范围的出口商品，但出口合同约定由出入境检验检疫机构检验的，也需按合同的规定，持出口合同等有关单证向检验检疫机构报验，在取得检验合格并能证明货物符合合同的证书后，凭此作为交接货物、向买方收取货款的依据之一。对于既不属法定检验范围、合同也未规定由出入境检验检疫机构出证的商品，则视具体情况的不同，或委托有关检验机构检验，或由生产部门、供货部门进行检验，或由外贸企业自检，合格后装运出口。需要注意的是，经检验检疫机构检验合格的出口商品，出口商应在检验证书规定的有效期内将货物发运。若超过有效期，应向出证机构申请展期，并由检验检疫机构复验合格后才能出口。

二、落实信用证

在履行以信用证方式付款的出口合同时，对信用证的管理和使用直接关系到卖方的收汇安全。落实信用证通常包括催证、审证和改证三项工作。

（一）催证

催证即催促买方迅速办理开立信用证。按合同规定及时开立信用证是买方应尽的义务，但在实际业务中，有时国外进口商遇市场发生变化或资金短缺的情况，往往会拖延开证。因此，在合同规定的开证期将到或已到时，就应催促买方开证；若合同未规定开证期，则应在装运期前的合理时间内催证。特别是对大宗商品交易或按买方要求特制的商品交易，更应结合备货情况及时进行催证。催证的方法，一般是直接与国外客户进行联系，必要时也可商请银行或我国驻外机构或代理商给予协助和配合代为催证。如果经再三催促仍不来证，说明对方可能有毁约意图，我方应及时研究对策。

（二）审证

审证是在信用证开来后，根据买卖双方已签订的合同和有关国际惯例，特别是*UCP600*的规定对信用证内容逐项进行审核。信用证是根据合同开立的，其内容理应与合同条款一致。但在实际业务中，由于种种原因，如工作的疏忽或差错，贸易习惯的不同，市场行情的变化，或者买方有意利用开证加列对其有利的条款等，往往会出现开来的信用证条款与合同条款不符的情况。因此，审证是保证履行合同和安全收汇的重要前提。

审证是银行和出口企业的共同责任，但审核内容各有侧重。银行负责审核信用证的真伪，开证行的资信能力、付款责任以及索汇路线等；出口企业则主要审核信用证内容与合同条款是否一致，是否能够接受。审证的要点一般包括以下几个方面：

1. 对开证银行的审查

要审查开证银行的资信情况和经营作风。对资信较差的银行，应酌情采取适当措施。例如，要求可靠银行加以保兑；要求加列电报索偿条款，以加快收汇，减少风险；要求分批装运、分批结汇等。由于对国外开证行的资信审查，在我国主要由银行负责，因此，出口企业应加强与银行的联系，密切配合，防止不必要的经济损失。

2. 是否符合我国有关政策

例如，凡国家规定不得与之进行经济往来的国家或地区的银行开来的信用证，不能接受；来证各项内容必须符合我国方针政策，不得有歧视性内容等。

3. 对信用证性质和开证行付款责任的审查

信用证必须是不可撤销的，对列有“可撤销”字样的信用证绝不能接受，同时，信用证内应载有开证行保证付款的字句以及表明适用*UCP600*的条款或文句。但若来证是通过SWIFT系统开立或通知的，则可省去银行的承诺条款和适用*UCP600*的文句，因为这种信用证必须遵守SWIFT使用手册和*UCP600*的规定。

值得注意的是，有的来证虽然注明“不可撤销”字样，却增加了一些限制性或保留性条款，如“待获得有关当局签发的进口许可证后方能生效”“信用证项下的款项要在货物清关后才支付”“货物样品径寄开证申请人认可，认可电传作为单据之一”等，这些条款改变了信用证的性质和开证行的付款责任，受益人即使完全做到单证一致，也难以得到付款的保障，对此必须考虑清楚，一般应要求对方修改。此外，一些开证行发出的“简电通知”，即预先告知受益人信用证已开立或即将开立，但电文内容不完整，或附有“另函详”“详情后告”等类似文句，则其不是有效文件，出口企业只能按其进行发货的准备工作，而不能凭以发货并向银行办理交单议付或承兑、付款的手续。只有在收到内容完整的有效信用证并审核无误后，才能发货，否则容易陷入被动局面。对此，*UCP600*第11条作出了明确的规定。

4. 对信用证金额与货币的审查

信用证的金额和货币名称应与合同一致。金额中的单价和总值要填写正确，大、小写并用。若合同中订有溢短装条款，信用证的金额也应订有相应的增减幅度，否则，装货时不能使用溢装权利。因为信用证金额是开证行承担付款责任的最高金额，发票和/或汇票金额不能超过信用证金额，否则将被全部拒付。对此，*UCP 600* 第 30 条作出了详细规定。

5. 对信用证有关货物情况的审查

信用证中有关商品的品名、规格、数量、包装等项内容应与合同规定相符。特别要注意有无增加的特殊条款，若有，则考虑清楚能否接受、是否修改。

6. 对信用证的有效性、有效期、到期地点和装运期的审查

UCP600 第 6 条 a 款规定，信用证必须规定可以有效使用信用证的银行，或者信用证是否对任何银行均为有效。对被指定银行有效的信用证同样也对开证行有效。*UCP600* 第 6 条 b 款规定，信用证必须规定它是否适用于即期付款、延期付款、承兑抑或议付。*UCP600* 第 6 条 c 款规定，不得开立包含以申请人为汇票付款人条款的信用证。*UCP600* 第 6 条 d 款规定，信用证必须规定提示单据的有效期限。规定的用于兑付或者议付的有效期限将被认为是提示单据的有效期限。可以有效使用信用证的银行所在的地点是提示单据的地点。对任何银行均为有效的信用证项下单据提示的地点是任何银行所在的地点。不同于开证行地点的提示单据的地点是开证行地点之外提交单据的地点。

对信用证的有效性、有效期、到期地点的审查应参照上述规定作为依据。尤其值得注意的是，未注明有效期的信用证是无效的。信用证的有效期还涉及到期地点的问题，一般来说，出口企业应要求规定在受益人所在地到期。如果信用证将到期地点规定在国外，由于寄单有延误风险，一般不宜轻易接受。

装运期应与合同规定一致，如果对方来证延迟，无法按期装运，应及时要求对方延展装运期。一般情况下，装运期与信用证的有效期应有一定的间隔，以便交付货物后能有足够的时间办理制单、交单、议付等工作。在我国的出口业务中，通常要求将信用证的到期日规定在装运期后 15 天。若信用证未规定装运期，或最迟装运期与交单到期日为同一天，这样的“双到期”信用证应在信用证到期日前几天装运或将货物交给承运人，以便留出足够时间制备单据向银行办理议付、承兑或支款手续。

7. 对信用证的运输条款和保险条款的审查

信用证运输条款中的起运地和目的地，应与合同相符，交货地点应与价格条款中的规定一致。若来证指定运输路线、船公司或船籍、船龄、船级等，应尽快与承运人联系，落实情况后，再决定能否接受。此外，对信用证中有关分批装运和转船的规定，也要结合实际情况，审核清楚。

信用证保险条款的规定也应与合同相符，投保险别和投保金额都不得超出合同规

定，除非信用证上表明由此产生的超保费由买方负担并允许在信用证项下支取。当然，如果超出的费用不多，为避免改证耽误时间，影响及时装运和收汇，也可酌情接受。另外，有的信用证要求提供投保声明的回执（acknowledgement of insurance declaration），这是国外保险公司对我方保险通知的确认书。所谓保险通知书是指在买方自办保险的交易中，出口商代进口商发给保险公司办理保险的通知书。出口商在保险通知书发出后，往往需经过一段时间才能收到从国外保险公司寄回的确认书，在时间上较难掌握，这对出口商极为不利。所以，对这种条款一般不宜接受，应要求改为提交受益人的保险通知书副本。

8．对单据的审查

对来证中要求提供的单据种类和份数以及填制方法等，要进行仔细审核，如发现有特殊的规定，例如要求商业发票或产地证明须由国外第三者签证，或者提单上的目的港后面加上指定码头等，都应慎重对待。

9．对信用证当事人的审核

要审核当事人的名称和地址是否正确，避免出现错误，导致制单和寄单发生困难，影响收汇。

10．对收到信用证途径的审查

一般情况下，信用证是通过出口商所在地的银行，即通知行转递或通知的。按惯例，通知行负有证明信用证的表面真实性，包括证实开证行签字、密押的责任。*UCP600* 第 9 条 b 款明确规定：通过通知信用证或修改，通知行即表明其认为信用证或修改的表面真实性得到满足，且通知准确地反映了所收到的信用证或修改的条款及条件。*UCP600* 第 9 条 c 款又规定：通知行可以利用另一家银行的服务（“第二通知行”）向受益人通知信用证及其修改；通过通知信用证或修改，第二通知行即表明其认为所收到的通知的表面真实性得到满足，且通知准确地反映了所收到的信用证或修改的条款及条件。此外，还有 *UCP600* 第 9 条 f 款规定：如果一家银行被要求通知信用证或修改，但不能确定信用证、修改或通知的表面真实性，就必须不延误地告知向其发出该指示的银行；如果通知行或第二通知行仍决定通知信用证或修改，则必须告知受益人或第二通知行其未能核实信用证、修改或通知的表面真实性。可见，凡是通过通知行转递或通知的信用证，只要通知行未作对其真实性无法鉴别的声明，就不必担心其表面的真实性。但在实际业务中，有时存在信用证由开证行径寄受益人，或由开证申请人转寄或当面交给受益人的情况，这就必须将信用证送银行审查，经证实认可后方能使用。

以上只是审查信用证的要点，在实际业务中，对信用证的每项条款，都应参照合同以及 *UCP600* 的规定，逐条详细审核。凡是合同未作规定而在信用证提出的要求，受益人都应慎重考虑，能照办的，则可接受；办理有一定困难的，应与有关部门联系研究后再决定是否接受；对于无法照办的内容，则应立即向国外客户提出修改要求。

（三）改证

改证是对已开立的信用证进行修改的行为。由于修改信用证内容会引起有关当事人权利和义务的改变，所以，不可撤销信用证在其有效期内的任何修改，都必须取得各有关当事人的同意，否则无效。改证既可由开证申请人提出，也可由受益人提出。若由开证申请人提出修改，在经开证行同意后，由开证行发出修改通知书，通过原通知行转告受益人，经各方接受修改书后，修改方为有效。若由受益人提出修改，应首先征得开证申请人的同意，再由开证申请人向开证行提出申请，开证行同意后，由开证行电告通知行，通知行负责将修改内容转告受益人。

从卖方的角度出发，同时根据 *UCP600* 的有关规定，改证应注意以下问题：

（1）区别问题的性质。对可改可不改的内容，酌情处理；对非改不可的内容则坚决要改，并坚持在收到银行修改信用证的通知书且审核认可后才发货，而不可仅凭国外客户“已经照改”的通知就装运货物，以免造成我方工作上的被动和损失。同时，为防止作伪，信用证的修改通知书应通过原证的通知行转递或通知，对于由开证申请人或开证行径自寄来的修改通知书，应提请原证通知行证实。

（2）在同一信用证上，若有多处需要修改，应做到一次性向国外客户提出，尽量避免由于我方考虑不周而多次提出修改要求。否则，不仅增加双方的手续和费用，还可能造成不良影响。

（3）受益人提出修改信用证，应用电传或电报通知开证申请人，同时应规定一个修改书到达的时限。

（4）不可撤销信用证的修改必须被各有关当事人全部同意后，方能有效。

（5）自发出修改书之日起，开证行即受所修改的内容的约束并不可撤销。保兑行则可对此修改书加以保兑，且同样从通知修改之日起受修改内容的约束并不可撤销，也可仅将修改书通知受益人而不加以保兑，但必须毫不延迟地如实告知开证行和受益人其对修改部分不予保兑。

（6）直至受益人将接受修改的意见告知通知该修改的银行止，原信用证的条款（包括先前已接受的修改）对受益人依然有效。受益人应作出接受或拒绝该修改的通知。如未作此类通知，受益人向指定银行或开证行提交的单据符合信用证和尚未被接受的修改，则视为受益人接受该修改的通知，并于该时起信用证已被修改。

（7）对同一修改书的内容要么全部接受，要么全部拒绝，只接受一部分而拒绝另一部分是无效的。

（8）已接受的信用证修改书，应立即将其与原证保管在一起，并注明修改次数，以防止使用时与原证脱节，造成信用证条款不全。

三、安排装运

在备妥货物和落实信用证后，出口企业应及时按合同和信用证的规定安排装运。

安排装运涉及的工作环节较多，其中以托运、投保、报关、装运和发装运通知等工作尤为重要。

（一）托运

托运是指出口企业委托外运公司向承运单位或其代理办理货物的运输业务。如果出口货物数量较大，需要整船装运的，则要对外办理租船手续；出口数量不大，不需整船装运的，则洽订班轮舱位或租订非班轮的部分舱位。其基本程序如下：

（1）填写出口货物托运单。即托运人根据合同和信用证的规定，结合船期表，填写出口托运单（booking note，B/N），列明出口货物的名称、件数、包装、唛头、毛重、尺码、目的港、最后装运日期等内容，作为订舱依据。承运人根据托运单内容，结合船舶的航线、挂靠港、船期和舱位等条件考虑，认为合适的，即可接受托运，并在托运单上签章，留存一份，退回托运人一份，至此，订舱手续完成。

（2）装货单的签发。承运人或其代理人安排船只和舱位后，向托运人签发装货单（shipping order，S/O）。装货单又名关单，俗称“下货纸”。其作用有三：一是通知托运人船名、航次和装货日期，让其备货装船；二是海关对出口货物进行监管的单证，托运人凭此单连同出口货物报关单及其他单证，向海关办理出口货物报关手续，海关查验无误后，即在装货单上加盖海关放行章；三是通知装运船舶接货装船的命令。在法律上，装货单的签发是承运人或其代理人接受订舱要求的意思表示，其意味着运输合同已经成立。

（二）投保

凡以 CIF 价格条件出口的货物，卖方在装船前，须按合同或信用证规定向保险公司办理投保手续，填制投保单，将货物名称、运输路线、运输工具、开航日期、投保金额、投保险别等一一列明，保险公司接受投保后，即签发保险单或保险凭证。

（三）报关

出口货物在装运前，必须办理报关手续。出口报关是指出口人向海关如实申报出口，交验有关单据和证件，接受海关对货物的查验。在缴清货物的税款或提供担保后，经海关签章放行称为清关或通关，其通常需经过申报、查验、纳税、放行四个环节。

1. 申报

按《中华人民共和国海关法》规定，除另有规定外，报关手续由海关准予注册的报关企业或有权经营进出口业务的企业负责办理。办理报关的人员应当经海关考核认可。一般而言，出口货物应由发货人在货物的出境地海关办理报关手续。除海关特准者外，应当在装货的 24 小时前向海关申报。办理出口报关手续时，发货人或其代理人通常应向海关缴验报关单、发票、装货单、装箱单或重量单，有时还需提供出口许可证、法定商品检验证书、合同、产地证等海关认为必要时应缴验的其他有关单据。

2. 查验

海关根据国家有关政策规定，除对上述单据进行审核外，还要对出口货物进行查验，以确定实际货物的名称、品质规格、数量、包装、生产或贸易国别等事项与报关单据所列是否一致，以防止非法出口、走私以及偷漏税等行为。查验货物须在海关规定的时间和场所进行。其场所一般为海关监督的码头、车站、机场、邮局等地的仓库或货场，或者是装卸现场。在特定情况下，可向海关申请派员至发货人仓库查验。海关查验货物时，报关单位应派员到现场提供协助，并应海关要求，随时提供有关单证、文件和必要的资料。

3. 纳税

准许出口、按规定应当缴纳出口税的货物，还须根据《中华人民共和国关税条例》和《中华人民共和国海关进出口税则》另行办理纳税手续。在缴清税款或提供担保后，海关才可签章放行。

4. 放行

出口货物在申报人按照海关规定办妥申报手续，经海关审核单证、查验货物，办理纳税手续后，海关会派专人审核货物的全部报关单证以及查验货物的记录，并签署认可，然后在装货单或运单上盖放行章，交货主签收，随即解除对货物的监管，准予出境。

（四）装运

在承运船舶抵港前，出口企业或其代理应根据港区所作的货物进栈计划，将经过出口清关的货物存放在港区指定仓库或货场。待船舶抵港后，由港区向托运人签收出口货物港杂费申请书后办理提货、装船。货物装船后，由船长或大副根据装货实际情况签发收货单，即“大副收据”（mate’s receipt），作为表明货物已装船的临时收据。托运人凭收货单向外运公司交付运费，并换取正式提单。

（五）发装运通知

货物装船后，出口企业还应及时向进口方发出“装运通知”（shipping advice），以便对方做好接货准备。特别是采用 CFR 术语时，因为由买方自办保险，及时发出装运通知是尤为重要的工作。

四、制单结汇

出口货物装运后，出口公司应立即按信用证规定，备齐各种单据，并在信用证规定的有效期和交单期内，将各种单据和必要的凭证送交指定银行进行结汇。

（一）目前我国出口结汇的三种做法

1. 买单结汇

买单结汇又称“出口押汇”，是国际上银行界通常采用的议付做法，即议付行在审单无误的情况下，按信用证条款买入受益人的汇票和单据，从票面金额中扣除从议付日到估计收到票款之日的利息，将净额按议付日外汇牌价折成人民币，收入受益人账户。议付行向受益人垫付资金买入跟单汇票后，即成为汇票持有人，可凭汇票向付款行索取票款。如汇票遭拒付，议付行有权处理单据或向受益人索回票款。买单结汇的做法是出口地银行对外贸公司的资金融通，有利于外贸公司的资金周转。

2. 收妥结汇

收妥结汇又称“先收后结”，是指议付行收到外贸公司的出口单据，经审核无误后，将单据寄交国外付款行索取货款，待收到付款行将货款转入议付行账户的贷记通知书（credit note）时，即按当日外汇牌价，折成人民币收入受益人账户。

3. 定期结汇

定期结汇是指议付行根据向国外付款行索汇所需时间，预先确定一个固定的结汇期限，到期后主动将票款金额折成人民币，收入受益人账户。

（二）对出口单据的基本要求

国际货物买卖大部分都是采用凭单交货、凭单付款方式。因此，在出口业务中做好单据工作，对安全及时收汇，有着特别重要的意义。在信用证业务中，由于银行只凭信用证，不管买卖合同，只凭单据，不管货物，单据审核标准是确定表面上是否构成相符交单。

对于出口单据，必须符合“正确、完整、及时、简明、整洁”的要求。

正确是出口单据的前提与核心，在信用证支付方式下，开证行只有在审单无误的情况下，才承担付款责任。因此，出口企业必须严格做到“单证相符”和“单单相符”，即单据与信用证一致，单据与单据之间一致。此外，还应注意单据与货物一致。

单据的完整包括两方面的内容：一是必须按照信用证的规定提供各种单据，不能短少；二是每一种单据的份数和单据本身的内容必须完备。

及时是指应在信用证的有效期和交单期内，将单据送交议付行办理结汇手续。此外，在货物出运前，最好先将有关单据送交银行预审，以便早日发现问题，及时予以修正，避免在货物出口后，因单据不符而被拒付。

简明是指单据的内容应按信用证规定和国际惯例填写，切勿加列不必要的内容。例如，*UCP600* 规定，除商业发票外，在其他所有单据中，对货物的描述可使用与信用证中对货物的描述无矛盾的统称。

整洁是指单据的布局要美观大方，其格式设计应标准化，缮制的字迹要清楚，对更改的地方要加盖校对图章。有些单据，如提单、汇票等的金额、数量、重量、件数等内容，一般不宜更改。

在实际业务中，出口企业向银行办理议付结汇手续时，若因单据不符而遭拒付，制单人员应在信用证规定的交单议付期内，尽快更正单据。如果单据已无法更正，可考虑采用“凭保议付”“跟证托收”的办法加以处理。

凭保议付是指在征得信用证的开证申请人同意的前提下，由受益人对单据中的“不符点”出具保函，请求议付行给予融通议付，并保证自己承担可能遭到开证行拒付的责任和损失，同时电请开证申请人迅即授权开证行付款。如果单证不符情况较为复杂，可请议付行电告开证行单据中的不符点，征得开证行同意后议付，然后对外寄单。这种做法在我国银行业务中被称为“电提”。

如果单据不符情况严重，“凭保议付”无法采用时，只有改用托收方式，委托银行代收货款，这叫作跟证托收。在这种情况下，开证行已不再承担保证付款的责任。

无论是凭保议付，还是跟证托收，实际上都已经失去了信用证的银行保证付款的作用，出口收汇已从银行信用转变为商业信用，风险增大，是不得已而为之的办法，应尽量避免这种情况的出现。

（三）几种主要的出口单据

出口单据的种类很多，要制备哪些单据，应严格依据信用证的规定。以下是几种主要的出口单据。

1．汇票（draft 或 bill of exchange）

汇票的作用和内容，前面有关章节已作了介绍，此处仅介绍缮制汇票时应注意的几个问题：

（1）付款人。采用信用证方式支付时，汇票的付款人应按信用证规定填写，若来证未规定付款人名称，可理解为付款人是开证行。若采用托收方式支付，付款人应填写为国外进口商。

（2）受款人。除信用证另作规定外，汇票的受款人一般填写议付行名称，或“凭议付行指定”。而托收项下的受款人，一般应填写托收行名称。

（3）开具汇票的依据。在信用证支付方式下，应按来证规定填写，若信用证未作具体规定，可在汇票上注明开证行名称、地点、信用证号码及开证日期。在托收支付方式下，汇票上可注明有关合同号码。

（4）汇票的份数。汇票一般开具一式两份，两份具有同等效力，其中一份付讫，另一份自动失效。

2．发票（invoice）

发票的种类很多，以下是几种常见的发票：

（1）商业发票（commercial invoice）。

通常意义上的发票即是指商业发票，它是卖方开立的凭以向买方收款的详细的发货价目清单，也是卖方对一笔交易的全面说明。其主要作用是供买方凭以收货、支付货款和作为进出口双方记账、报关、纳税的依据。商业发票是各种单据的核心，其他单据都是以其为根据来缮制的。在制单时，一般先缮制商业发票，然后再缮制其他单据，以便向商业发票看齐。

商业发票没有统一格式，但其内容大致相同。主要包括：签发人名称和地址、发票字样、发票抬头、发票号码、开票日期、合同号码、信用证号码、货物运输起讫地点、唛头、货物名称、规格、数量、包装方式、单价、总值、贸易术语、其他说明、签发人的签字或盖章等。

在缮制商业发票时要注意，各项内容都必须与信用证要求完全相符，不能有任何遗漏或改动。对于来证未详细规定之处，可按合同规定加注一些说明，但不能与信用证的内容有任何抵触。此外，商业发票的总值不能超过信用证规定的最高金额，按照银行惯例，开证行可拒绝接受超过信用证金额的商业发票。如果来证规定有额外费用，如选港费（optional charges）、港口拥挤费（port congestion charges）、超额保费（additional premium）等由买方负担的，并允许凭本信用证支取，制作发票时应将其列明并加在总金额内，一并向开证行收款。但若信用证未作上述说明，即使合同中有此约定，也不能凭信用证支取，而只能在商业发票上注明，额外费用采用托收方式收取。

另外，商业发票的末端有时印有“E. & O. E.”字样，它是“errors & omission excepted”的省略，即“有错当查”或“错误遗漏不在此限”的意思。然而，有些国家的进口商按照该国的法令规定或商业习惯，要求在商业发票上加注“证实所列内容真实无误”（即所谓“证实发票”，certified invoice），或在发票上加注有关出口商国籍、原产地等证明文句，只要不是出于对我方的歧视，一般可予照办。出具“证实发票”应将发票下端的“E. & O. E.”字样删去。

（2）海关发票（customs invoice）。

有些国家如美国、加拿大、新西兰等的海关制定了一种固定的发票格式，要求国外出口商填写。这类发票有三种不同称法：海关发票、估价和原产地联合证明书（C. C. V. O.，即 combined certificate of value and origin）和根据××国海关法令的证实发票（certified invoice in accordance with ×× customs regulations），习惯上，我们把它们统称为海关发票。

进口国要求提供海关发票，一是为了便于进行海关统计；二是为了便于核定进口货物的原产地，以根据进口国对不同国家的差别待遇政策，征收差别待遇关税；三是为了便于核查进口商品价格，并据此估价完税或确定是否征收反倾销税或反补贴税等。

在缮制海关发票时，一般应注意以下问题：

第一，各国（地区）使用的海关发票，都有其固定格式，不得混用。海关发票的格式经常变化，应随时向有关部门了解其正在使用的格式。

第二，凡是商业发票和海关发票上共有的项目和内容，必须与商业发票保持一致，不得互相矛盾。

第三，海关发票上“出口国国内市场价格”一栏，其价格的高低是进口国海关作为是否征收反倾销税的重要依据，因此，应根据有关规定慎重处理。该栏目应以本币表示，应比 FOB 价低。

第四，以 CIF 价格条件达成的交易，应分别列明 FOB 价、运费和保险费，且三者的总和应与 CIF 货值相等。

第五，应以收货人或提单的被通知人为海关发票的抬头人。

第六，海关发票上的签字必须以个人名义，若要求有证明人，亦须以个人名义签字，且证明人的签字式样不得与商业发票、汇票及其他单据的签字同属一人。

(3) 领事发票 (consular invoice)。

有些国家，如一些拉丁美洲国家、菲律宾等规定，凡输往该国的货物，国外出口商必须向该国海关提供经该国领事签证的发票。有些国家制定了固定格式的领事发票，也有些国家则规定可在出口商的商业发票上由该国领事签证。领事发票的作用和海关发票基本相似。在实际业务中，若对方国家未在我国设立领事机构，应争取对方同意由我国贸促会签证代替，否则，应要求修改信用证，取消领事发票。

(4) 厂商发票 (manufacturer's invoice)。

厂商发票是由出口货物的制造厂商所出具的以本国货币计算价格、用来证明出口国国内市场的出厂价格的发票。其目的也是供进口国海关估价、核税以及确定是否征收反倾销税之用。若来证有此项要求，应参照海关发票有关国内价格的填制办法处理。

3. 提单 (bill of lading)

提单是各种单据中最重要的单据，在缮制提单时一般应注意以下事项：

(1) 提单的种类。提单的种类很多，应按国外来证要求的类别提供。一般信用证均要求提供“清洁、已装船提单”。

(2) 提单的收货人。提单的收货人 (consignee)，习惯上称为抬头人。在信用证或托收支付方式下，绝大多数的提单抬头都写成“凭指定” (To Order) 或者“凭交货人指定” (To Order of Shipper)。这种提单必须经发货人背书，才可流通转让；也有的要求写成“凭××银行指定” (To Order of ××Bank)，此处的银行一般指开证行。

(3) 提单的货物名称。提单上有关货物的名称可以用概括性的商品统称，不必列出详细规格，但应注意不能与来证所规定的货物特征相抵触。

(4) 提单的运费项目。若以 CIF 或 CFR 价格成交，在提单上应注明“运费已付” (freight prepaid)；若以 FOB 价格成交，提单上则应注明“运费到付” (freight to collect)。除信用证另有规定外，提单上不必列出运费的具体金额。

(5) 提单上的目的港和件数。提单上的目的港和件数，原则上应和运输标志所列内容相一致。对于包装货物在装船过程中，如发现漏装少量件数，可在提单上运输标志件号前加上“EX”字样，以表示其中有缺件，例如：“EXNOS. 1 – 100”。

(6) 提单的签发份数。收货人是凭提单正本提货的，承运人签发的正本提单一般为两份，也可应托运人的要求签发两份以上，签发的份数应在提单上加以注明。每份正本提单的效力是相同的，但只要其中一份凭以提货，其余各份立即失效。因此，合同或信用证中所要求的“全套提单”（full set B/L 或 complete set B/L）的份数，即指承运人在签发的提单上所注明的全部正本份数。

4．保险单（insurance policy）

缮制保险单一般应注意以下事项：

（1）被保险人。被保险人应是信用证的受益人，并加空白背书，以便办理保险单的转让。

（2）保险险别和保险金额。承保险别栏目的填写分为正本和副本。正本的内容由保险公司填写，副本的内容由出口商按信用证的规定缮制。保险金额应按货物发票金额总值加成计算。对于发票金额扣除佣金者，应按未扣佣金投保；而对于发票金额扣除折扣者，则按净值投保。保险金额不要辅币，其货币单位以下的辅币采取进位制。保险单所表明的货币，应与信用证所规定的相符。

（3）保险单的签发时间。保险单签发日期应早于或同时于提单日期，除非保险单注明承担自货物装船日起的风险，否则开证行可拒绝接受。

此外，保险单上的货名、运输标志、包装及数量、船名、大约开航日期、装运港和目的港等内容均应与提单相一致。若提单注明了转船地点，在保险单上也应作相同注明。

5．原产地证明书（certificate of origin）

原产地证明书是证明货物原产地或制造地的证件，也是进口国减免关税的依据。我国商品出口的原产地证明书主要有以下几种：

（1）普通产地证。又称原产地证，通常不使用海关发票或领事发票的国家，要求提供该种证件，以便确定对进口货物应征收的税率。有的国家限制从某个国家或地区进口货物，也要求以产地证来证明货物的来源，从而控制进口额度。

依照签发者的不同，原产地证可分为：出口商自己出具的产地证、生产厂商出具的产地证、海关产地证明书及中国国际贸易促进委员会签发的产地证明书。在实际业务中，应根据买卖合同或信用证规定，提交相应的产地证。一般情况下，以使用海关或贸促会签发的产地证居多。在缮制原产地证书时，应按《中华人民共和国原产地规则》及其他有关规定办理。

（2）普惠制产地证（GSP Certificate of Origin Form A）。普惠制是普遍优惠制（generalized system of preferences，GSP）的简称，是发达国家对来自发展中国家的某些产品，特别是工业制成品和半制成品。凡是对给予我国以普惠制关税优惠待遇的国家出口的受惠商品，须提供这种产地证，作为进口国海关减免关税的依据。其书面格式名称为“格式 A”（Form A）。但对新西兰除使用格式 A 外，还须提供格式 59A 证书（Form 59A），对澳大利亚不用任何格式，只需在商业发票上加注有关声明文句即可。

(3) 优惠贸易协定原产地证书。包括中国出口东盟、智利、巴基斯坦、新西兰、新加坡、秘鲁、哥斯达黎加、瑞士、冰岛、韩国、澳大利亚、格鲁吉亚、马尔代夫、海峡两岸经济合作框架（ECFA）和亚太贸易协定等国家或地区所签发的原产地证书。

6. 包装单据

包装单据是指一切记载或描述商品包装情况的单据，是商业发票的补充。不同的商品有不同的包装单据。常见的有装箱单（packing list）、重量单（weight list）、尺码单（measurement list）等。

有些商品由于规格、等级、型号等比较简单，出口企业将包装单据的内容加列在商业发票的下端，而不再另制包装单据。也有的出口企业把包装单据与商业发票结合起来出具联合凭证，以简化制单手续。但应注意，除非信用证表明接受这种联合凭证，否则不可使用，而必须将商业发票与包装单据分开缮制。

7. 商检证书（inspection certificate）

国际贸易中的商检证书种类很多，它们分别用以证明货物的品质、数量、重量、卫生等方面的情况。商检证书的名称、出证机构，检验的货物名称、品质、规格、数量、重量及包装等内容都应与信用证规定相符。

以上是几种常见的单据，此外，还有寄单证明（beneficiary's certificate for dispatch of documents）、寄船样证明（beneficiary's certificate for dispatch of shipment samples）、邮局收据（post receipt）等多种单据。根据 *UCP600* 第 14 条 d 款的规定，单据中内容的描述不必与信用证、单据本身的内容以及国际标准银行实务完全一致，但不得与该项单据中的内容、其他规定的单据或信用证相冲突。*UCP600* 第 14 条 f 款则规定，如果信用证要求提示运输单据、保险单据和商业发票以外的单据，但未规定该单据由何人出具或单据的内容如何，只要所提交单据的内容看起来满足其功能需要且其他方面与第 14 条 d 款相符，银行将对提示的单据予以接受。因此，在缮制各种单据时，除要注意信用证的要求外，还须注意单单相符以及单据内容的完备。

五、出口退税

为加强我国出口产品竞争力，按照国际惯例，我国对出口产品实行退税制度。货物出口后，出口企业应在规定期限内（货物报关出口之日起 90 天内），收齐出口货物退（免）税所需的有关单证（包括出口货物报关单、代理出口证明、增值税专用发票、消费税税收缴款书等），使用国家税务局认可的出口货物退（免）税电子申报系统生成的电子申报数据，如实填写出口货物退（免）税申报表，向税务机关办理出口货物退（免）税手续。企业在正式申报出口退（免）税之前，应向主管税务机关进行预申报，在主管税务机关确认申报凭证的内容与对应的管理部门电子信息无误后，方可提供规定的申报退（免）税凭证、资料及正式申报电子数据，向主管税务机关进行正式申报。税务机关受理申报后，在规定时间内使用出口货物退（免）电子化管理系统以及出口退税率文库，对申报凭证、资料的合法性和准确性进行审查，并核实申报数据之间的逻辑对应关系。

为大力推进贸易便利化，进一步改进货物贸易外汇服务和管理，我国国家外汇管理局、海关总署、国家税务总局决定，自2012年8月1日起在全国实施货物贸易外汇管理制度改革，取消出口收汇核销单，企业不再办理出口收汇核销手续，并相应调整出口报关流程，优化升级出口收汇与出口退税信息共享机制。

六、索赔和理赔

在履行出口合同的过程中，若因买方未按合同规定履行义务，致使我方遭受损失，可根据不同对象、不同原因及损失程度，向对方提出索赔。索赔时，应做到理由充分、证据确凿、索赔金额适当。

在实际业务中，因索赔案多发生在商品品质和数量等方面，故以买方向卖方提出索赔的情况居多。在买方享有复验权的情况下，即使已支付货款，买方仍可向卖方提出索赔。卖方在进行理赔时一般应注意以下问题：

（1）要认真审核对方提供的单证和出证机构是否合法，检验方法和检验标准是否符合规定，以防买方串通检验机构弄虚作假或国外的检验机构检验有误。

（2）要认真进行调查研究，弄清事实，查清货物发生损失的环节、原因，并确定责任属于何方。对于买方不合理的要求，必须以理拒绝；如属运输或保险范围内的事故，应交船公司或保险公司处理；若确系我方责任，则应实事求是地予以赔偿。

（3）要合理确定损失程度和赔偿办法。

第二节　进口合同的履行

进口商对合同的履行义务主要是支付货款和收取货物。进口商履行合同所要做的工作，因合同中规定的价格术语、支付方式等贸易条件的不同而异。我国进口货物大多是以FOB价格条件和即期信用证支付方式成交的，履行这一类合同的程序主要包括：开立信用证、租船订舱和催装、办理保险、审单付款、提货、报关纳税、验收货物和进口索赔等环节。

一、开立信用证

进口合同签订后，进口商应按合同规定向经营外汇业务的银行办理对外开证手续。办理开证手续的要求如下：

（一）提交开证申请书

进口商作为开证申请人，应首先向开证行索取“开证申请书”空白表。填写

"开证申请书"时，应以合同为依据，其内容主要是商品名称、规格、数量、包装、单价、交货时间、卸货港口、付款期限以及所要求的单据等。上述内容填妥后，加盖开证申请人印章，将"开证申请书"送交开证行。

（二）提交开证押金和手续费

开证行接到"开证申请书"后，对申请书的内容和申请人的资信进行审核，并根据不同情况要求开证申请人交付全部或部分开证押金，或免交押金，但要提供担保文件。此外，申请人还须支付开证手续费。

开证行在收取了开证申请人的开证押金和手续费后，即按申请书的要求对外开证。开证行与开证申请人之间的权利和义务就此以"开证申请书"这一契约的形式构成，双方都必须受其约束。

信用证开出后，有时需要修改，改证不仅增加费用支出，而且有可能影响合同的及时履行，因此，应严格按合同规定开证，尽量避免改证情况的出现。对于对方的改证要求，应视其是否合理、对我方是否有不利影响以及不利影响的程度来考虑是否接受。对于不能接受的要求，应及时予以拒绝。若同意改证，则应及时向开证行办理申请改证手续。

二、租船订舱和催装

以 FOB 条件成交的进口合同，应由我方负责租船订舱。目前，我国的进口货物大部分委托中国外运股份有限公司（中国外运）、中国租船有限公司（中租公司）或其他外运代理机构代办运输，并与其订立运输代理协议，也有直接向中国远洋海运集团有限公司（中远海运集团）或其他从事国际运输的实际承运人办理托运手续的。

办理租船订舱的时间，应按进口合同的规定。凡合同规定，卖方应在交货前一定时期内将预计装运日期通知我方的，我方在接到上述通知后，应及时向外运机构办理托运手续，填写租船订舱联系单，连同合同副本送交外运机构。

办妥租船订舱手续后，应及时将船名、航次和船期通知卖方，以便卖方做好装船准备。同时，还应随时了解卖方备货和装船前的准备工作情况，并督促其按时装运。对于大宗商品或重要物资的进口，如有必要，可派员前往装运地，或请驻外机构监督检验。

三、办理保险

以 FOB 或 CFR 条件成交的进口合同，应由我方办理保险。我方在收到国外客户的装运通知后，应立即向当地保险公司办理投保手续。为了简化投保手续，并保证进口货物能够及时投保或不至于漏保，许多公司都采用预约保险的做法。

凡与中国人民保险公司订有海运进口货物运输预约保险合同的外贸企业，在收到国外装船通知后，只需将进口货物的名称、数量、船名、提单号、装运港、装船日期、目的港等有关情况通知保险公司，即认为已办妥保险手续。

四、审单付款

开证行在收到国外寄来的单据和汇票后，应对照信用证的规定，审核单据的内容和份数。根据 *UCP600* 第 14 条 b 款的规定，按照指定行事的被指定银行、保兑行（如有）以及开证行，自其收到提示单据的翌日起算，应各自拥有最多不超过五个银行工作日的时间以决定提示是否相符。该期限不因单据提示日适逢信用证有效期或最迟提示期或在其之后而被缩减或受到其他影响。

如果开证行认为单据与信用证规定不符，应与进口商联系，分清情况，作出适当处理：或拒付；或支付部分货款；或由议付行通知发货人更正单据后付款；或货到检验合格后再付款；或凭议付行出具担保付款；等等。如果开证行认为单据与信用证规定相符，在对外付款前，也要将单据交进口商复核。按我国习惯，若进口企业在 3 个工作日内没有提出异议，开证行即按信用证的规定履行付款义务。开证行的付款是没有追索权的，因此，进口企业对单据的审核要认真对待，绝不能疏忽大意。

五、报关纳税

进口货物到达后，收货人或其代理人应填写“进口货物报关单”，随附发票、提单、包装单据、检验证书以及进口许可证等，向海关办理进口货物申报手续。海关接受申报后，对进口货物进行检查，以核对货物与报关单及其他单据文件上所列是否一致。进口企业应在收到海关“税款缴款书”的次日起 7 个工作日内，向指定银行缴纳税款。办完申报、查验、缴纳关税的有关手续后，进口企业或其代理人即可持海关签字盖章放行的货运单据提取进口货物。

六、验收货物

进口货物在抵港卸货时，港务局要进行卸货核对，如发现短缺，应及时填制“短卸报告”，交船方签字认可，并根据短缺情况向船方提出保留索赔权的书面声明。如发现货物残损，应将残损货物存放于海关指定仓库，由保险公司会同商检机构进行检验，确定残损程度和原因，并出具证明，据此向责任方索赔。

对于法定检验的进口商品，必须向卸货地或到达地的出入境检验检疫机构报验，未经检验检疫或检验检疫不合格的货物，一律不准销售和使用。如进口货物经商检机构检验，发现有残损短缺，应凭商检机构出具的证书对外索赔。对于合同规定在卸货港检验的商品，或已发现残损短缺有异状的货物，或合同规定的索赔期即将届满的货物等，都需在港口进行检验。

七、进口索赔

进口索赔是指进口商在收到进口货物后，发现货物的品质、数量、包装等与合同规定不符，出现货损、货差时，向责任方提出赔偿的要求。

在进口业务中，办理对外索赔时，一般应注意以下事项。

(一) 索赔对象

索赔前，首先应区别情况，查清造成损失的原因和责任方，确定进口索赔的对象。

1. 向卖方索赔

凡出现进口货物原装数量不足，或品质规格不符合同规定，或包装不良致使货物受损，或未按期交货或拒不交货等情况，均应由卖方承担责任，我方可依法向卖方提出索赔。

2. 向船公司索赔

凡出现货物数量少于提单所载数量，或清洁提单所提到的货物有残损情况且由船方过失所致，或货物所受损失根据租船合约有关条款应由船方负责等情况，我方应向船公司提出索赔。

3. 向保险公司索赔

凡由于自然灾害、意外事故或运输途中其他事故的发生致使货物受损，并且属于承保险别责任范围内的，我方应向保险公司提出索赔。此外，对于虽属船公司责任，但船公司不予赔偿或赔偿金额不足抵补损失的部分，若属承保险别责任范围以内，亦应向保险公司索赔。

目前，在我国进口索赔工作中，属于船方和保险公司责任的，一般由货运代理外贸运输公司代办；属于卖方责任的，则由进口公司直接办理。

(二) 索赔证据

提出索赔前，还应备齐有关单据作为索赔证据。通常需要的单据有：检验证书、发票、装箱单、提单副本等。对不同的索赔对象还须另附有关证件。向卖方索赔时，应在索赔证件中提出确切根据和理由，如系 FOB 或 CFR 合同，尚需随附保险单一份；向船公司索赔时，须另附由港务局理货员签证的理货报告和由船长签证的短卸报告或残损证明；向保险公司索赔时，须另附保险单及保险公司与买方的联合检验报告等。

此外，买方必须保管好索赔中的货物，待索赔处理完后，方可处理货物，否则，将使索赔失去物证，进而丧失索赔权。

(三) 索赔金额

向不同的索赔对象索赔，索赔金额有不同的计算方法。向卖方索赔时，索赔金额应是由卖方违约所造成的损失，除受损商品的价值外，有关的费用，如商品检验费、装卸费、仓租、银行手续费、利息及合理的预期利润等都可包括在内；向船公司索赔时，一般按运输合同的规定计算索赔金额；向保险公司索赔时，按保险合同的规定计算索赔金额。

(四) 索赔期限

索赔必须在一定的期限内提出方为有效，索赔对象不同，索赔期限亦有所差异。

向卖方索赔，必须在合同规定的索赔期限内提出，若合同未作规定，按《公约》规定，买方可在实际收到货物之日起的两年内提出索赔；向船公司提出索赔的期限，按《海牙规则》规定，为货到目的港交货后一年内；向保险公司提出索赔的期限，按中国人民保险公司《海洋运输货物保险条款》规定，为货物在目的港全部卸离海轮后两年内。

【自测题】

一、单项选择题

1. 信用证中只规定了议付的有效期，而未规定装运期，则根据 *UCP600* 的规定，(　　)。

A. 装运的最终期限与信用证的到期日相同

B. 信用证必须经过修改才能使用

C. 该证无效

D. 装运期可视为与信用证有效期相差 1 个月

2. 信用证修改通知书的内容在两项以上者，受益人(　　)。

A. 要么全部接受，要么全部拒绝　　B. 可选择接受

C. 必须全部接受　　D. 只能部分接受

3. 信用证的修改书应该由(　　)传递给出口商。

A. 开证行　　B. 开证申请人　　C. 付款行　　D. 原通知行

4. 托运人凭(　　)向船公司或其代理人换取正式提单。

A. 托运单　　B. 装货单　　C. 大副收据　　D. 下货纸

5. 海关查验货、证、单相符无误后，在(　　)上加盖放行章放行。

A. 装货单　　B. 发票　　C. 商检证书　　D. 托运单

6. 海关发票和领事发票(　　)。

A. 都是由卖方国家有关部门提供的

B. 都是由买方国家有关部门提供的

C. 前者由卖方国家有关部门提供，后者由买方国家有关部门提供

D. 前者由买方国家有关部门提供，后者由卖方国家有关部门提供

二、多项选择题

1. 出口企业在缮制单据时，应该做到(　　)。

A. 单单一致　　B. 单证一致

C. 单货一致　　D. 单据与合同一致

2. 因租船订舱和装运而产生的单据是(　　)。

A. 托运单　　B. 装货单　　C. 收货单　　D. 海运提单

3. 在缮制提单时应注意的问题有（　　）。

A. 信用证一般都要求提供“清洁、已装船提单”，否则银行将不予接受

B. 在信用证方式下，一般在收货人栏处填写“凭指示”或“凭发货人指示”，并经发货人背书后交单

C. 提单上货物名称除信用证另有规定外，可用统称

D. 提单的运费项目在CIF，CFR，CPT，CIP条件下，应注明“Freight Paid”或“Freight Prepaid”，如为FOB，FCA条件，则应注明“Freight Collect”

4. 下列货物中，属于卸离海轮，保险责任即告终止的是（　　）。

A. 新鲜柑橘　　B. 新鲜苦瓜

C. 活牛　　D. 活猪

5. 在进口贸易中，保险公司的保险责任只负责到卸货港的仓库或场地终止的保险货物是（　　）。

A. 散装货物　　B. 木材　　C. 化肥　　D. 粮食

6. 信用证的传递方式有（　　）。

A. 信开　　B. 电开　　C. 快递　　D. 见电后随寄证实书

7. 买方为了在规定时效内对外提出索赔，凡属于（　　）的货物，均应在卸货口岸就地报检。

A. 合同订明须在卸货港检验

B. 货到检验合格后付款

C. 合同规定索赔期限即将满期

D. 卸货时已发现残损短缺有异状

三、判断题

1. 在信用证方式下，开具汇票的依据是信用证，而在托收和汇付方式下，开具汇票的依据是买卖合同。（　　）

2. 不清洁提单的不良批注是从大副收据上转注过来的。（　　）

3. 汇票、提单、保险单的抬头人通常分别是付款人、收货人、被保险人。（　　）

4. 不同类别的商品，其检验证书的有效期各不相同，超出有效期出口的商品，可要求商检机构将检验证书的有效期往后顺延。（　　）

5. 通常不使用海关发票或领事发票的国家，可要求提供产地证以确定对货物征税的税率。（　　）

6. 信用证受益人审证后如果发现有不能接受的地方，应该直接要求开证行进行修改。（　　）

7. 汇票通常开具一式两份，第一份为正本，第二份为副本，只有正本才有法律效力。（　　）

8. 除非使用可转让信用证，商业发票必须由信用证中指定的受益人出具。（　）

9. 目前，我国的进口索赔工作，属于船方和保险公司责任的一般由货运代理或运输公司代办。（　）

【思考题】

1. 什么是“四排”“三平衡”?
2. 卖方在备货工作中应注意哪些问题?
3. 履行以即期信用证付款的CIF出口合同的基本程序是什么?
4. 为什么要审核信用证?审证的依据是什么?审证的主要内容有哪些?
5. 我国银行的出口结汇工作有哪几种做法?哪种做法最有利于卖方的资金周转?
6. 发票有哪些常见的类型?不同类型的发票各有何作用?
7. 在以信用证方式付款的交易中，若出口企业因单据不符而遭拒付，有哪些处理办法?
8. 履行以即期信用证付款的FOB进口合同，有哪些主要环节?
9. 进口商品为何需要检验?
10. 在进口业务中，办理对外索赔，应注意哪些事项?

【案例分析】

1. 我国某公司与某外商签订一份以信用证方式支付的CIF出口合同。对方来证规定：装运期不得迟于8月5日，信用证有效期为8月31日。我公司于8月28日向议付行提交签发日期为8月5日的提单，却遭到议付行拒付。议付行的拒付有无道理?为什么?

2. 我国某公司签订了一份以即期信用证付款的FOB合同，进口食品1000箱。接到对方的装运通知后，该公司投保了一切险和战争险。对方公司凭已装船清洁提单及其他有关单据向银行收妥货款。但货到目的港后，经复验发现以下情况：

(1) 200箱货物内含有大肠杆菌，超过我国标准；

(2) 实收货物998箱，短少2箱；

(3) 有15箱货物外表情况良好，但箱内货物共短少60千克。

请根据上述情况，分析进口商应分别向谁索赔，并说明理由。

第十章　贸易方式

【本章提要】

本章介绍了除逐笔售定方式外的其他各种常见的贸易方式，主要是包销、代理、易货贸易、“三来一补”、寄售、展卖、招标与投标、拍卖等，并阐述了这些贸易方式的基本特征和一般做法。

贸易方式是指商品流通中的各种做法和渠道。国际贸易最基本的方式是逐笔售定，即买卖双方就某商品的交易条件进行洽商，通过发盘和接受，达成交易、订立合同，然后履行合同。逐笔售定的主要缺点是逐笔分散交易，双方履行合同后，相互之间不再有权利和义务关系。由于没有共同的目标和一致的利益，买方不愿多承担销售前的宣传推广工作和销售后的服务工作，卖方也不愿多花力气帮助和培养买方。随着国际贸易的发展，为了立足于竞争日益激烈的国际市场，建立和稳定买卖双方之间长期的贸易关系，国际贸易方式日趋多样化。本章介绍的是除逐笔售定方式之外的一些常见的贸易方式。

第一节　包销和代理

一、包销

（一）包销的含义和性质

包销（exclusive sales）是出口商通过与国外包销商（exclusive distributor）签订包销协议，给予包销商在一定时期和一定地区内销售某种或某类商品的独家专营权（right of exclusive sales），由包销商承购商品后自行推销的一种贸易方式。

所谓独家专营权是指在包销协议规定的期限和地区内，出口商出口指定的商品只能向包销商发盘成交，不得将指定商品出售给该地区内的其他客户；而包销商在包销协议规定的期限和地区内，也不得从其他渠道购买该指定商品，同时包销商对出口商承担一定数额的购货义务且只能在指定地区销售。

在包销方式下，出口商和包销商之间的关系是买卖关系，商品由包销商以自己的资金购入，并自行销售、自负盈亏。

（二）包销方式的利弊

在此，我们从出口商的角度来探讨包销方式的利弊。

1. 有利方面

（1）包销商享有包销商品的独家专营权，可增强其经营信心，充分调动其推销积极性。遇有同类产品的竞争时，包销商为了切身利益，会采取措施，设法巩固和发展已有市场占有率，从而有利于出口商利用包销商的销售渠道，稳定并扩大销售。

（2）避免了出口商在同一地区内因多头出口销售而可能产生的削价竞争，有利于稳定出口商品价格。

（3）由于包销商有提供市场信息的义务，有利于出口商随时了解消费者的反应，从而不断完善产品的质量、性能，生产出适销对路的产品。此外，还可通过包销商或要求包销商向消费者提供售前服务和售后服务，以提高消费者购买我国出口商品的信心。

（4）有利于出口商有计划地安排生产、组织货源和办理出运工作，做到按市场需求均衡供货。

2. 不利方面

（1）包销方式对出口商约束性较大，如果包销商经营能力差，可能出现“包而不销”或销售不力的情况，从而使出口商遭受损失。

（2）包销商可能利用专营权垄断市场，压价进货或任意抬高售价。同时，由于出口商失去了与其他客户的业务联系，对全面了解和掌握市场信息不利。因此，必须慎重选择包销商。

（三）采用包销方式应注意的问题

（1）选择包销商时，要考察其资信情况、经营能力及其在有关地区的商业地位。为了慎重起见，最好经过一个试行阶段，经过一段时间的观察后，再作决定。

（2）要适当规定包销商品的范围以及包销地区、包销数量或金额。为了扩大商品销售，可鼓励包销商超额承购，对超额承购的部分给予包销商一定比例的奖金或折扣，或以增加包销商品的品种、扩大包销地区的范围等办法给包销商以鼓励。

（3）为了防止“包而不销”或销售不力的情况出现，应在包销协议中规定中止条款或索赔条款。

二、代理

在国际市场上，有采购、销售、运输、保险、广告等名目繁多的代理形式，此处介绍的只限销售代理。

（一）代理（agency）的含义和性质

国际贸易中的销售代理是指出口企业作为委托人（principal），授权国外的代理人（agent）在特定地区和一定期限内，代表其向第三者招揽生意、签订合同或办理与交易有关的各项事宜，由此产生的权利和义务直接对委托人发生效力。

在代理方式下，出口商与代理商之间不是买卖关系，而是委托代理关系。代理商不垫资金、不担风险、不负盈亏，其只能在委托人的授权范围内，代表委托人从事商业活动，居间介绍生意、招揽订单，通过收取佣金作为报酬，但其一般不以自己的名义与第三者签订合同，也不承担履行合同的义务。

（二）代理的种类

国际贸易中的销售代理，按委托授权由小到大排列，可分为以下三种形式：

1. 一般代理

一般代理（agency）又称佣金代理（commission agency），是指在同一地区、同一期限内，委托人同时选定多个代理商，根据其推销商品的实际金额或根据协议规定的办法和百分率支付佣金。如委托人直接与该地区的实际买主达成交易，则无需向一般代理商支付佣金。在我国出口业务中，此种代理形式运用较多。

2. 独家代理

独家代理（sole agency）是指代理商在特定地区和一定期限内，享有代销指定商品的专营权，同时不得再代销其他来源的同类商品。凡是在规定地区和规定期限内做成指定商品的交易，除非双方另有约定，无论是由代理商做成，还是由委托人直接与其他商人做成，代理商都有享受佣金的权利。

3. 总代理

总代理（general agency）是指代理人在特定地区和一定期限内，不仅有独家代销指定商品的权利，还有代表委托人从事商业活动和处理其他事务的权利。有的总代理协议还规定，总代理人有权指派分代理，并可享受分代理的佣金。

（三）代理在出口业务中的优势

（1）由于代理业务无需代理商垫付资金和承担风险，佣金的多少又由商品销售数量决定，多推销商品即可多得佣金，而独家代理更可享有专营权，因此，有利于调动代理商的经营积极性，起到扩大出口的作用。

（2）在代理业务中，代理商负责介绍业务关系，收取订单，而买卖合同是以出口商的名义与买主签订的，出口商可掌握商品成交价格、数量和其他交易条件，因而处于比较主动的地位，一般不会出现代理商控制市场的局面。

（3）出口商可通过代理商了解市场信息，进行有组织的销售，同时又避免了在国外设立分支机构所产生的风险和费用，有利于集中优势，统筹安排市场，避免盲目出口。

（四）采用代理方式应注意的问题

（1）选择代理商时，要考察其资信情况、经营能力及其在代理地区的商业地位。为了防止独家代理垄断市场或经营不力等情况出现，最好在代理协议中规定中止条款或索赔条款。

（2）要熟悉各种代理方式的特点，明确代理商的义务。对于销售代理商的义务，国际上一般的解释是：代理商非经委托人的授权，对销售的货物不得给顾客以保证或其他允诺；代理商必须向委托人公开一切重要过程和事实，如向委托人公开买主的有关资料，以供委托人决定是否接受其订单；代理商未经委托人许可，不得充当买主的代理人，谋取双方佣金。

（3）对于代理商品的种类、代理期限的长短、代理地区范围的大小，要综合考虑市场情况、代理商的活动范围和经营能力以及出口商自身的经营意图等来决定。一般来说，独家代理的商品种类不宜过多；对市场情况不大了解时，往往代理期限要长一些，并以一般代理为主。

第二节　寄售和展卖

一、寄售

（一）寄售的含义和性质

寄售（consignment）是一种委托代售的贸易方式。它是指出口商作为寄售人（consignor）与国外代销人（consignee）签订寄售协议后，由寄售人先将货物运往国外，交给代销人在其当地市场上代为销售，待货物售出后，代销人将所得货款扣除其应得佣金及其他费用，交付给寄售人的一种贸易方式。

在寄售方式下，出口商与代销人之间不是买卖关系，而是委托和受托的关系。货物的所有权在寄售地售出之前仍属出口商，若货物销售不出，出口商有权收回货物，代销人只能根据出口商的指示处置货物。同时，寄售货物售出前的一切风险和费用，均由出口商承担。代销人在出口商委托授权的范围内，可以自己的名义与买主订立合同、出售货物和收取货款，若买主不履行合同，代销人也有权以自己的名义起诉，但所需费用由出口商偿付，由于代销人不承担风险，因而只能获得佣金作为报酬。

（二）寄售方式的利弊

1. 有利方面

（1）采用寄售方式可以在当地市场出售现货，而且在货物售出前，寄售人仍持有货物的所有权，有利于寄售人根据市场的供求情况，随行就市，掌握销售时机和销售价格。

（2）货物与买主直接见面，买主可看货成交，随时采购，对开辟新市场、推销新产品有一定作用。

（3）代销人不负担风险和费用，占用资金少，而多销售可多得佣金，有利于调动其经营积极性。

2. 不利方面

（1）寄售人资金周转期长，费用增加。

（2）收汇不安全，风险较大，若代销人有意压低价格，或不守协议时，寄售人会陷入被动局面，甚至有货、款两空的危险。因此，必须慎重选择代销人。

（三）采用寄售方式应注意的问题

1. 进行市场调研，选好寄售地点

要了解国外销售市场各方面的情况，包括市场动态、供求情况、销售渠道、消费习惯、当地政府对外贸的管理制度、外汇管制、税收办法和市场管理等。一般来说，选择商品进出比较自由、外汇转移比较方便和税收、费用较低的地区作为寄售地点比较合适，如自由港、自由贸易区等。

2. 慎重选择代销人

鉴于寄售是先出运、后成交以及售货后收回货款，故代销人合适与否，与寄售人有切身的利害关系。为了确保寄售达到预期效果，应选择资信好、有经营推销能力的客户作为代销人。

3. 要选择适销对路的商品作为寄售商品

一般应选择当地市场有销路而又难以凭样成交的商品，或者是一些名优产品及新小商品作为寄售商品。而品质、规格、包装不适应当地市场需要的商品或滞销商品，则不适于寄售。

4. 适当掌握寄售商品的数量

寄售商品数量的多少，应根据销售情况和市场容量大小决定。一般来说，寄售数量不宜太多，以免由于滞销而被迫削价处理，或转移到其他市场而增加费用和风险的负担。

5. 订好寄售协议

寄售协议关系到双方当事人的权利和义务，因此，在寄售协议中，对货物的价格、货款的交付、佣金的给付以及费用的负担等事项，均应作出明确合理的规定；同时，应要求代销人提供银行保函，以减少寄售人的风险。

二、展卖

（一）展卖的含义和特点

展卖（fairs and sales）是利用商品展览会和博览会以及其他交易会的形式，在展示商品的同时推销商品，进行交易，即展销结合的一种贸易方式。

展卖的基本特点是：把出口商品的展览、推销和市场调研有机地结合起来，边展边销，以销为主。在出口业务中，展卖作为一种贸易方式有以下优势：

（1）有利于宣传和介绍出口国的商品和科技成就，扩大影响，促成交易。

（2）有利于广交朋友，建立和发展客户关系，以扩大销售地区和范围，实现市场多元化。

（3）有利于收集市场信息，开展市场调研，以便更有效地掌握市场动态。

（4）有利于开阔眼界，听取国外客户的意见，并通过与同类货物的对比发现自身问题，找出差距，从而不断提高出口商品质量，增强出口竞争能力。

展卖所带来的经济效益，往往不能仅仅由一次展卖会的销售额来衡量，一次成功的展卖会结束后，可能会在相当长的一段时期内，给参加展卖的出口商带来数量可观的订单。

（二）采用展卖方式应注意的问题

1. 展卖商品的选择

基于展卖方式边展边销的特点，它比较适合于一些品种规格复杂、性能多变，用户对造型、设计、花色、图案要求严格，通常需要看货成交的商品，如电子产品、手工艺品、儿童玩具及一些日用消费品等。另外，应选择质量较好、在市场上有竞争力的商品参展，特别是参加国际性专业展览会时，这一点尤为重要。同时，还应注意展品的多样化，以适应各类不同层次消费者的不同需求。

2. 展卖地点的选择

一般来说，应选择交易比较集中、市场潜力较大且有发展前途的商品集散地或交易中心地带进行展卖活动，同时还应考虑当地的各项设施，如展出场地、旅馆、通信、交通等基础设施条件和有关服务的收费水平。

3. 展卖时机的选择

选择展卖时机，除了要考虑商品的销售季节外，还应了解世界各地举办展卖会的情况。目前，世界各地的专业展览会数量甚多，其中有不少是具有一定国际影响的定期展览会，吸引着各国的重要厂商和贸易界人士前往参加，如果此时在别的地方举办类似的展览会，效果必然不会理想。

4. 合作客户的选择

应当选择具有较强的经营能力、在当地市场有一定的地位和影响、比较熟悉展出地点的市场情况并有一定的业务联系网或销售渠道的客户进行合作，才有利于展卖成功举行。

5. 做好宣传组织工作

展卖本身不仅仅是销售活动，而且是一种宣传工作，因此，做好宣传组织工作，力求扩大影响是极为重要的。

第三节　招标、投标和拍卖

一、招标、投标

招标（invitation to tender 或 call for tender）、投标（submission of tender）主要适用于国际承包工程，也常用在国家政府机构、国有企业或公用事业单位采购物资、器材或设备的交易中，此处介绍的是国际货物买卖中的招标和投标。

(一) 招标和投标的含义及特点

招标和投标是一种贸易方式的两个方面。

招标是指买方作为招标人，发出招标公告或招标单，提出准备买进的商品品种、数量和有关交易条件，邀请卖方发盘的行为。

投标是指卖方作为投标人，根据招标公告或招标单的条件，在规定的时间内，应邀向招标人发盘的行为。

招标、投标与其他国际贸易方式相比，其特点是：招标人向多方发出邀请，投标人之间的竞争十分激烈，而且投标人必须按招标公告或招标单提出的采购条件，一次发盘成交，没有进行交易洽商讨价还价的过程，为了争取中标，其发盘一般是最低的底价；而招标人可以对众多投标人的发盘进行比较，筛选出最后的卖主，贸易的主动权掌握在招标人的手中。正因为如此，有些国家通过法律规定，凡属主要商品进口或对外发包的工程，必须采用国际招标的方式。目前，国际政府贷款项目和国际金融机构的贷款项目，也往往要在贷款协议中规定，接受贷款方必须采用国际公开招标方式采购项目物资或发包工程。

(二) 招标的方式

国际上采用的招标方式，可以从不同的角度进行分类。

1. 从招标引起的投标竞争程度进行分类

(1) 公开招标。公开招标又称无限竞争性招标，采用这种招标方式必须公开发表招标通告，凡愿意参加投标的公司，都可按通告中的地址领取（或购买）相关介绍资料和资格预审表格，只要通过了资格预审（prequalification）就可参加投标，对于投标人的数量不予限制，并应以公开的形式进行开标。一般来说，政府采购物资、利用各种援助性贷款采购物资等，大部分采用公开招标的方式。

(2) 选择性招标。选择性招标又称有限竞争性招标或邀请招标，采用这种招标方式时，招标人根据自己具体的业务关系和情报资料，在有限的范围内选择一定数量的供货商，然后邀请其投标。

2. 从招标授予合同的条件进行分类

(1) 自动条件招标。指招标项目的合同以最低报价为先决条件自动地授予某个投标人。其具体做法是：集中所有投标报价，选择其中报价最低的投标人作为中标者，授予合同。这种招标方式适用于规格统一、质量一致的招标商品，各方面的交易条件均由招标人统一规定，只有价格是不定的，因此，报价最低的投标人就自然取得该项合同。

(2) 随意条件招标。指招标的合同授予条件可以灵活变动，既可以价格作为评判投标人的主要依据，也可以其他条件作为评判的主要依据。对此，招标人并不预先予以确定，而是根据投标的具体情况而定。例如，若招标商品为某种新型的机器设备，则产品的性能、技术先进性或投标人所承诺的售后服务等，都有可能成为授予合同的先决条件。

(3) 谈判招标。谈判招标又称议标，指招标人在开标后，可以自由地与任何一个投标人就合同条件进行洽商，然后确定中标人。从严格的意义上来说，谈判招标不属于招标方式。因为，一般形式的招标，投标人之间的竞争是一次性的，投标人投标后，对其报价和主要交易条件无权修改、变动；而谈判招标则给予投标人多次竞争机会，在得知所有投标人的发盘后，投标人还可通过谈判修改自己的投标书，与其他投标人进行竞争。至于招标人，则可利用谈判机会，慎重考虑各项交易条件，使之于己更加有利。这种形式的招标通常应用于金额大、投标人实力相当的采购项目。

二、拍卖

（一）拍卖的含义和特点

拍卖（auction）是由经营拍卖业务的拍卖行接受货主的委托，在规定的时间和场所，按照一定的章程和规则，将货物向买主公开展示，由买主相互出价竞买，最后把货物卖给出价最高的买主的一种贸易方式。

通过拍卖进行交易的商品，大多是一些品质不易标准化，或难以久存，或按传统习惯以拍卖出售的商品，如裘皮、茶叶、烟草、羊毛、木材、水果以及古玩和艺术品等。

一般来说，拍卖方式具有以下特点：

(1) 拍卖是在一定的机构内有组织地进行的。拍卖机构可以是由公司或行业协会组成的专业拍卖行，也可以是由货主临时组织的拍卖会。

(2) 拍卖具有自己独特的法律和规章。许多国家对拍卖业务有专门的规定，各拍卖机构也订立了自己的章程和规则，供拍卖时采用。这使拍卖业务与其他贸易方式相比，无论是在交易洽商的程序和方式上，还是在合同的成立和履行上，都形成了自己的特色。

(3) 拍卖是一种公开竞买的现货交易。拍卖采用事先看货、当场叫价、落槌成交的做法，成交后，买主即可付款提货。对于卖方来说，采用拍卖方式，可通过买方的互相竞购，卖出较好价格，而且收取货款比较安全迅速，利于资金周转。

（二）拍卖的种类

拍卖按其出价的方法可分为三种类型。

1. 增价拍卖

增价拍卖又称买方叫价拍卖。采用这种拍卖方式时，先由拍卖人（auctioneer）宣布拍卖商品预定的最低价格，有时还规定每次加价的金额幅度，然后由竞买者（bidder）相继叫价，竞相加价，直至拍卖人认为无人再出更高的价格时，则击槌表示按此价格成交，竞买结束。增价拍卖是最常用的一种拍卖方式。

2. 减价拍卖

减价拍卖又称荷兰式拍卖（Dutch auction）或卖方叫价拍卖。这种拍卖方式是先由拍卖人公布拍卖商品的最高价格，然后拍卖人再逐渐减低叫价，直至有买主表示接受所叫价格，交易即告达成，竞买结束。减价拍卖的特点是成交迅速，常用于鲜活商品和水果、蔬菜等的拍卖。

3. 密封递价拍卖

密封递价拍卖（sealed bids 或 closed bids）又称招标式拍卖。采用这种拍卖方式时，先由拍卖人公布每批商品的具体情况和拍卖条件等，然后由各买方在规定的时间内将自己的出价密封递交给拍卖人，由拍卖人选择条件最满意者达成交易。密封递价拍卖不是公开竞买，拍卖人有时要考虑价格以外的其他因素。有些国家的政府或海关在处理库存物资或没收货物时，往往采用这种拍卖方式。

第四节 对销贸易

一、对销贸易的含义

对销贸易（counter trade）是一个松散的概念，在国际上还没有一个标准的定义和确定的界线，它是包含以买卖结合、出口和进口互为条件为共同特征的各种贸易方式的总称。其本质含义是：非单方的购买，一方的商品或劳务的出口必须以进口为条件，交易双方均为买卖双重身份。

对销贸易是在古老的易货贸易的基础上发展起来的，二战后在全世界被广泛采用并迅速多样化发展。因为战后许多国家国际收支恶化，进口资金不足，出口也缺乏渠道，不得不求助于进口与出口相结合的对销贸易。其最初在苏联、东欧以及发展中国家之间的贸易协定中使用，20 世纪 70 年代起在东西方以及发展中国家与发达国家之间逐步推广，进入 80 年代又取得了新的进展，至今已达到相当的规模。

二、对销贸易的种类

在国际贸易中，对销贸易的种类繁多，在此介绍几种常见的形式。

（一）易货贸易

传统的易货贸易（barter trade）是以实物偿付对方价款的交易方式，一般不涉及货币的支付问题。它是一种最古老、最简单的交易方式。随着国际贸易的发展，易货贸易的做法日趋灵活，同原始的物物交换已有了较大的差别，其形式主要有两种。

1. 直接易货

直接易货又称一般易货，即交易双方各自以等价的货物进行交换。交易双方可以用货币表示其所交换的货物的价值，也可以不用。如果用，货币的作用仅在于比较所交换的货物的价值。直接易货往往要求双方同时成交，同时交货。交易合同订明交换货物的品种、规格、数量、交货时间等，但不涉及货款的支付，也不涉及第三方。在国际贸易中，一些相邻国家之间进行边境贸易常采用这种方式。

2. 综合易货

综合易货是指两个国家通过签订支付（清算）协定，规定双方在一定时期内（通常为一年）进行多项易货交易，其货款分别记在双方国家指定的银行账户上，不支付现汇，待规定时间届满时，由银行进行结账冲抵。若有差额，由交易双方协商处理办法，有的规定结转下一年度，也有的规定差额超过约定的摆动额（swing），应以现汇拨付或以货物冲抵。

（二）互购贸易

互购贸易（counter purchase）又称平行贸易（parallel trade），是指交易双方互相购买对方商品的贸易方式。这种贸易方式涉及使用两份既分别独立又互相联系的合同，交易双方先订立一份合同，约定由先进口国（往往是发展中国家）用现汇购买对方的货物（通常为机器、设备等），并由先出口国（往往是发达国家）在此合同中承诺在一定时期内购买回头货；之后，双方还需再签订一份合同，具体约定由先出口国用所得货款的一部分或全部从先进口国购买商定的回头货。

与易货贸易相比，互购贸易具有以下特点：

（1）互购贸易不是单纯的以货换货，而是现汇交易，互购贸易的两笔交易都有实际的货款支付，一般是通过即期信用证或付款交单来支付，有时也可采用远期信用证付款方式；而易货贸易则没有实际的支付。

（2）互购贸易不要求等值交换；而易货贸易则对此要求较严格。

（3）互购贸易中涉及两份合同，先出口方在签订第一份合同时，要承诺签订另一份回购合同，但有关具体的回购商品品名、数量、价格等，一般不在第一份合同中规定，而只规定回购的金额，至于其他细节留待签订另一份合同时再作规定；而易货贸易只有一份合同，合同中既要订明出口货物的细节，又要订明进口货物的细节。

（4）互购贸易有时要涉及两个以上的当事人，在征得对方同意的前提下，先出口方的回购义务和先进口方的供货义务可分别改由其他第三方来完成。

由于互购贸易在回购产品方面有一定选择余地，且改变了易货贸易的双边封闭性，因而在对销贸易中较受欢迎。

（三）补偿贸易

1. 补偿贸易的含义和特征

补偿贸易（compensation trade）是20世纪60年代初发展起来的一种新的贸易方式，在国际贸易中得到了较广泛的使用。它是指在信贷的基础上，一方从另一方进口机器、设备、技术或各种服务等，然后在约定的期限内，以回销产品或劳务所得价款，分期偿还其进口价款及利息的一种贸易方式。

补偿贸易具有以下特征：

（1）信贷是补偿贸易必不可少的前提条件。即进口的机器、设备、技术或各种服务等不是采用即期支付的方式，而是远期支付或分期支付。

（2）承诺回购是构成补偿贸易的必备条件。即设备供应方必须承诺回购对方的产品或劳务，以使对方用所得价款偿还进口价款及利息。也就是说，设备进口方之所以能摊还价款并承担利息，正是源于进口设备时的回购承诺。

以上两个特征必须同时具备，才能称之为补偿贸易。

2. 补偿贸易的方式

按照用于偿付的标的的不同，补偿贸易分为两种方式：

（1）直接补偿贸易。即以进口的机器、设备、技术等直接生产出来的产品支付进口价款及利息。这种补偿方式称为产品回购（product buyback），是补偿贸易中最基本的一种方式。但这种方式的运用有一定局限性，它要求生产出来的直接产品必须严格符合对方要求，否则不易为对方所接受。

（2）间接补偿贸易。当进口的设备、技术等本身不生产物质产品，或所生产的物质产品非对方所需时，交易双方经过协商，用回销其他产品或劳务来支付进口价款和利息，这种做法就是间接补偿贸易。

在实践中，直接补偿和间接补偿可以结合使用，即进行综合补偿。有时，还可根据实际情况的需要，用现汇支付部分进口价款。

3. 补偿贸易的作用

补偿贸易对交易双方都有积极的作用。

对设备进口方来说，补偿贸易是一种较好的利用外资的形式，可以弥补本国建设资金的不足；同时，通过补偿贸易可以引进先进的技术和设备，发展和提高本国生产能力，加快企业的技术改造，使产品不断更新及多样化，从而增强出口竞争力；此外，通过对方的回购，还可扩大出口，并得到较稳定的销售市场和销售渠道。

对设备出口方来说，进行补偿贸易有利于弥补进口方支付能力的不足，扩大出口；同时，通过机器、设备、技术或各种服务等的出口与进口方的廉价原材料、劳动力结合生产出低成本的产品，回购后投放其目标市场，有利于增强其竞争力，提高其竞争地位。

第五节 对外加工装配业务

一、对外加工装配的含义和性质

对外加工装配业务是指由外商提供一定的原材料、零部件、元器件，由我国的生产厂商按对方的要求进行加工装配，成品交由对方处置，我方按规定收取工缴费

（加工费）作为报酬。

对外加工装配业务分为来料加工（processing with customer's materials）和来件装配（assembling with customer's parts）两种形式。来料加工通常指由外方提供原料、辅料和包装材料，由国内承接方按双方商定的品种、数量、规格、款式等加工为成品交给对方，并按双方约定的标准收取工缴费；来件装配是指由外方提供有关元器件、零部件和包装材料等，由国内承接方按外方要求装配为成品后交给对方，并按双方约定的标准收取工缴费。

对外加工装配业务是一种委托加工的方式。外商将原材料、零部件等运交我国承接方，并未发生货物所有权的转移，我国承接方只是作为受托人，按照外商的要求，将原材料或零部件加工组装为成品。在加工过程中，承接方付出了劳动，获取的工缴费是劳动的报酬。因此，可以说对外加工装配属于劳务贸易的一种形式，它是以商品为载体的劳务出口。

对外加工装配业务与"以进养出"的贸易方式（又称进料加工，processing with imported materials）有相似之处，它们都是利用国内的技术设备和劳动力，将国外提供的原材料、零部件加工装配为成品，再销往国外市场，即都属于"两头在外"的加工贸易方式。但两者又有本质的区别：

（1）进料加工中的原材料进口和成品出口是两笔不同的交易，均发生了货物所有权的转移，而且原材料供应者和成品购买者之间没有必然的联系；而在对外加工装配业务中，料件运进和成品运出均未发生所有权的转移，它们均属于一笔交易，有关事项在同一份合同中加以规定，而且料件供应者就是成品接受者。

（2）在进料加工中，我方从国外购进原材料，经加工使其价值增值后，再销往国外市场，赚取的是由原材料到成品的附加价值，但在此过程中，我方要垫付资金，并承担市场销售的风险；而在对外加工装配业务中，由于料件由外商提供，成品交给外商自己销售，我方既不必垫付资金，又无需承担风险，但所得到的也仅仅是一部分劳动力的报酬而已，产品的附加价值大部分被外商赚取，因此对外加工装配业务的创汇率一般低于进料加工。

二、开展对外加工装配业务应注意的事项

我国开展对外加工装配业务基本上始于党的十一届三中全会以后，我国政府为了鼓励发展该业务，在法制、组织、生产安排、税收等方面制定了一系列优惠政策和措施。例如，大幅度地增加企业和地方对工缴费外汇留成比例，进一步下放审批权限，简化手续等，保证了该业务的健康发展。对外加工装配业务为国家创汇和社会就业作出了积极的贡献，但在其发展过程中也存在一些值得我们注意的事项。

（一）防止影响正常出口

尽管对外加工装配业务是我国增收外汇的一种手段，但与出口贸易相比，它毕竟

是次要的，因此，在开展这项业务时，必须顾全大局，选择适当的加工装配项目，不能与我国正常出口争客户、争市场，更不能以加工装配的产品顶替正常出口配额。

（二）避免任意降低工缴费

由于国内企业互相竞争，使工缴费计收标准降低，导致“肥水外流”，这不仅有损于加工企业自身的经济效益，而且会打击我国同类产品的正常出口，因此，国内的同一地区、同一行业应使工缴费标准尽可能统一，避免内部过度竞争。

（三）避免商标权的纠纷

在对外加工装配贸易中，成品和包装上往往要使用外商提供的商标，在这种情况下，为避免因第三者控告侵权造成被动，应在合同中规定：委托方提供的商标保证具有合法性，如果第三者控告加工装配产品的商标侵权，概由委托方与第三者交涉，与我方无关，同时委托方应承担由此给我方造成的损失。

（四）提高企业和人员素质，提高技术层次

只有加强培训，提高企业和人员的素质，才能从根本上提高自身的竞争能力，才能适应生产发展的需要，从以劳动密集型加工为主逐步过渡到以资本密集型和技术密集型的加工为主，并提高经济效益。

（五）逐步过渡到自营出口

有条件的地区或企业应从长计议，在进行加工装配业务的过程中，注重自身的积累和提高，争取创立自己的品牌，拓展销售渠道，逐步过渡到自营出口。

（六）加强监督管理

随着对外加工装配业务的发展，一些不法分子以开展此业务之名，在料件和成品出入境的过程中，行走私、偷漏税和套汇之实，对此，应严格审批制度，加强海关的监督管理，加工装配的成品一定要保证全部返销国外，除非国家政策允许，否则不能在国内销售。此外，还应避免加工装配项目的盲目上马，避免造成环境污染、滥占耕地的现象。

【自测题】

一、单项选择题

1. 投标人发出的标书是一种（ ）。

A. 不可撤销的发盘　　B. 可撤销的发盘

C. 可随时修改的发盘　　D. 有条件的发盘

2. 来料加工和进料加工（ ）。

A. 均是一笔业务

B. 均是两笔业务

C. 前者是一笔业务，后者是两笔业务

D. 前者是两笔业务，后者是一笔业务

二、多项选择题

1. 对独家代理与包销的正确说法是（　　）。

A. 代理人与委托人之间为委托代理关系，而包销商与出口人之间为买卖关系

B. 代理人赚取的是佣金，包销商赚取的是商业利润

C. 两者专营权不同

D. 都属于逐笔售定贸易方式

2. 在招标与投标业务中，具有法律效力的业务程序是（　　）。

A. 招标　　B. 投标　　C. 开标　　D. 中标签约

3. 按国际惯例，出现（　　）的情况，招标人可拒绝全部投标。

A. 投标人未发出标书

B. 最低标价大大超过国际市场价格水平

C. 所有投标书内容与招标要求不符

D. 在国际竞争性招标时投标人数太少

4. 以下对寄售贸易方式的说法正确的是（　　）。

A. 寄售人可根据自己的意愿销售在途货物

B. 是典型的凭实物进行买卖的现货交易

C. 寄售人与代销人之间属于委托代售关系

D. 寄售货物在售出之前的一切费用和风险，均由寄售人承担

三、判断题

1. 采用独家经销方式时，在经销协议的期限内和指定的经销区域内，供货商只能指定一家经销商经营指定商品。（　　）

2. 我某公司与外商洽商一笔补偿贸易，外商提出以信贷方式向我方提供一套设备，并表示愿意以被委托人的身份为我方代销商品，为此，我方可以同意。（　　）

【思考题】

1. 什么叫包销？包销方式有何利弊？

2. 什么叫独家代理？独家代理与包销有何区别？

3. 代理和寄售之间有何区别？这两种贸易方式各有何利弊？

4. 采用展卖方式应注意什么问题？

5. 什么叫招标和投标？简述国际贸易中招标分类方式。

6. 什么叫拍卖？拍卖有哪些种类？

7. 什么叫补偿贸易？补偿贸易与互购贸易有何区别？

8. 补偿贸易的形式有哪几种？补偿贸易对交易双方有何积极作用？

9. 开展对外加工装配业务应注意哪些问题？

【案例分析】

某年，我国某手表厂A与国外某钟表公司B签订了一份补偿贸易合同，合同规定由B方向A方提供生产手表表壳的成套设备，设备价款为36万美元，A方用这套设备生产出来的表壳返销B方，来补偿设备的价款。每只表壳的返销价格为2美元，每年返销9万只，两年补偿完设备价款。之后3年，B方每年包销A方5万只表壳，价格仍为每只2美元。合同附件中详细列明了A方所提供设备的型号、规格及质量要求，但对补偿产品表壳的质量、技术标准及验收办法只作了一般性的规定。合同签订后，经A方请求，中国银行某分行向B方开出了以B方为受益人、总额为36万美元的不可撤销的担保函。同年6月，B方提供的设备运到我国国内，但运输途中丢失了全部的配件及工具。A方向B方提出索赔，遭B方拒绝，理由是，在FOB条件下，货物风险应由A方承担。设备经安装调试，基本达到合同规定的标准，A方验收合格即组织试制。8月，A方生产出第一批样品，经B方派员验收，口头通知A方产品符合合同规定，因此A方正式批量生产。9月，生产出第一批1万只表壳，再经B方验收时，B方提出有质量问题，拒绝接受补偿产品，双方为此发生纠纷。9月底，A方从我驻该国大使馆处获悉B方宣告破产。10月初，该国某破产管理人致函A方，称其已接管B方全部财产，正在进行破产清算，由B方向A方提供的生产表壳的成套设备已被列为破产财产，要求A方在3个月内将设备返还给破产管理人，否则，将依据中国银行某分行开给B方的担保函，向中国银行某分行追索36万美元现金。试分析此案例。

附录一　进出口业务常用单证格式

附录A　发　票

中 国 机 械 设 备 进 出 口 总 公 司 广 东 公 司

CHINA NATIONAL MACHINERY & EQUIPMENT IMPORT & EXPORT CORPORATION GUANGDONG CO. LTD., NO. 59, ZHAN QIAN ROAD, GUANGZHOU, CHINA

发　票

INVOICE

日　期
Date: ____________

致
TO Messrs

发 票 号
Invoice No. ____________

合 约 号
Contract No. ____________

信用证号
L/C No. ____________

装　由
Shipped per ____________

开船日期
Sailing about ____________

由
From ____________

至
to ____________

唛头及号数 Marks & Nos.	数量及品名 Quantities & Descriptions	单价 Unit Price	总值 Amount

____

附录B 提单

托运人
Shipper

收货人 或受让人
Consignee or Assignees

通 知
Notify

CHINA OCEAN SHIPPING COMPANY
总公司 HEAD OFFICE：北京 BEIJING
分公司 BRANCH OFFICE：广州 GUANGZHOU / 上海 SHANGHAI / 天津 TIANJIN
电报挂号：CABLE ADDRESS，"COSCO"

提 单 正 本
BILL OF LADING ORIGINAL

直运或转船
DIRECT OR WITH TRANSHIPMENT

船 名 Vessel	航 次 Voy.	装货单号 S/O No.	提 单 号 B/L No.
装货港 Port of Loading		卸货港 Port of Discharge	
国籍 Nationality	中华人民共和国 THE PEOPLE'S REPUBLIC OF CHINA	运 费 在 支付 Freight Payable at	

托运人所提供的详细情况
Particulars furnished by the Shipper

标志和号数 Marks and Numbers	件 数 No. of Packages	货名 Description of Goods	毛量 Gross Weight	尺码 Measurement

合 计 件 数（大 写）
Total Packages（in words）

上列外表情况良好的货物或包装（另有说明者除外）已装在上述指定船上并应在上述卸货港或该船所能安全到达并保持浮泊的附近地点卸货。
Shipped on board the vessel named above in apparent good order and condition（unless otherwise indicated）the goods or packages specified herein and to be discharged at the above mentioned port of discharge or as near thereto as the vessel may safely get and be always afloat.

重量、尺码、标志、号数、品质、内容和价值是托运人所提供的，承运人在装船时并未核对。
The weight，measure，marks，numbers，quality，contents and value being particularly by the Shipper are not checked by the Carrier on loading.

托运人、收货人和本提单的持有人兹明白表示接受并同意本提单和它背面所载的一切印刷、书写或盖印的规定、免责事项和条件。
The Shipper，Consignee and the Holder of this Bill of Lading hereby expressly accept and agree to all printed，written or stamped provisions，exceptions and conditions of this Bill of Lading，including those on the back hereof.

运费和其他费用
Freight and Charges：

为证明以上各节，承运人或其代理人已签署本提单一式　　份，其中一份经完成提货手续后，其余各份失效。
In witness whereof，the Carrier or his Agent has signed Bills of Lading all of this tenor and date，one of which being accomplished，the others to stand void.

请托运人特别注意本提单内与该货保险效力有关的免责事项和条件。
Shippers are requested to note particularly the exceptions and conditions of this Bill of Lading with reference to the validity of the insurance upon their goods.

签单日期
Dated ------------------------ at ----------

船 长
------------------For the Master

附录C 保险单

中 国 人 民 保 险 公 司
THE PEOPLE'S INSURANCE COMPANY OF CHINA

总公司设于北京　　一九四九年创立
Head Office: BEIJING　　Established in 1949

发票号码　　保 险 单　　保险单号次
Invoice No.　　INSURANCE POLICY　　Policy No.

中 国 人 民 保 险 公 司 （ 以 下 简 称 本 公 司 ）
This Policy of Insurance witnesses that the People's Insurance Company of China (hereinafter
根　据
called "the Company"), at request of --
（以下简称被保险人）的要求，由被保险人向本公司缴付约
(hereinafter called "the Insured") and in consideration of the agreed premium paying to the Company
定的保险费，按照本保险单承保险别和背面所载条款
by the Insured, undertakes to insure the under mentioned goods in transportation subject to the conditions of this
与下列特别条款承保下述货物运输保险，特立本保险单。
Policy as per the Clauses printed overleaf and other special clauses attached hereon.

标　记 Marks & Nos.	包装与数量 Quantity	保险货物项目 Description of Goods	保险金额 Amount Insured

总 保 险 金 额
Total Amount Insured: ____________________

保　费　　费率　　装载运输工具
Premium ---- as arranged　Rate ---- as arranged　Per conveyance S. S ----------

开 航 日 期　　自　　至
Slg. on or abt. ----------　From ----------　to ----------

承保险别
Conditions

赔款偿付地点
Claim payable at ------------------

中国人民保险公司
THE PEOPLE'S INSURANCE CO. OF CHINA

日期
DATE ------------------

附录D 装箱单

装箱单或重量证明单

PACKING LIST OR CERTIFICATE OF WEIGHT

No. ____________________ Date: ____________________

Contract No. ____________________ Page ____________________

标志及箱号 Marks & Nos.	品 名 及 规 格 Article and Specification	数 量 Quantity	件数 Package	毛重 Gross Weight	净重 Net Weight	尺码 Measurement

附录E 汇 票

F14

凭
Drawn under ....

信 用 证 第 号
L/C ***No.*** ....

日 期 年 月 日
Dated ....

按 息 付 款
Payable with interest @ .... % ***per annum***

1

号码 汇票金额 中国， 广州 年 月 日
No. .... **Exchange** ***for*** ☰☰☰ ***Guangzhou, China*** ....

见票 日 后（本 汇 票 之 副 本 未 付）付
At .... ***sight of this*** **FIRST** ***of Exchange (Second of exchange being unpaid)***

pay to the order of .... 或其指定人

金 额
the sum of ☰☰☰☰☰☰☰☰☰☰☰☰

此致
To ....

....

....

附录F 装货单

中国外轮代理公司
CHINA OCEAN SHIPPING AGENCY
装 货 单
SHIPPING ORDER

S/O No. ________

船名　　　　　　　目的港
S/S ____________ For ____________

托运人
Shipper ______________________________

兹将下列完好状况之货物装船后希签署收货单
Receive on board the undermentioned goods apparent in good order and condition and sign the accompanying receipt for the same.

标记及号码 Marks & Nos.	件数 Quantity	货名 Description of Goods	毛重量（公斤）Gross Weight in Kilos

共计件数（大写）
Total Number of Packages in writing

日期　　　　　　　　时间
Date ________________ Time ________________

装入何舱
Stowed ______________________________

实　收
Received ______________________________

理货员签名　　　　　经办员
Tallied by ________________ Approved by ________________

附录G 收货单

中 国 外 轮 代 理 公 司
CHINA OCEAN SHIPPING AGENCY

收 货 单
MATE'S RECEIPT

S/O No. ________

船名　　　　　　目的港
S/S ________ For ________

托运人
Shipper ________________

下 列 完 好 状 况 之 货 物 业 已 收 妥 无 损
Received on board the following goods apparent in good order and condition:

标记及号码 Marks & Nos.	件 数 Quantity	货 名 Description of Goods	毛重量（公斤） Gross Weight in Kilos

共计件数（大写）
Total Number of Packages in writing

日期　　　　　　时间
Date ________ Time ________

装入何舱
Stowed ________________

实 收
Received ________________

理货员签名　　　　大 副
Tallied by ________ Chief Officer ________

附录H 销售合同

SALES CONTRACT

ORIGINAL

Sellers: China National Machinery & Equipment
Import & Export Corporation, Guangdong Branch,
No. 51 Liuhua Xincun Xicun Highway, Guangzhou, China.

Contract No: ______

Date: ______

Buyers: ______

Sellers Cable Address: "EQUIMPEX" GUANGZHOU

Telex: ______

Buyers Cable Address: ______

Telex: ______

This contract is made by and between the Buyers and the Sellers, whereby the Buyers agree to buy and the Sellers agree to sell the under-mentioned commodity according to the terms and conditions stipulated below:

(1) Name of Commodity and Specifications, Quantity, Unit Price & Amount:

Name of Commodity and Specifications	Quantity	Unit Price	Amount

(2) Total Value of Contract:

(3) Packing:

(4) Shipping Mark:

(5) Port of Shipment:

(6) Port of Destination:

(7) Time of Shipment:

(8) Insurance:

☐ To be covered by the Sellers for 110% of the total invoice value against as per Ocean Marine Cargo Clause of The People's Insurance Company of China (excluding S. R. C. C).

☐ To be effected by the Buyers.

(9) Terms of Payment: By Confirmed, Irrevocable Letter of Credit established before the and to be available by sight draft and to remain valid for negotiation in China until the 15th days after the aforesaid Time of Shipment, failing which the Sellers reserve the right to rescind the contract without further notice, or to accept whole or/and part of this Sales Contract non-fulfilled by

the Buyers or to lodge a claim for direct losses sustained, if any.

(10) Claims: In case of quality, discrepancy, claim should be filed by the Buyers within two months after the arrival of the goods at port of destination; while for quantity discrepancy, claim should be filed by the Buyers within 15 days after the arrival of the goods at port of destination.

It is understood that the Sellers shall not be liable for any discrepancy of the goods shipped due to causes for which the Insurance Company, Shipping Company, other transportation organization/or Post Office are liable.

(11) Force Majeure: The Sellers shall not be held responsible if they, owing to Force Majeure cause or causes, fail to make delivery within the time stipulated in the Contract or cannot deliver the goods. However, in such a case, the Sellers shall inform the Buyers immediately by cable and if it is requested by the Buyers, shall also deliver to the Buyers by registered post, a certificate attesting the existence of such a cause or causes.

(12) Arbitration: Any dispute arising from the execution of, or in connection with, this Contract should be settled through negotiation. In case no settlement can be reached, the case shall then be submitted to the Foreign Trade Arbitration Commission of the China Council for the Promotion of International Trade, Beijing, for settlement by arbitration in accordance with the Commission's Provisional Rules of Procedure. The award rendered by the Commission shall be final and binding on both Parties.

(13) Remarks:

Sellers: Buyers:

China National Machinery & Equipment
Import & Export Corporation, Guangdong Branch

附录I 信用证实例

SEQUENCE OF TOTAL	*27: 1/1
FORM OF DOC, CREDIT	*40A: IRREVOCABLE
DOC. CREDIT NUMBER	*20: 1109110
DATE OF ISSUE	31C: 110925
DATE AND PLACE OF EXPIRY	*31D: DATE 111115 PLACE IN THE COUNTRY OF BENEFICIARY
APPLICANT	*50: YAMADA TRADE CO. , LTD 310 – 224 SKURAMAJI OSAKA JAPAN
ISSUING BANK	52A: FUJI BANK LTD 1013 SAKULA OTOLIKINGZA MACHI TOKYO JAPAN
BENEFICIARY	*59: SHANGHAI TOY IMPORT & EXPORT CORPORATION 530 ZHONGSHAN ROAD SHANGHAI CHINA
AMOUNT	*32B: CURRENCY USD AMOUNT 19,800.00
AVAILABLE WITH / BY	*41D: ANY BANK IN CHINA BY NEGOTIATION
DRAFTS AT...	42C: DRAFTS 30 DAYS AFTER SIGHT FOR FULL INVOICE COST
DRAWEE	42A: FUJI BANK LTD
PARTIAL SHIPMENTS	43P: PROHIBITED
TRANSSHIPMENT	43T: PROHIBITED
LOADING ON BOARD	44A: SHANGHAI PORT
FOR TRANSPORTATION TO...	44B: OSAKA PORT
LATEST DATE OF SHIPMENT	44C: 111031
DESCRIPTION OF GOODS	45A: PULASH TOY Art No. 88 300,000 PCS USD 0.33/PC Art No. 44 30,000 PCS USD 0.33/PC CIF OSAKA
DOCUMENTS REQUIRED	46A: + SIGNED COMMERCIAL INVOICE IN TRIPLICATE. + PACKING LIST IN TRIPLICATE + CERTIFICATE OF ORIGIN GSP CHINA FORM A, ISSUED BY THE CHAMBER OF COMMERCE OR OTHER AUTHORITY DULY ENTITLED FOR THIS PURPOSE. + FULL SET OF CLEAN ON BOARD OCEAN BILLS

OF LADING, MADE OUT TO ORDER OF SHIPPER AND BLANK ENDORSED AND MARKED "FREIGHT PREPAID" AND NOTIFY APPLICANT.

+ FULL SET OF NEGOTIABLE INSURANCE POLICY OR CERTIFICATE BLANK ENDORSED FOR 110 PERCENT OF INVOICE VALUE COVERING ALL RISKS AND WAR RISK

+ NO SOLID WOOD PACKING CERTIFICATE ISSUED BY MANUFACTURER

CHARGES	71B:	ALL BANKING CHARGES OUTSIDE JAPAN ARE FOR ACCOUNT OF BENEFICIARY.
PERIOD FOR PRESENTATION	48:	DOCUMENTS MUST BE PRESENTED WITHIN 15 DAYS AFTER THE DATE OF SHIPMENT BUT WITHIN THE VALIDITY OF THE CREDIT.

附录二 《跟单信用证统一惯例》

2007 年修订本

（国际商会第 600 号出版物）

第一条　UCP 的适用范围

《跟单信用证统一惯例》2007 年修订本（国际商会第 600 号出版物）（简称 *UCP600*）乃一套规则，适用于所有的其文本中明确表明受本惯例约束的跟单信用证（下称信用证）（在其可适用的范围内，包括备用信用证）。除非信用证明确修改或排除，本惯例各条文对信用证所有当事人均具有约束力。

第二条　定义

就本惯例而言：

通知行　指应开证行的要求通知信用证的银行。

申请人　指要求开立信用证的一方。

银行工作日　指银行在其履行受本惯例约束的行为的地点通常开业的一天。

受益人　指接受信用证并享受其利益的一方。

相符交单　指与信用证条款、本惯例的相关适用条款以及国际标准银行实务一致的交单。

保兑　指保兑行在开证行承诺之外做出的承付或议付相符交单的确定承诺。

保兑行　指根据开证行的授权或要求对信用证加具保兑的银行。

信用证　指一项不可撤销的安排，无论其名称或描述如何，该项安排构成开证行对相符交单予以承付的确定承诺。

承付　指：

a. 如果信用证为即期付款信用证，则即期付款。

b. 如果信用证为延期付款信用证，则承诺延期付款并在承诺到期日付款。

c. 如果信用证为承兑信用证，则承兑受益人开出的汇票并在汇票到期日付款。

开证行　指应申请人要求或者代表自己开出信用证的银行。

议付　指指定银行在相符交单下，在其应获偿付的银行工作日当天或之前向受益人预付或者同意预付款项，从而购买汇票（其付款人为指定银行以外的其他银行）及/或单据的行为。

指定银行　指信用证可在其处兑用的银行，如信用证可在任一银行兑用，则任何银行均为指定银行。

交单　指向开证行或指定银行提交信用证项下单据的行为，或指按此方式提交的单据。

交单人　指实施交单行为的受益人、银行或其他人。

第三条　解释

就本惯例而言：

如情形适用，单数词形包含复数含义，复数词形包含单数含义。

信用证是不可撤销的，即使未如此表明。

单据签字可用手签、摹样签字、穿孔签字、印戳、符号或任何其他机械或电子的证实方法为之。

诸如单据须履行法定手续、签证、证明等类似要求，可由单据上任何看似满足该要求的签字、标记、印戳或标签来满足。

一家银行在不同国家的分支机构被视为不同的银行。

用诸如“第一流的”“著名的”“合格的”“独立的”“正式的”“有资格的”或“本地的”等词语描述单据的出单人时，允许除受益人之外的任何人出具该单据。

除非要求在单据中使用，否则诸如“迅速地”“立刻地”或“尽快地”等词语将被不予理会。

“在或大概在（on or about）”或类似用语将被视为规定事件发生在指定日期的前后五个日历日之间，起讫日期计算在内。

“至（to）”“直至（until、till）”“从……开始（from）”及“在……之间（between）”等词用于确定发运日期时包含提及的日期，使用“在……之前（before）”及“在……之后（after）”时则不包含提及的日期。

“从……开始（from）”及“在……之后（after）”等词用于确定到期日时不包含提及的日期。

“前半月”及“后半月”分别指一个月的第一日到第十五日及第十六日到该月的最后一日，起讫日期计算在内。

一个月的“开始（beginning）”“中间（middle）”及“末尾（end）”分别指第一到第十日、第十一日到第二十日及第二十一日到该月的最后一日，起讫日期计算在内。

第四条　信用证与合同

a. 就其性质而言，信用证与可能作为其开立基础的销售合同或其他合同是相互独立的交易，即使信用证中含有对此类合同的任何援引，银行也与该合同无关，且不受其约束。因此，银行关于承付、议付或履行信用证项下其他义务的承诺，不受申请人基于与开证行或与受益人之间的关系而产生的任何请求或抗辩的影响。

受益人在任何情况下不得利用银行之间或申请人与开证行之间的合同关系。

b. 开证行应劝阻申请人试图将基础合同、形式发票等文件作为信用证组成部分的做法。

第五条　单据与货物、服务或履约行为

银行处理的是单据，而不是单据可能涉及的货物、服务或履约行为。

第六条　兑用方式、截止日和交单地点

a. 信用证必须规定可在其处兑用的银行，或是否可在任一银行兑用。规定在指定银行兑用的信用证同时也可以在开证行兑用。

b. 信用证必须规定其是以即期付款、延期付款、承兑还是议付的方式兑用。

c. 信用证不得开成凭以申请人为付款人的汇票兑用。

d. Ⅰ. 信用证必须规定一个交单的截止日。规定的承付或议付的截止日将被视为交单的截止日。

Ⅱ. 可在其处兑用信用证的银行所在地即为交单地点。可在任一银行兑用的信用证其交单地点为任一银行所在地。除规定的交单地点外，开证行所在地也是交单地点。

e. 除非如第二十九条 a 款规定的情形，否则受益人或者代表受益人的交单应在截止日当天或之前完成。

第七条　开证行责任

a. 只要规定的单据提交给指定银行或开证行，并且构成相符交单，则开证行必须承付，如果信用证为以下情形之一：

Ⅰ. 信用证规定由开证行即期付款，延期付款或承兑；

Ⅱ. 信用证规定由指定银行即期付款但其未付款；

Ⅲ. 信用证规定由指定银行延期付款但其未承诺延期付款，或虽已承诺延期付款，但未在到期日付款；

Ⅳ. 信用证规定由指定银行承兑，但其未承兑以其为付款人的汇票，或虽然承兑了汇票，但未在到期日付款；

Ⅴ. 信用证规定由指定银行议付但其未议付。

b. 开证行自开立信用证之时起即不可撤销地承担承付责任。

c. 指定银行承付或议付相符交单并将单据转给开证行之后，开证行即承担偿付该指定银行的责任。对承兑或延期付款信用证下相符交单金额的偿付应在到期日办理，无论指定银行是否在到期日之前预付或购买了单据。开证行偿付指定银行的责任独立于开证行对受益人的责任。

第八条　保兑行责任

a. 只要规定的单据提交给保兑行，或提交给其他任何指定银行，并且构成相符交单，保兑行必须：

Ⅰ. 承付，如果信用证为以下情形之一：

a）信用证规定由保兑行即期付款、延期付款或承兑；

b）信用证规定由另一指定银行延期付款，但其未付款；

c）信用证规定由另一指定银行延期付款，但其未承诺延期付款，或虽已承诺延期付款，但未在到期日付款；

d）信用证规定由另一指定银行承兑，但其未承兑以其为付款人的汇票，或虽已承兑汇票，但未在到期日付款；

e）信用证规定由另一指定银行议付，但其未议付。

Ⅱ. 无追索权的议付，如果信用证规定由保兑行议付。

b. 保兑行自对信用证加具保兑之时起即不可撤销地承担承付或议付的责任。

c. 其他指定银行承付或议付相符交单并将单据转往保兑行之后，保兑行即承担偿付该指定银行的责任。对承兑或延期付款信用证下相符交单金额的偿付应在到期日办理，无论指定银行是否在到期日之前预付或购买了单据。保兑行偿付指定银行的责任独立于保兑行对受益人的责任。

d. 如果开证行授权或要求一银行对信用证加具保兑，而其并不准备照办，则其必须毫不延误地通知开证行，并可通知此信用证而不加保兑。

第九条　信用证及其修改的通知

a. 信用证及其任何修改可以经由通知行通知给受益人。非保兑行的通知行通知信用证及修改时不承担承付或议付的责任。

b. 通知行通知信用证或修改的行为表示其已确信信用证或修改的表面真实性，而且其通知准确地反映了其收到的信用证或修改的条款。

c. 通知行可以通过另一银行（“第二通知行”）向受益人通知信用证及修改。第二通知行通知信用证或修改的行为表明其已确信收到的通知的表面真实性，并且其通知准确地反映了收到的信用证或修改的条款。

d. 经由通知行或第二通知行通知信用证的银行必须经由同一银行通知其后的任何修改。

e. 如一银行被要求通知信用证或修改但其决定不予通知，则应毫不延误地告知自其处收到信用证、修改或通知的银行。

f. 如一银行被要求通知信用证或修改但其不能确信信用证、修改或通知的表面真实性，则应毫不延误地通知看似从其处收到指示的银行。如果通知行或第二通知行决定仍然通知信用证或修改，则应告知受益人或第二通知行其不能确信信用证、修改或通知的表面真实性。

第十条　修改

a. 除第三十八条另有规定者外，未经开证行、保兑行（如有的话）及受益人同意，信用证既不得修改，也不得撤销。

b. 开证行自发出修改之时起，即不可撤销地受其约束。保兑行可将其保兑扩展至修改，并自通知该修改时，即不可撤销地受其约束。但是，保兑行可以选择将修改通知受益人而不对其加具保兑。若然如此，其必须毫不延误地将此告知开证行，并在其给受益人的通知中告知受益人。

c. 在受益人告知通知修改的银行其接受该修改之前，原信用证（或含有先前被接受的修改的信用证）的条款对受益人仍然有效。受益人应提供接受或拒绝修改的通知。如果受益人未能给予通知，当交单与信用证以及尚未表示接受的修改的要求一致时，即视为受益人已作出接受修改的通知，并且从此时起，该信用证被修改。

d. 通知修改的银行应将任何接受或拒绝的通知转告发出修改的银行。

e. 对同一修改的内容不允许部分接受，部分接受将被视为拒绝修改的通知。

f. 修改中关于除非受益人在某一时间内拒绝修改，否则修改生效的规定应被不予理会。

第十一条　电讯传输的和预先通知的信用证和修改

a. 以经证实的电讯方式发出的信用证或信用证修改即被视为有效的信用证或修改文据，任何后续的邮寄确认书应被不予理会。

如电讯声明“详情后告”（或类似用语）或声明以邮寄确认书为有效信用证或修改，则该电讯不被视为有效信用证或修改。开证行必须随即不迟延地开立有效信用证或修改，其条款不得与该电讯矛盾。

b. 开证行只有在准备开立有效信用证或作出有效修改时，才可以发出关于开立或修改信用证的初步通知（预先通知）。开证行作出该预先通知，即不可撤销地保证不迟延地开立或修改信用证，且其条款不能与预先通知相矛盾。

第十二条　指定

a. 除非指定银行为保兑行，对于承付或议付的授权并不赋予指定银行承付或议付的义务，除非该指定银行明确表示同意并且告知受益人。

b. 开证行指定一银行承兑汇票或做出延期付款承诺，即为授权该指定银行预付或购买其已承兑的汇票或已做出的延期付款承诺。

c. 非保兑行的指定银行收到或审核并转递单据的行为并不使其承担承付或议付的责任，也不构成其承付或议付的行为。

第十三条 银行之间的偿付安排

a. 如果信用证规定指定银行（“索偿行”）向另一方（“偿付行”）获取偿付时，必须同时规定该偿付是否按信用证开立时有效的 ICC 银行间偿付规则进行。

b. 如果信用证没有规定偿付遵守 ICC 银行间偿付规则，则按照以下规定：

Ⅰ. 开证行必须给予偿付行有关偿付的授权，授权应符合信用证关于兑用方式的规定，且不应设定有效期。

Ⅱ. 开证行不应要求索偿行向偿付行提供与信用证条款相符的证明。

Ⅲ. 如果偿付行未按信用证条款见索即偿，开证行将承担利息损失以及产生的任何其他费用。

Ⅳ. 偿付行的费用应由开证行承担。然而，如果此项费用由受益人承担，开证行有责任在信用证及偿付授权中注明。如果偿付行的费用由受益人承担，该费用应在偿付时从付给索偿行的金额中扣取。如果偿付未发生，偿付行的费用仍由开证行负担。

c. 如果偿付行未能见索即偿，开证行不能免除偿付责任。

第十四条 单据审核标准

a. 按指定行事的指定银行、保兑行（如果有的话）及开证行须审核交单，并仅基于单据本身确定其是否在表面上构成相符交单。

b. 按指定行事的指定银行、保兑行（如有的话）及开证行各有从交单次日起至多五个银行工作日用以确定交单是否相符。这一期限不因交单日当天或之后适逢信用证有效期或最迟交单日而受到缩减或影响。

c. 如果单据中包含一份或多份按照第十九、二十、二十一、二十二、二十三、二十四或二十五条规定出具的正本运输单据，则须由受益人或其代表在不迟于本惯例所指的发运日之后的二十一个日历日内交单，但是在任何情况下都不得迟于信用证的有效期。

d. 单据中的数据，在与信用证、单据本身以及国际标准银行实务参照解读时，无须与该单据本身中的数据、其他要求的单据或信用证中的数据等同一致，但不得矛盾。

e. 除商业发票外，其他单据中的货物、服务或履约行为的描述，如果有的话，可使用与信用证中的描述不矛盾的概括性用语。

f. 如果信用证要求提交运输单据、保险单据或者商业发票之外的单据，却未规定出单人或其数据内容，则只要提交的单据内容看似满足所要求单据的功能，且其他方面符合第十四条 d 款，银行将接受该单据。

g. 提交的非信用证所要求的单据将被不予理会，并可被退还给交单人。

h. 如果信用证含有一项条件，但未规定用以表明该条件得到满足的单据，银行将视为未作规定并不予理会。

i. 单据日期可以早于信用证的开立日期，但不得晚于交单日期。

j. 当受益人和申请人的地址出现在任何规定的单据中时，无须与信用证或其他规定单据中所载相同，但必须与信用证中规定的相应地址同在一国。联络细节（传真、电话、电子邮件及类似细节）作为受益人和申请人地址的一部分时将被不予理会。然而，如果申请人的地址和联络细节为第十九、二十、二十一、二十二、二十三、二十四或二十五条规定的运输单据上的收货人或通知方细节的一部分时，应与信用证规定的相同。

k. 在任何单据中注明的托运人或发货人无须为信用证的受益人。

l. 运输单据可以由任何人出具，无须为承运人、船东、船长或租船人，只要其符合第十九、二十、二十一、二十二、二十三或二十四条的要求。

第十五条　相符交单

a. 当开证行确定交单相符时，必须承付。

b. 当保兑行确定交单相符时，必须承付或者议付并将单据转递给开证行。

c. 当指定银行确定交单相符并承付或议付时，必须将单据转递给保兑行或开证行。

第十六条　不符单据、放弃及通知

a. 当按照指定行事的指定银行、保兑行（如有的话）或者开证行确定交单不符时，可以拒绝承付或议付。

b. 当开证行确定交单不符时，可以自行决定联系申请人放弃不符点。然而，这并不能延长第十四条 b 款所指的期限。

c. 当按照指定行事的指定银行、保兑行（如有的话）或开证行决定拒绝承付或议付时，必须给予交单人一份单独的拒付通知。

该通知必须声明：

Ⅰ. 银行拒绝承付或议付；及

Ⅱ. 银行拒绝承付或者议付所依据的每一个不符点；及

Ⅲ. a）银行留存单据听候交单人的进一步指示；或者

b）开证行留存单据直到其从申请人处接到放弃不符点的通知并同意接受该放弃，或者其同意接受对不符点的放弃之前从交单人处收到其进一步指示；或者

c）银行将退回单据；或者

d）银行将按之前从交单人处获得的指示处理。

d. 第十六条 c 款要求的通知必须以电讯方式，如不可能，则以其他快捷方式，在不迟于自交单之翌日起第五个银行工作日结束前发出。

e. 按照指定行事的指定银行、保兑行（如有的话）或开证行在按照第十六条 c 款Ⅲ项 a）或 b）发出了通知后，可以在任何时候将单据退还交单人。

f. 如果开证行或保兑行未能按照本条行事，则无权宣称交单不符。

g. 当开证行拒绝承付或保兑行拒绝承付或者议付，并且按照本条发出了拒付通知后，有权要求返还已偿付的款项及利息。

第十七条　正本单据及副本

a. 信用证规定的每一种单据须至少提交一份正本。

b. 银行应将任何带有看似出单人的原始签名、标记、印戳或标签的单据视为正本单据，除非单据本身表明其非正本。

c. 除非单据本身另有说明，在以下情况下，银行也将其视为正本单据：

Ⅰ. 单据看似由出单人手写、打字、穿孔或盖章；或者

Ⅱ. 单据看似使用出单人的原始信纸出具；或者

Ⅲ. 单据声明其为正本单据，除非该声明看似不适用于提交的单据。

d. 如果信用证要求提交单据的副本，提交正本或副本均可。

e. 如果信用证使用诸如“一式两份（in duplicate）”“两份（in two fold）”“两套（in two copies）”等用语要求提交多份单据，则提交至少一份正本，其余使用副本即可满足要求，除非单据本身另有说明。

第十八条　商业发票

a. 商业发票：

Ⅰ. 必须看似由受益人出具（第三十八条规定的情形除外）；

Ⅱ. 必须出具成以申请人为抬头（第三十八条 g 款规定的情形除外）；

Ⅲ. 必须与信用证的货币相同；且

Ⅳ. 无须签名。

b. 按指定行事的指定银行、保兑行（如有的话）或开证行可以接受金额大于信用证允许金额的商业发票，其决定对有关各方均有约束力，只要该银行对超过信用证允许金额的部分未作承付或者议付。

c. 商业发票上的货物、服务或履约行为的描述应该与信用证中的描述一致。

第十九条　涵盖至少两种不同运输方式的运输单据

a. 涵盖至少两种不同运输方式的运输单据（多式或联合运输单据），无论名称如何，必须看似：

Ⅰ. 表明承运人名称并由以下人员签署：

* 承运人或其具名代理人，或

* 船长或其具名代理人。

承运人、船长或代理人的任何签字，必须标明其承运人、船长或代理人的身份。

代理人签字必须标明其系代表承运人还是船长签字。

Ⅱ. 通过以下方式表明货物已经在信用证规定的地点发送、接管或已装船。

* 事先印就的文字，或者

* 表明货物已经被发送、接管或装船日期的印戳或批注。

运输单据的出具日期将被视为发送、接管或装船的日期，也即发运的日期。然而，如单据以印戳或批注的方式表明了发送、接管或装船日期，该日期将被视为发运日期。

Ⅲ. 表明信用证规定的发送、接管或发运地点，以及最终目的地，即使：

a）该运输单据另外还载明了一个不同的发送、接管或发运地点或最终目的地，或者

b）该运输单据载有“预期的”或类似的关于船只、装货港或卸货港的限定语。

Ⅳ. 系仅有的一份正本运输单据，或者，如果出具了多份正本，则为运输单据中表明的全套正本份数。

Ⅴ. 载有承运条款和条件，或提示承运条款和条件参见别处（简式/背面空白的运输单据）。银行将不审核承运条款和条件的内容。

Ⅵ. 未表明受租船合同约束。

b. 就本条而言，转运系指在从信用证规定的发送、接管或者发运地点至最终目的地的运输过程中，从某一运输工具上卸下货物并装上另一运输工具的行为（无论其是否为不同的运

输方式)。

c. Ⅰ. 运输单据可以表明货物将要或可能被转运，只要全程运输由同一运输单据涵盖。

Ⅱ. 即使信用证禁止转运，注明将要或者可能发生转运的运输单据仍可接受。

第二十条　提单

a. 提单，无论名称如何，必须看似：

Ⅰ. 表明承运人名称，并由下列人员签署：

* 承运人或其具名代理人，或者

* 船长或其具名代理人。

承运人、船长或代理人的任何签字必须标明其承运人、船长或代理人的身份。

代理人的任何签字必须标明其系代表承运人还是船长签字。

Ⅱ. 通过以下方式表明货物已在信用证规定的装货港装上具名船只：

* 预先印就的文字，或

* 已装船批注注明货物的装运日期。

提单的出具日期将被视为发运日期，除非提单载有表明发运日期的已装船批注，此时已装船批注中显示的日期将被视为发运日期。

如果提单载有"预期船只"或类似的关于船名的限定语，则须以已装船批注明确发运日期以及实际船名。

Ⅲ. 表明货物从信用证规定的装货港发运至卸货港。

如果提单没有表明信用证规定的装货港为装货港，或者其载有"预期的"或类似的关于装货港的限定语，则须以已装船批注表明信用证规定的装货港、发运日期以及实际船名。即使提单以事先印就的文字表明了货物已装载或装运于具名船只，本规定仍适用。

Ⅳ. 系仅有的一份正本提单，或如果以多份正本出具，为提单中表明的全套正本。

Ⅴ. 载有承运条款和条件，或提示承运条款和条件参见别处（简式/背面空白的提单）。银行将不审核承运条款和条件的内容。

Ⅵ. 未表明受租船合同约束。

b. 就本条而言，转运系指在信用证规定的装货港到卸货港之间的运输过程中，将货物从一船卸下并再装上另一船的行为。

c. Ⅰ. 提单可以表明货物将要或可能被转运，只要全程运输由同一提单涵盖。

Ⅱ. 即使信用证禁止转运，注明将要或可能发生转运的提单仍可接受，只要其表明货物由集装箱、拖车或子母船运输。

d. 提单中声明承运人保留转运权利的条款将被不予理会。

第二十一条　不可转让的海运单

a. 不可转让的海运单，无论名称如何，必须看似：

Ⅰ. 表明承运人名称并由下列人员签署：

* 承运人或其具名代理人，或者

* 船长或其具名代理人。

承运人、船长或代理人的任何签字必须标明其承运人、船长或代理人的身份。

代理签字必须标明其系代表承运人还是船长签字。

Ⅱ. 通过以下方式表明货物已在信用证规定的装货港装上具名船只：

∗预先印就的文字，或者

∗已装船批注表明货物的装运日期。

不可转让海运单的出具日期将被视为发运日期，除非其上带有已装船批注注明发运日期，表明已装船批注注明的日期将被视为发运日期。

如果不可转让海运单载有“预期船只”或类似的关于船名的限定语，则需要以已装船批注表明发运日期和实际船名。

Ⅲ．表明货物从信用证规定的装货港发运至卸货港。

如果不可转让海运单未以信用证规定的装货港为装货港，或者如果其载有“预期的”或类似的关于装货港的限定语，则需要以已装船批注表明信用证规定的装货港、发运日期和船只。即使不可转让海运单以预先印就的文字表明货物已由具名船只装载或装运，本规定也适用。

Ⅳ．系仅有的一份正本不可转让海运单，或如果以多份正本出具，为海运单上注明的全套正本。

Ⅴ．载有承运条款和条件，或提示承运条款和条件参见别处（简式/背面空白的海运单），银行将不审核承运条款和条件的内容。

Ⅵ．未注明受租船合同约束。

b．就本条而言，转运系指在信用证规定的装货港到卸货港之间的运输过程中，将货物从一船卸下并装上另一船的行为。

c．Ⅰ．不可转让海运单可以注明货物将要或可能被转运，只要全程运输由同一海运单涵盖。

Ⅱ．即使信用证禁止转运，注明转运将要或可能发生的不可转让的海运单仍可接受，只要其表明货物装于集装箱、拖船或子母船中运输。

d．不可转让的海运单中声明承运人保留转运权利条款将被不予理会。

第二十二条　租船合同提单

a．表明其受租船合同约束的提单（租船合同提单），无论名称如何，必须看似：

Ⅰ．由以下人员签署：

∗船长或其具名代理人，或

∗船主或其具名代理人，或

∗租船人或其具名代理人。

船长、船东、租船人或代理人的任何签字必须标明其船长、船东、租船人或代理人的身份。

代理人签字必须表明其系代表船长、船东还是租船人签字。

代理人代表船东或租船人签字时必须注明船东或租船人的名称。

Ⅱ．通过以下方式表明货物已在信用证规定的装货港装上具名船只：

∗预先印就的文字，或者

∗以装船批注注明货物的装运日期。

租船合同提单的出具日期将被视为发运日期，除非租船合同提单载有以装船批注注明发运日期，此时装船批注注明的日期将被视为发运日期。

Ⅲ．表明货物从信用证规定的装货港发运至卸货港。卸货港也可显示为信用证规定的港口范围或地理区域。

Ⅳ. 系仅有的一份正本租船合同提单，或如以多份正本出具，为租船合同提单注明的全套正本。

b. 银行将不审核租船合同，即使信用证要求提交租船合同。

第二十三条　空运单据

a. 空运单据，无论名称如何，必须看似：

Ⅰ. 表明承运人名称，并由以下人员签署：

* 承运人，或
* 承运人的具名代理人。

承运人或其代理人的任何签字必须标明其承运人或代理人的身份。

代理人签字必须标明其系代表承运人签字。

Ⅱ. 表明货物已被收妥待运。

Ⅲ. 表明出具日期。该日期将被视为发运日期，除非空运单据载有专门批注注明实际发运日期，此时批注中的日期将被视为发运日期。

空运单据中其他与航班号和航班日期相关的信息将不被用来确定发运日期。

Ⅳ. 表明信用证规定的起飞机场和目的地机场。

Ⅴ. 为开给发货人或托运人的正本，即使信用证规定提交全套正本。

Ⅵ. 载有承运条款和条件，或提示条款和条件参见别处。银行将不审核承运条款和条件的内容。

b. 就本条而言，转运是指在信用证规定的起飞机场到目的地机场的运输过程中，将货物从一飞机卸下再装上另一飞机的行为。

c. Ⅰ. 空运单据可以注明货物将要或可能转运，只要全程运输由同一空运单据涵盖。

Ⅱ. 即使信用证禁止转运，注明将要或可能发生转运的空运单据仍可接受。

第二十四条　公路、铁路或内陆水运单据

a. 公路、铁路或内陆水运单据，无论名称如何，必须看似：

Ⅰ. 表明承运人名称，并且

* 由承运人或其具名代理人签署，或者
* 由承运人或其具名代理人以签字、印戳或批注表明货物收讫。

承运人或其具名代理人的收货签字、印戳或批注必须标明其承运人或代理人的身份。代理人的收货签字、印戳或批注必须标明代理人系代理承运人签字或行事。

如果铁路运输单据没有指明承运人，可以接受铁路运输公司的任何签字或印戳作为承运人签署单据的证据。

Ⅱ. 表明货物在信用证规定地点的发运日期，或者收讫待运或待发送的日期。运输单据的出具日期将被视为发运日期，除非运输单据上盖有带日期的收货印戳，或注明了收货日期或发运日期。

Ⅲ. 表明信用证规定的发运地及目的地。

b. Ⅰ. 公路运输单据必须看似为开给发货人或托运人的正本，或没有任何标记表明单据开给何人。

Ⅱ. 注明“第二联”的铁路运输单据将被作为正本接受。

Ⅲ. 无论是否注明正本字样，铁路或内陆水运单据都被作为正本接受。

c. 如运输单据上未注明出具的正本数量，提交的份数即视为全套正本。

d. 就本条而言，转运是指在信用证规定的发运、发送或运送的地点到目的地之间的运输过程中，在同一运输方式中从一运输工具卸下再装上另一运输工具的行为。

e. Ⅰ. 只要全程运输由同一运输单据涵盖，公路、铁路或内陆水运单据可以注明货物将要或可能被转运。

Ⅱ. 即使信用证禁止转运，注明将要或可能发生转运的公路、铁路或内陆水运单据仍可接受。

第二十五条 快递收据、邮政收据或投邮证明

a. 证明货物收讫待运的快递收据，无论名称如何，必须看似：

Ⅰ. 表明快递机构的名称，并在信用证规定的货物发运地点由该具名快递机构盖章或签字；并且

Ⅱ. 表明取件或收件的日期或类似词语，该日期将被视为发运日期。

b. 如果要求显示快递费用付讫或预付，快递机构出具的表明快递费由收货人以外的一方支付的运输单据可以满足该项要求。

c. 证明货物收讫待运的邮政收据或投邮证明，无论名称如何，必须看似在信用证规定的货物发运地点盖章或签署并注明日期。该日期将被视为发运日期。

第二十六条 "货装舱面""托运人装载和计数""内容据托运人报称"及运费之外的费用

a. 运输单据不得表明货物装于或者将装于舱面。声明货物可能装于舱面的运输单据条款可以接受。

b. 载有诸如"托运人装载和计数"或"内容据托运人报称"条款的运输单据可以接受。

c. 运输单据上可以以印戳或其他方法提及运费之外的费用。

第二十七条 清洁运输单据

银行只接受清洁运输单据，清洁运输单据指未载有明确宣称货物或包装有缺陷的条款或批注的运输单据。"清洁"一词并不需要在运输单据上出现，即使信用证要求运输单据为"清洁已装船"的。

第二十八条 保险单据及保险范围

a. 保险单据，例如保险单或预约保险项下的保险证明书或者声明书，必须看似由保险公司或承保人或其代理人或代表出具并签署。

b. 如果保险单据表明其以多份正本出具，所有正本均须提交。

c. 暂保单将不被接受。

d. 可以接受保险单代预约保险项下的保险证明书或声明书。

e. 保险单据日期不得晚于发运日期，除非保险单据表明保险责任不迟于发运日生效。

f. Ⅰ. 保险单据必须表明投保金额并以与信用证相同的货币表示。

Ⅱ. 信用证对于投保金额为货物价值、发票金额或类似金额的某一比例的要求，将被视为对最低保额的要求。

如果信用证对投保金额未作规定，投保金额须至少为货物的 CIF 或 CIP 价格的 110%。

如果从单据中不能确定 CIF 或者 CIP 价格，投保金额必须基于要求承付或议付的金额，或者基于发票上显示的货物总值来计算，两者之中取金额较高者。

Ⅲ. 保险单据须表明承保的风险区间至少涵盖从信用证规定的货物接管地或发运地开始到卸货地或最终目的地为止。

g. 信用证应规定所需投保的险别及附加险（如有的话）。如果信用证使用诸如“通常风险”或“惯常风险”等含义不确切的用语，则无论是否有漏保之风险，保险单据将被照样接受。

h. 当信用证规定投保“一切险”时，如保险单据载有任何“一切险”批注或条款，无论是否有“一切险”标题，均将被接受，即使其声明任何风险除外。

i. 保险单据可以援引任何除外条款。

j. 保险单据可以注明受免赔率或免赔额（减除额）约束。

第二十九条　截止日或最迟交单日的顺延

a. 如果信用证的截止日或最迟交单日适逢接受交单的银行非因第三十六条所述原因而歇业，则截止日或最迟交单日，视何者适用，将顺延至其重新开业的第一个银行工作日。

b. 如果在顺延后的第一个银行工作日交单，指定银行必须在其致开证行或保兑行的面函中声明交单是在根据第二十九条 a 款顺延的期限内提交的。

c. 最迟发运日不因第二十九条 a 款规定的原因而顺延。

第三十条　信用证金额、数量与单价的伸缩度

a. “约”或“大约”用于信用证金额或信用证规定的数量或单价时，应解释为允许有关金额或数量或单价有不超过 10% 的增减幅度。

b. 在信用证未以包装单位件数或货物自身件数的方式规定货物数量时，货物数量允许有 5% 的增减幅度，只要总支取金额不超过信用证金额。

c. 如果信用证规定了货物数量，而该数量已全部发运，及如果信用证规定了单价，而该单价又未降低，或当第三十条 b 款不适用时，则即使不允许部分装运，也允许支取的金额有 5% 的减幅。若信用证规定有特定的增减幅度或使用第三十条 a 款提到的用语限定数量，则该减幅不适用。

第三十一条　部分支款或部分发运

a. 允许部分支款或部分发运。

b. 表明使用同一运输工具并经由同次航程运输的数套运输单据在同一次提交时，只要显示相同目的地，将不视为部分发运，即使运输单据上表明的发运日期不同或装货港、接管地或发运地点不同。如果交单由数套运输单据构成，其中最晚的一个发运日将被视为发运日。

含有一套或数套运输单据的交单，如果表明在同一种运输方式下经由数件运输工具运输，即使运输工具在同一天出发运往同一目的地，仍将被视为部分发运。

c. 含有一份以上快递收据、邮政收据或投邮证明的交单，如果单据看似由同一快递或邮政机构在同一地点和日期加盖印戳或签字并且表明同一目的地，将不视为部分发运。

第三十二条　分期支款或分期发运

如信用证规定在指定的时间段内分期支款或分期发运，任何一期未按信用证规定期限支取或发运时，信用证对该期及以后各期均告失效。

第三十三条　交单时间

银行在其营业时间外无接受交单的义务。

第三十四条　关于单据有效性的免责

银行对任何单据的形式、充分性、准确性、内容真实性、虚假性或法律效力，或对单据中规定或添加的一般或特殊条件，概不负责；银行对任何单据所代表的货物、服务或其他履约行为的描述、数量、重量、品质、状况、包装、交付、价值或其存在与否，或对发货人、承运人、货运代理人、收货人、货物的保险人或其他任何人的诚信与否、作为或不作为、清偿能力、履约或资信状况，也概不负责。

第三十五条　关于信息传递和翻译的免责

当报文、信件或单据按照信用证的要求传输或发送时，或当信用证未作指示，银行自行选择传送服务时，银行对报文传输或信件或单据的递送过程中发生的延误、中途遗失、残缺或其他错误产生的后果，概不负责。

如果指定银行确定交单相符并将单据发往开证行或保兑行，无论指定银行是否已经承付或议付，开证行或保兑行必须承付或议付，或偿付指定银行，即使单据在指定银行送往开证行或保兑行的途中，或保兑行送往开证行的途中丢失。

银行对技术术语的翻译或解释上的错误，不负责任，并可不加翻译地传送信用证条款。

第三十六条　不可抗力

银行对由于天灾、暴动、骚乱、叛乱、战争、恐怖主义行为或任何罢工、停工或其无法控制的任何其他原因导致的营业中断的后果，概不负责。

银行恢复营业时，对于在营业中断期间已逾期的信用证，不再进行承付或议付。

第三十七条　关于被指示方行为的免责

a. 为了执行申请人的指示，银行利用其他银行的服务，其费用和风险由申请人承担。

b. 即使银行自行选择了其他银行，如果发出的指示未被执行，开证行或通知行对此亦不负责。

c. 指示另一银行提供服务的银行有责任负担被指示方因执行指示而发生的任何佣金、手续费、成本或开支（“费用”）。

如果信用证规定费用由受益人负担，而该费用未能收取或从信用证款项中扣除，开证行依然承担支付此费用的责任。

信用证或其修改不应规定向受益人的通知以通知行或第二通知行收到其费用为条件。

d. 外国法律和惯例加诸银行的一切义务和责任，申请人应受其约束，并就此对银行负补偿之责。

第三十八条　可转让信用证

a. 银行无办理信用证转让的义务，除非其明确同意。

b. 就本条而言：

可转让信用证系指特别注明“可转让”（transferable）字样的信用证。可转让信用证可应受益人（第一受益人）的要求转为全部或部分由另一受益人（第二受益人）兑用。

转让行系指办理信用证转让的指定银行，或当信用证规定可在任何银行兑用时，指开证行特别如此授权并实际办理转让的银行。开证行也可担任转让行。

已转让信用证指已由转让行转为可由第二受益人兑用的信用证。

c. 除非转让时另有约定，有关转让的所有费用（诸如佣金、手续费、成本或开支）须由第一受益人支付。

d. 只要信用证允许部分支款或部分发运，信用证可以分部分地转让给数名第二受益人。

已转让信用证不得应第二受益人的要求转让给任何其后受益人。第一受益人不视为其后受益人。

e. 任何转让要求须说明是否允许及在何条件下允许将修改通知第二受益人。已转让信用证须明确说明该项条件。

f. 如果信用证转让给数名第二受益人，其中一名或多名第二受益人对信用证修改的拒绝并不影响其他第二受益人接受修改。对接受者而言该已转让信用证即被相应修改，而对拒绝修改的第二受益人而言，该信用证未被修改。

g. 已转让信用证须准确转载原证条款，包括保兑（如果有的话），但下列项目除外：

——信用证金额；

——规定的任何单价；

——截止日；

——交单期限；或

——最迟发运日或发运期间。

以上任何一项或全部均可减少或缩短。

必须投保的保险比例可以增加，以达到原信用证或本惯例规定的保险金额。

可用第一受益人的名称替换原证中的开证申请人名称。

如果原证特别要求开证申请人名称应在除发票以外的任何单据出现时，已转让信用证必须反映该项要求。

h. 第一受益人有权以自己的发票和汇票（如有的话）替换第二受益人的发票和汇票，其金额不得超过原信用证的金额。经过替换后，第一受益人可在原信用证项下支取自己发票与第二受益人发票间的差价（如有的话）。

i. 如果第一受益人应提交其自己的发票和汇票（如有的话），但未能在第一次要求时照办，或第一受益人提交的发票导致了第二受益人的交单中本不存在的不符点，而其未能在第一次要求时修正，转让行有权将从第二受益人处收到的单据照交开证行，并不再对第一受益人承担责任。

j. 在要求转让时，第一受益人可以要求在信用证转让后的兑用地点，在原信用证的截止日之前（包括截止日），对第二受益人承付或议付。本规定并不得损害第一受益人在第三十八条 h 款下的权利。

k. 第二受益人或代表第二受益人的交单必须交给转让行。

第三十九条　款项让渡

信用证未注明可转让，并不影响受益人根据所适用的法律规定，将该信用证项下其可能有权或可能将成为有权获得的款项让渡给他人的权利。本条只涉及款项的让渡，而不涉及在信用证项下进行履行行为的权利让渡。

附录三 《联合国国际货物销售合同公约》[①]

本公约各缔约国，铭记联合国大会第六届特别会议通过的关于建立新的国际经济秩序的各项决议的广泛目标，考虑到在平等互利基础上发展国际贸易是促进各国间友好关系的一个重要因素，认为采用照顾到不同的社会、经济和法律制度的国际货物销售合同统一规则，将有助于减少国际贸易的法律障碍，促进国际贸易的发展，

兹协议如下：

第一部分 适用范围和总则

第一章 适 用 范 围

第一条

（1）本公约适用于营业地在不同国家的当事人之间所订立的货物销售合同：（a）如果这些国家是缔约国；或（b）如果国际私法规则导致适用某一缔约国的法律。

（2）当事人营业地在不同国家的事实，如果从合同或从订立合同前任何时候或订立合同时，当事人之间的任何交易或当事人透露的情报均看不出，应不予考虑。

（3）在确定本公约的适用时，当事人的国籍和当事人或合同的民事或商业性质，应不予考虑。

第二条

本公约不适用于以下的销售：（a）购供私人、家人或家庭使用的货物的销售，除非卖方在订立合同前任何时候或订立合同时不知道而且没有理由知道这些货物是购供任何这种使用；（b）经由拍卖的销售；（c）根据法律执行令状或其他令状的销售；（d）公债、股票、投资证券、流通票据或货币的销售；（e）船舶、船只、气垫船或飞机的销售；（f）电力的销售。

第三条

（1）供应尚待制造或生产的货物的合同应视为销售合同，除非订购货物的当事人保证供应这种制造或生产所需的大部分重要材料。

（2）本公约不适用于供应货物一方的绝大部分义务在于供应劳力或其他服务的合同。

第四条

本公约只适用于销售合同的订立与卖方和买方因此种合同而产生的权利和义务。特别是，本公约除非另有明文规定，与以下事项无关：（a）合同的效力，或其任何条款的效力，或任何惯例的效力；（b）合同对所售货物所有权可能产生的影响。

---

① 《联合国国际货物销售合同公约》全文包括四个部分，为节省篇幅，本附录略去了“第四部分 最后条款”。

第五条

本公约不适用于卖方对于货物对任何人所造成的死亡或伤害的责任。

第六条

双方当事人可以不适用本公约，或在第十二条的条件下，减损本公约的任何规定或改变其效力。

第二章　总　　则

第七条

（1）在解释本公约时，应考虑到本公约的国际性质和促进其适用的统一以及在国际贸易上遵守诚信的需要。

（2）凡本公约未明确解决的属于本公约范围的问题，应按照本公约所依据的一般原则来解决，在没有一般原则的情况下，则应按照国际私法规定适用的法律来解决。

第八条

（1）为本公约的目的，一方当事人所作的声明和其他行为，应依照他的意旨解释，如果另一方当事人已知道或者不可能不知道此一意旨。

（2）如果上一款的规定不适用，当事人所作的声明和其他行为，应按照一个与另一方当事人同等资格、通情达理的人处于相同情况中，应有的理解来解释。

（3）在确定一方当事人的意旨或一个通情达理的人应有的理解时，应适当地考虑到与事实有关的一切情况，包括谈判情形、当事人之间确立的任何习惯做法、惯例和当事人其后的任何行为。

第九条

（1）双方当事人业已同意的任何惯例和他们之间确立的任何习惯做法，对双方当事人均有约束力。

（2）除非另有协议，双方当事人应视为已默示地同意对他们的合同或合同的订立适用双方当事人已知道或理应知道的惯例，而这种惯例，在国际贸易上，已为有关特定贸易所涉同类合同的当事人所广泛知道并为他们所经常遵守。

第十条

为本公约的目的：（a）如果当事人有一个以上的营业地，则以与合同及合同的履行关系最密切的营业地为其营业地，但要考虑到双方当事人在订立合同前任何时候或订立合同时所知道或所设想的情况；（b）如果当事人没有营业地，则以其惯常居住地为准。

第十一条

销售合同无需以书面订立或书面证明，在形式方面也不受任何其他条件的限制。销售合同可以用包括人证在内的任何方法证明。

第十二条

本公约第十一条、第二十九条或第二部分准许销售合同或其更改或根据协议终止，或者任何发价，接受或其他意旨表示得以书面以外任何形式做出的任何规定不适用，如果任何一方当事人的营业地是在已按照本公约第九十六条做出了声明的一个缔约国内。各当事人不得减损本条或改变其效力。

第十三条

为本公约的目的，“书面”包括电报和电传。

第二部分　合同的订立

第十四条

（1）向一个或一个以上特定的人提出的订立合同的建议，如果十分确定并且表明发价人在得到接受时承受约束的意旨，即构成发价。一个建议如果写明货物并且明示或暗示地规定数量和价格或规定如何确定数量和价格，即为十分确定。

（2）非向一个或一个以上特定的人提出的建议，仅应视为邀请做出发价，除非提出建议的人明确地表示相反的意向。

第十五条

（1）发价于送达被发价人时生效。

（2）一项发价，即使是不可撤销的，得予撤回，如果撤回通知于发价送达被发价人之前或同时送达被发价人。

第十六条

（1）在未订立合同之前，发价得予撤销，如果撤销通知于被发价人发出接受通知之前送达被发价人。

（2）但在下列情况下，发价不得撤销：（a）发价写明接受发价的期限或以其他方式表示发价是不可撤销的；或（b）被发价人有理由信赖该项发价是不可撤销的，而且被发价人已本着对该项发价的信赖行事。

第十七条

一项发价，即使是不可撤销的，于拒绝通知送达发价人时终止。

第十八条

（1）被发价人声明或做出其他行为表示同意一项发价，即是接受。缄默或不行动本身不等于接受。

（2）接受发价于表示同意的通知送达发价人时生效。如果表示同意的通知在发价人所规定的时间内，如未规定时间，在一段合理的时间内，未曾送达发价人，接受就成为无效，但须适当地考虑到交易的情况，包括发价人所使用的通信方法的迅速程度。对口头发价必须立即接受，但情况有别者不在此限。

（3）但是，如果根据该项发价或依照当事人之间确立的习惯做法或惯例，被发价人可以做出某种行为，例如与发运货物或支付价款有关的行为，来表示同意，而无需向发价人发出通知，则接受于该项行为做出时生效，但该项行为必须在上一款所规定的期间内做出。

第十九条

（1）对发价表示接受但载有添加、限制或其他更改的答复，即为拒绝该项发价并构成还价。

（2）但是，对发价表示接受但载有添加或不同条件的答复，如所载的添加或不同条件在实质上并不变更该项发价的条件，除发价人在不过分迟延的期间内以口头或书面通知反对其间的差异外，仍构成接受。如果发价人不做出这种反对，合同的条件就以该项发价的条件以及接受通知内所载的更改为准。

(3) 有关货物价格、付款、货物质量和数量、交货地点和时间、一方当事人对另一方当事人的赔偿责任范围或解决争端等的添加或不同条件，均视为在实质上变更发价的条件。

第二十条

(1) 发价人在电报或信件内规定的接受期间，从电报交发时刻或信上载明的发信日期起算，如信上未载明发信日期，则从信封上所载日期起算。发价人以电话、电传或其他快速通信方法规定的接受期间，从发价送达被发价人时起算。

(2) 在计算接受期间时，接受期间内的正式假日或非营业日应计算在内。但是，如果接受通知在接受期间的最后一天未能送到发价人地址，因为那天在发价人营业地是正式假日或非营业日，则接受期间应顺延至下一个营业日。

第二十一条

(1) 逾期接受仍有接受的效力，如果发价人毫不迟延地用口头或书面将此种意见通知被发价人。

(2) 如果载有逾期接受的信件或其他书面文件表明，它是在传递正常、能及时送达发价人的情况下寄发的，则该项逾期接受具有接受的效力，除非发价人毫不迟延地用口头或书面通知被发价人：他认为他的发价已经失效。

第二十二条

接受得予撤回，如果撤回通知于接受原应生效之前或同时送达发价人。

第二十三条

合同于按照本公约规定对发价的接受生效时订立。

第二十四条

为本公约本部分的目的，发价、接受声明或任何其他意旨表示“送达”对方，系指用口头通知对方或通过任何其他方法送交对方本人，或其营业地或通信地址，如无营业地或通信地址，则送交对方惯常居住地。

第三部分　货 物 销 售

第一章　总　　则

第二十五条

一方当事人违反合同的结果，如使另一方当事人蒙受损害，以致实际上剥夺了他根据合同规定有权期待得到的东西，即为根本违反合同，除非违反合同一方并不预知而且一个同等资格、通情达理的人处于相同情况中也没有理由预知会发生这种结果。

第二十六条

宣告合同无效的声明，必须向另一方当事人发出通知，方始有效。

第二十七条

除非公约本部分另有明文规定，当事人按照本部分的规定，以适合情况的方法发出任何通知、要求或其他通知后，这种通知如在传递上发生耽搁或错误，或者未能到达，并不使该当事人丧失依靠该项通知的权利。

第二十八条

如果按照本公约的规定，一方当事人有权要求另一方当事人履行某一义务，法院没有义务作出判决，要求具体履行此一义务，除非法院依照其本身的法律对不属本公约范围的类似销售合同愿意这样做。

第二十九条

（1）合同只需双方当事人协议，就可更改或终止。

（2）规定任何更改或根据协议终止必须以书面做出的书面合同，不得以任何其他方式更改或根据协议终止。但是，一方当事人的行为，如经另一方当事人寄以信赖，就不得坚持此项规定。

第二章　卖方的义务

第三十条

卖方必须按照合同和本公约的规定，交付货物，移交一切与货物有关的单据并转移货物所有权。

第一节　交付货物和移交单据

第三十一条

如果卖方没有义务要在任何其他特定地点交付货物，他的交货义务如下：（a）如果销售合同涉及货物的运输，卖方应把货物移交给第一承运人，以运交给买方；（b）在不属于上一款规定的情况下，如果合同指的是特定货物或从特定存货中提取的或尚待制造或生产的未经特定化的货物，而双方当事人在订立合同时已知道这些货物是在某一特定地点，或将在某一特定地点制造或生产，卖方应在该地点把货物交给买方处置；（c）在其他情况下，卖方应在他于订立合同时的营业地把货物交给买方处置。

第三十二条

（1）如果卖方按照合同或本公约的规定将货物交付给承运人，但货物没有以货物上加标记、或以装运单据或其他方式清楚地注明有关合同，卖方必须向买方发出列明货物的发货通知。

（2）如果卖方有义务安排货物的运输，他必须订立必要的合同，以按照通常运输条件，用适合情况的运输工具，把货物运到指定地点。

（3）如果卖方没有义务对货物的运输办理保险，他必须在买方提出要求时，向买方提供一切现有的必要资料，使他能够办理这种保险。

第三十三条

卖方必须按以下规定的日期交付货物：（a）如果合同规定有日期，或从合同可以确定日期，应在该日期交货；（b）如果合同规定有一段时间，或从合同可以确定一段时间，除非情况表明应由买方选定一个日期外，应在该段时间内任何时候交货；或者（c）在其他情况下，应在订立合同后一段合理时间内交货。

第三十四条

如果卖方有义务移交与货物有关的单据，他必须按照合同所规定的时间、地点和方式移交这些单据。如果卖方在那个时间以前已移交这些单据，他可以在那个时间到达前纠正单据中任何不符合同规定的情形，但是，此一权利的行使不得使买方遭受不合理的不便或承担不合理的开支。但是，买方保留本公约所规定的要求损害赔偿的任何权利。

第二节　货物相符与第三方要求

第三十五条

（1）卖方交付的货物必须与合同所规定的数量、质量和规格相符，并须按照合同所规定的方式装箱或包装。

（2）除双方当事人业已另有协议外，货物除非符合以下规定，否则即为与合同不符：（a）货物适用于同一规格货物通常使用的目的；（b）货物适用于订立合同时曾明示或默示地通知卖方的任何特定目的，除非情况表明买方并不依赖卖方的技能和判断力，或者这种依赖对他是不合理的；（c）货物的质量与卖方向买方提供的货物样品或样式相同；（d）货物按照同类货物通用的方式装箱或包装，如果没有此种通用方式，则按照足以保全和保护货物的方式装箱或包装。

（3）如果买方在订立合同时知道或者不可能不知道货物不符合同，卖方就无需按上一款（a）项至（d）项负有此种不符合同的责任。

第三十六条

（1）卖方应按照合同和本公约的规定，对风险转移到买方时所存在的任何不符合同情形，负有责任，即使这种不符合同情形在该时间后方始明显。

（2）卖方对在上一款所述时间后发生的任何不符合同情形，也应负有责任，如果这种不符合同情形是由卖方违反他的某项义务所致，包括违反关于在一段时间内货物将继续适用于其通常使用的目的或某种特定目的，或将保持某种特定质量或性质的任何保证。

第三十七条

如果卖方在交货日期前交付货物，他可以在那个日期到达前，交付任何缺漏部分或补足所交付货物的不足数量，或交付用以替换所交付不符合同规定的货物，或对所交付货物中任何不符合同规定的情形做出补救，但是，此一权利的行使不得使买方遭受不合理的不便或承担不合理的开支。但是，买方保留本公约所规定的要求损害赔偿的任何权利。

第三十八条

（1）买方必须在按情况实际可行的最短时间内检验货物或由他人检验货物。

（2）如果合同涉及货物的运输，检验可推迟到货物到达目的地后进行。

（3）如果货物在运输途中改运或买方须再发运货物，没有合理机会加以检验，而卖方在订立合同时已知道或理应知道这种改运或再发运的可能性，检验可推迟到货物到达新目的地后进行。

第三十九条

（1）买方对货物不符合同，必须在发现或理应发现不符情形后一段合理时间内通知卖方，说明不符合同情形的性质，否则就丧失声称货物不符合同的权利。

（2）无论如何，如果买方不在实际收到货物之日起两年内将货物不符合同情形通知卖方，他就丧失声称货物不符合同的权利，除非这一时限与合同规定的保证期限不符。

第四十条

如果货物不符合同规定指的是卖方已知道或不可能不知道而又没有告知买方的一些事实，则卖方无权援引第三十八条和第三十九条的规定。

第四十一条

卖方所交付的货物，必须是第三方不能提出任何权利或要求的货物，除非买方同意在这种权利或要求的条件下，收取货物。但是，如果这种权利或要求是以工业产权或其他知识产权为基础的，卖方的义务应依照第四十二条的规定。

第四十二条

（1）卖方所交付的货物，必须是第三方不能根据工业产权或其他知识产权主张任何权利或要求的货物，但以卖方在订立合同时已知道或不可能不知道的权利或要求为限，而且这种权利或要求根据以下国家的法律规定是以工业产权或其他知识产权为基础的：（a）如果双方当事人在订立合同时预期货物将在某一国境内转售或做其他使用，则根据货物将在其境内转售或做其他使用的国家的法律；或者（b）在任何其他情况下，根据买方营业地所在国家的法律。

（2）卖方在上一款中的义务不适用于以下情况：（a）买方在订立合同时已知道或不可能不知道此项权利或要求；或者（b）此项权利或要求的发生，是由于卖方要遵照买方所提供的技术图样、图案、程式或其他规格。

第四十三条

（1）买方如果不在已知道或理应知道第三方的权利或要求后一段合理时间内，将此一权利或要求的性质通知卖方，就丧失援引第四十一条或第四十二条规定的权利。

（2）卖方如果知道第三方的权利或要求以及此一权利或要求的性质，就无权援引上一款的规定。

第四十四条

尽管有第三十九条第（1）款和第四十三条第（1）款的规定，买方如果对他未发出所需的通知具备合理的理由，仍可按照第五十条规定减低价格，或要求利润损失以外的损害赔偿。

第三节 卖方违反合同的补救办法

第四十五条

（1）如果卖方不履行他在合同和本公约中的任何义务，买方可以：（a）行使第四十六条至第五十二条所规定的权利；（b）按照第七十四条至第七十七条的规定，要求损害赔偿。

（2）买方可能享有的要求损害赔偿的任何权利，不因他行使采取其他补救办法的权利而丧失。

（3）如果买方对违反合同采取某种补救办法，法院或仲裁庭不得给予卖方宽限期。

第四十六条

（1）买方可以要求卖方履行义务，除非买方已采取与此一要求相抵触的某种补救办法。

（2）如果货物不符合同，买方只有在此种不符合同情形构成根本违反合同时，才可以要求交付替代货物，而且关于替代货物的要求，必须与依照第三十九条发出的通知同时提出，或者在该项通知发出后一段合理时间内提出。

(3) 如果货物不符合同，买方可以要求卖方通过修理对不符合同之处做出补救，除非他考虑了所有情况之后，认为这样做是不合理的。修理的要求必须与依照第三十九条发出的通知同时提出，或者在该项通知发出后一段合理时间内提出。

第四十七条

(1) 买方可以规定一段合理时限的额外时间，让卖方履行其义务。

(2) 除非买方收到卖方的通知，声称他将不在所规定的时间内履行义务，买方在这段时间内不得对违反合同采取任何补救办法。但是，买方并不因此丧失他对迟延履行义务可能享有的要求损害赔偿的任何权利。

第四十八条

(1) 在第四十九条的条件下，卖方即使在交货日期之后，仍可自付费用，对任何不履行义务做出补救，但这种补救不得造成不合理的迟延，也不得使买方遭受不合理的不便，或无法确定卖方是否将偿付买方预付的费用。但是，买方保留本公约所规定的要求损害赔偿的任何权利。

(2) 如果卖方要求买方表明他是否接受卖方履行义务，而买方不在一段合理时间内对此一要求做出答复，则卖方可以按其要求中所指明的时间履行义务。买方不得在该段时间内采取与卖方履行义务相抵触的任何补救办法。

(3) 卖方表明他将在某一特定时间内履行义务的通知，应视为包括根据上一款规定要买方表明决定的要求在内。

(4) 卖方按照本条第 (2) 和第 (3) 款做出的要求或通知，必须在买方收到后，始生效力。

第四十九条

(1) 买方在以下情况下可以宣告合同无效：(a) 卖方不履行其在合同或本公约中的任何义务，等于根本违反合同；或 (b) 如果发生不交货的情况，卖方不在买方按照第四十七条第 (1) 款规定的额外时间内交付货物，或卖方声明他将不在所规定的时间内交付货物。

(2) 但是，如果卖方已交付货物，买方就丧失宣告合同无效的权利，除非：(a) 对于迟延交货，他在知道交货后一段合理时间内这样做；(b) 对于迟延交货以外的任何违反合同事情：①他在已知道或理应知道这种违反合同后一段合理时间内这样做；或②他在买方按照第四十七条第 (1) 款规定的任何额外时间满期后，或在卖方声明他将不在这一额外时间履行义务后一段合理时间内这样做；或③他在卖方按照第四十八条第 (2) 款指明的任何额外时间满期后，或在买方声明他将不接受卖方履行义务后一段合理时间内这样做。

第五十条

如果货物不符合同，不论价款是否已付，买方都可以减低价格，减价按实际交付的货物在交货时的价值与符合合同的货物在当时的价值两者之间的比例计算。但是，如果卖方按照第三十七条或第四十八条的规定对任何不履行义务做出补救，或者买方拒绝接受卖方按照该两条规定履行义务，则买方不得减低价格。

第五十一条

(1) 如果卖方只交付一部分货物，或者交付的货物中只有一部分符合合同规定，第四十六条至第五十条的规定适用于缺漏部分及不符合同规定部分的货物。

(2) 买方只有在完全不交付货物或不按照合同规定交付货物等于根本违反合同时，才可以宣告整份合同无效。

第五十二条

（1）如果卖方在规定的日期前交付货物，买方可以收取货物，也可以拒绝收取货物。

（2）如果卖方交付的货物数量大于合同规定的数量，买方可以收取也可以拒绝收取多交部分的货物。如果买方收取多交部分货物的全部或一部分，他必须按合同价格付款。

第三章　买方的义务

第五十三条

买方必须按照合同和本公约规定支付货物价款和收取货物。

第一节　支付价款

第五十四条

买方支付价款的义务包括根据合同或任何有关法律和规章规定的步骤和手续，以便支付价款。

第五十五条

如果合同已有效地订立，但没有明示或暗示地规定价格或规定如何确定价格，在没有任何相反表示的情况下，双方当事人应视为已默示地引用订立合同时此种货物在有关贸易的类似情况下销售的通常价格。

第五十六条

如果价格是按货物的重量规定的，如有疑问，应按净重确定。

第五十七条

（1）如果买方没有义务在任何其他特定地点支付价款，他必须在以下地点向卖方支付价款：（a）卖方的营业地；或者（b）如凭移交货物或单据支付价款，则为移交货物或单据的地点。

（2）卖方必须承担因其营业地在订立合同后发生变动而增加的支付方面的有关费用。

第五十八条

（1）如果买方没有义务在任何其他特定时间内支付价款，他必须于卖方按照合同和本公约规定将货物或控制货物处置权的单据交给买方处置时支付价款。卖方可以支付价款作为移交货物或单据的条件。

（2）如果合同涉及货物的运输，卖方可以在支付价款后方可把货物或控制货物或控制货物处置权的单据移交给买方作为发运货物的条件。

（3）买方在未有机会检验货物前，无义务支付价款，除非这种机会与双方当事人议定的交货或支付程序相抵触。

第五十九条

买方必须按合同和本公约规定的日期或从合同和本公约可以确定的日期支付价款，而无需卖方提出任何要求或办理任何手续。

第二节　收取货物

第六十条

买方收取货物的义务如下：（a）采取一切理应采取的行动，以期卖方能交付货物；和（b）接收货物。

第三节　买方违反合同的补救办法

第六十一条

（1）如果买方不履行他在合同和本公约中的任何义务，卖方可以：（a）行使第六十二条至第六十五条所规定的权利；（b）按照第七十四条至第七十七条的规定，要求损害赔偿。

（2）卖方可能享有的要求损害赔偿的任何权利，不因他行使采取其他补救办法的权利而丧失。

（3）如果卖方对违反合同采取某种补救办法，法院或仲裁庭不得给予买方宽限期。

第六十二条

卖方可以要求买方支付价款、收取货物或履行他的其他义务，除非卖方已采取与此一要求相抵触的某种补救办法。

第六十三条

（1）卖方可以规定一段合理时限的额外时间，让买方履行义务。

（2）除非卖方收到买方的通知，声称他将不在所规定的时间内履行义务，卖方不得在这段时间内对违反合同采取任何补救办法。但是，卖方并不因此丧失他对迟延履行义务可能享有的要求损害赔偿的任何权利。

第六十四条

（1）卖方在以下情况下可以宣告合同无效：（a）买方不履行其在合同或本公约中的任何义务，等于根本违反合同；或（b）买方不在卖方按照第六十三条第（1）款规定的额外时间内履行支付价款的义务或收取货物，或买方声明他将不在所规定的时间内这样做。

（2）但是，如果买方已支付价款，卖方就丧失宣告合同无效的权利，除非：（a）对于买方迟延履行义务，他在知道买方履行义务前这样做；或者（b）对于买方迟延履行义务以外的任何违反合同的行为：①他在已知道或理应知道这种违反合同的行为后一段合理时间内这样做；或②他在卖方按照第六十三条第（1）款规定的任何额外时间满期后或在买方声明他将不在这一额外时间内履行义务后一段合理时间内这样做。

第六十五条

（1）如果买方应根据合同规定订明货物的形状、大小或其他特征，而他在议定的日期或在收到卖方的要求后一段合理时间内没有订明这些规格，则卖方在不损害其可能享有的任何其他权利的情况下，可以依照他所知的买方的要求，自己订明规格。

（2）如果卖方自己订明规格，他必须把订明规格的细节通知买方，而且必须规定一段合理时间，让买方可以在该段时间内订出不同的规格。如果买方在收到这种通知后没有在该段时间内这样做，卖方所订的规格就具有约束力。

第四章 风险移转

第六十六条

货物在风险移转到买方承担后遗失或损坏，买方支付价款的义务并不因此解除，除非这种遗失或损坏是由卖方的行为或不行为所造成。

第六十七条

（1）如果销售合同涉及货物的运输，但卖方没有义务在某一特定地点交付货物，自货物按照销售合同交付给第一承运人以转交给买方时起，风险就移转到买方承担。如果卖方有义务在某一特定地点把货物交付给承运人，在货物于该地点交付给承运人以前，风险不移转到买方承担。卖方授权保留控制货物处置权的单据，并不影响风险的移转。

（2）但是，在货物以货物上加标记，或以装运单据，或向买方发出通知或其他方式清楚地注明有关合同以前，风险不移转到买方承担。

第六十八条

对于在运输途中销售的货物，从订立合同时起，风险就移转到买方承担。但是，如果情况表明有此需要，从货物交付给签发载有运输合同单据的承运人时起，风险就由买方承担。尽管如此，如果卖方在订立合同时已知道或理应知道货物已经遗失或损坏，而他又不将这一事实告知买方，则这种遗失或损坏应由卖方负责。

第六十九条

（1）在不属于第六十七条和第六十八条规定的情况下，从买方接收货物时起，或如果买方不在适当时间内这样做，则从货物交给他处置但他不收取货物从而违反合同时起，风险移转到买方承担。

（2）但是，如果买方有义务在卖方营业地以外的某一地点接收货物，当交货时间已到而买方知道货物已在该地点交给他处置时，风险方始移转。

（3）如果合同指的是当时未加识别的货物，则这些货物在未清楚注明有关合同以前，不得视为已交给买方处置。

第七十条

如果卖方已根本违反合同，第六十七条、第六十八条和第六十九条的规定，不损害买方因此种违反合同而可以采取的各种补救方法。

第五章 卖方和买方义务的一般规定

第一节 预期违反合同和分批交货合同

第七十一条

（1）如果订立合同后，另一方当事人由于下列原因显然将不履行其大部分重要义务，一方当事人可以中止履行义务：（a）他履行义务的能力或他的信用有严重缺陷；或（b）他在准备履行合同或履行合同中的行为。

（2）如果卖方在上一款所述的理由明显化以前已将货物发运，他可以阻止将货物交付给买方，即使买方持有其有权获得货物的单据。本款规定只与买方和卖方间对货物的权利有关。

（3）中止履行义务的一方当事人不论是在货物发运前还是发运后，都必须立即通知另一方当事人，如经另一方当事人对履行义务提供充分保证，则他必须继续履行义务。

第七十二条

（1）如果在履行合同日期之前，明显看出一方当事人将根本违反合同，另一方当事人可以宣告合同无效。

（2）如果时间许可，打算宣告合同无效的一方当事人必须向另一方当事人发出合理的通知，使他可以对履行义务提供充分保证。

（3）如果另一方当事人已声明他将不履行其义务，则上一款的规定不适用。

第七十三条

（1）对于分批交付货物的合同，如果一方当事人不履行对任何一批货物的义务，便对该批货物构成根本违反合同，则另一方当事人可以宣告合同对该批货物无效。

（2）如果一方当事人不履行对任何一批货物的义务，使另一方当事人有充分理由断定对今后各批货物将会发生根本违反合同，该另一方当事人可以在一段合理时间内宣告合同今后无效。

（3）买方宣告合同对任何一批货物的交付为无效时，可以同时宣告合同对已交付的或今后交付的各批货物均为无效，如果各批货物是互相依存的，不能单独用于双方当事人在订立合同时所设想的目的。

第二节 损害赔偿

第七十四条

一方当事人违反合同应负的损害赔偿额，应与另一方当事人因他违反合同而遭受的包括利润在内的损失额相等。这种损害赔偿不得超过违反合同一方在订立合同时，依照他当时已知道或理应知道的事实和情况，对违反合同预料到或理应预料到的可能损失。

第七十五条

如果合同被宣告无效，而在宣告无效后一段合理时间内，买方已以合理方式购买替代货物，或者卖方已以合理方式把货物转卖，则要求损害赔偿的一方可以取得合同价格和替代货物交易价格之间的差额以及按照第七十四条规定可以取得的任何其他损害赔偿。

第七十六条

（1）如果合同被宣告无效，而货物又有时价，要求损害赔偿的一方，如果没有根据第七十五条规定进行购买或转卖，则可以取得合同规定的价格和宣告合同无效时的时价之间的差额以及按照第七十四条规定可以取得的任何其他损害赔偿。但是，如果要求损害赔偿的一方在接收货物之后宣告合同无效，则应适用接收货物时的时价，而不适用宣告合同无效时的时价。

（2）为上一款的目的，时价指原应交付货物地点的现行价格，如果该地点没有时价，则指另一合同替代地点的价格，但应适当地考虑货物运费的差额。

第七十七条

声称另一方违反合同的一方，必须按情况采取合理措施，减轻由该另一方违反合同而引起的损失，包括利润方面的损失。如果他不采取这种措施，违反合同一方可以要求从损害赔偿中扣除原可以减轻的损失数额。

第三节 利 息

第七十八条

如果一方当事人没有支付价款或任何其他拖欠金额，另一方当事人有权对这些款额收取利息，但不妨碍要求按照第七十四条规定可以取得的损害赔偿。

第四节 免 责

第七十九条

（1）当事人对不履行义务，不负责任，如果他能证明此种不履行义务，是由于某种非他所能控制的障碍，而且对于这种障碍，没有理由预期他在订立合同时能考虑到或能避免或克服它或它的后果。

（2）如果当事人不履行义务是由他所雇佣履行合同的全部或一部分规定的第三方不履行义务所致，该当事人只有在以下情况下才能免除责任：（a）他按照上一款的规定应免除责任，和（b）假如该款的规定也适用于他所雇佣的人，这个人也同样会免除责任。

（3）本条所规定的免责对障碍存在的期间有效。

（4）不履行义务的一方必须将障碍及其对他履行义务能力的影响通知另一方。如果该项通知在不履行义务的一方已知道或理应知道此一障碍后一段合理时间内仍未为另一方收到，则他对由于另一方未收到通知而造成的损害应负赔偿责任。

（5）本条规定不妨碍任一方行使本公约规定的要求损害赔偿以外的任何权利。

第八十条

一方当事人因其行为或不行为而使得另一方当事人不履行义务时，不得声称该另一方当事人不履行义务。

第五节 宣告合同无效的效果

第八十一条

（1）宣告合同无效解除了双方在合同中的义务，但应负责的任何损害赔偿仍应负责。宣告合同无效不影响合同中关于解决争端的任何规定，也不影响合同中关于双方在宣告合同无效后权利和义务的任何其他规定。

（2）已全部或局部履行合同的一方，可以要求另一方归还他按照合同供应的货物或支付的价款。如果双方都须归还，他们必须同时这样做。

第八十二条

（1）买方如果不可能按实际收到货物的原状归还货物，他就丧失宣告合同无效或要求卖方交付替代货物的权利。

（2）上一款的规定不适用于以下情况：（a）如果不可能归还货物或不可能按实际收到货物的原状归还货物，并非由买方的行为或不行为所造成；或者（b）如果货物或其中一部分的毁灭或变坏，是由按照第三十八条规定进行检验所致；或者（c）如果货物或其中一部分，在买方发现或理应发现与合同不符以前，已为买方在正常营业过程售出，或在正常使用过程中消费或改变。

第八十三条

买方虽然依第八十二条规定丧失宣告合同无效或要求卖方交付替代货物的权利，但是根据合同和本公约规定，他仍保有采取一切其他补救办法的权利。

第八十四条

（1）如果卖方有义务归还价款，他必须同时从支付价款之日起支付价款利息。

（2）在以下情况下，买方必须向卖方说明他从货物或其中一部分得到的一切利益：（a）如果他必须归还货物或其中一部分；或者（b）如果他不可能归还全部或一部分货物，或不可能按实际收到货物的原状归还全部或一部分货物，但他已宣告合同无效或已要求卖方交付替代货物。

第六节　保全货物

第八十五条

如果买方推迟收取货物，或在支付价款和交付货物应同时履行时，买方没有支付价款，而卖方仍拥有这些货物或仍能控制这些货物的处置权，卖方必须按情况采取合理措施，以保全货物。他有权保有这些货物，直至买方把他所付的合理费用偿还给他为止。

第八十六条

（1）如果买方已收到货物，但打算行使合同或本公约规定的任何权利，把货物退回，他必须按情况采取合理措施，以保全货物。他有权保有这些货物，直至卖方把他所付的合理费用偿还给他为止。

（2）如果发运给买方的货物已到达目的地，并交给买方处置，而买方行使退货权利，则买方必须代表卖方收取货物，除非他这样做需要支付价款而且会使他遭受不合理的不便或需承担不合理的费用。如果卖方或授权代表他掌管货物的人也在目的地，则此一规定不适用。如果买方根据本款规定收取货物，他的权利和义务与上一款所规定的相同。

第八十七条

有义务采取措施以保全货物的一方当事人，可以把货物寄放在第三方的仓库，由另一方当事人担负费用，但该项费用必须合理。

第八十八条

（1）如果另一方当事人在收取货物或收回货物或支付价款或保全货物费用方面有不合理的迟延，按照第八十五条或第八十六条规定有义务保全货物的一方当事人，可以采取任何适当办法，把货物出售，但必须事前向另一方当事人发出合理的意向通知。

（2）如果货物易于迅速变坏，或者货物的保全牵涉到不合理的费用，则按照第八十五条或第八十六条规定有义务保全货物的一方当事人，必须采取合理措施，把货物出售。在可能的范围内，他必须把出售货物的打算通知另一方当事人。

（3）出售货物的一方当事人，有权从销售所得收入中扣回为保全货物和销售货物而付的合理费用。他必须向另一方当事人说明所余款项。

自测题参考答案

第一章

一、单项选择题

1. B 2. C 3. D 4. B 5. B 6. D 7. A 8. A 9. B

二、多项选择题

1. ACE 2. ABCD 3. ACD 4. BD 5. ABCD 6. ABC 7. BC

三、判断题

1. × 2. × 3. √ 4. √ 5. × 6. × 7. × 8. × 9. ×

第二章

一、单项选择题

1. C 2. D 3. D 4. D 5. C 6. B 7. A

二、多项选择题

1. CD 2. BCD

三、判断题

1. × 2. × 3. √ 4. √ 5. × 6. × 7. √ 8. ×

第三章

一、单项选择题

1. A 2. B 3. A 4. A 5. C 6. B

二、多项选择题

1. ABCD 2. BCD 3. ABCD 4. ABC

三、判断题

1. × 2. × 3. √ 4. × 5. √ 6. √ 7. × 8. √

第四章

一、单项选择题

1. B 2. C 3. D 4. C 5. C 6. C 7. B 8. B 9. B

二、多项选择题

1. ABCD 2. ABCD 3. ABC 4. ACDE

三、判断题

1. × 2. × 3. × 4. × 5. √ 6. × 7. √ 8. √ 9. √ 10. √

第五章

一、单项选择题

1. C 2. D 3. C 4. D 5. A 6. C 7. B

二、多项选择题

1. BCD 2. ABD

三、判断题

1. × 2. × 3. × 4. ×

第六章

一、单项选择题

1. C 2. B 3. B 4. C 5. B 6. D 7. A 8. B 9. A 10. B

二、多项选择题

1. ABD 2. ABCD 3. ABCD 4. ABC 5. ABCD 6. ABD

三、判断题

1. × 2. √ 3. × 4. × 5. × 6. × 7. × 8. √

第七章

一、单项选择题

1. D 2. C 3. D 4. B 5. D

二、多项选择题

1. BCD 2. ABCD 3. ABCD 4. ABCD

三、判断题

1. √ 2. √ 3. √ 4. × 5. √ 6. √

第八章

一、单项选择题

1. B 2. B 3. D 4. D 5. A

二、多项选择题

1. BD 2. ABC 3. ABCD 4. CD 5. ABCD

三、判断题

1. √ 2. √ 3. × 4. × 5. √ 6. √

第九章

一、单项选择题

1. A 2. A 3. D 4. C 5. A 6. B

二、多项选择题

1. ABCD 2. ABCD 3. ABCD 4. ABCD 5. ABCD 6. ABCD 7. ABCD

三、判断题

1. √ 2. √ 3. × 4. × 5. √ 6. × 7. × 8. √ 9. √

第十章

一、单项选择题

1. A 2. C

二、多项选择题

1. ABC 2. BD 3. BCD 4. ABCD

三、判断题

1. √ 2. ×

第十一章

一、单项选择题

1. C 2. B

二、多项选择题

1. ABCDF 2. ABCDEFG

三、判断题

1. √ 2. √ 3. ×

参 考 文 献

[1] 黎孝先. 国际贸易实务 [M]. 北京：对外贸易教育出版社，1998.
[2] 吴百福. 进出口贸易实务教程 [M]. 修订本. 上海：上海人民出版社，2000.
[3] 彭福永. 现代国际贸易实务 [M]. 上海：上海财经大学出版社，1997.
[4] 陈红蕾. 国际贸易实务 [M]. 广州：暨南大学出版社，1996.
[5] 严启明，雷荣迪. 国际运输与保险 [M]. 北京：中国人民大学出版社，1995.
[6] 古国耀. 国际贸易结算 [M]. 广州：暨南大学出版社，1997.
[7] 黎孝先. 国际贸易实务 [M]. 北京：中国人民大学出版社，2000.
[8] 赵承壁. 国际货物买卖合同 [M]. 北京：对外经济贸易大学出版社，2001.
[9] 廖力平，廖庆薪. 进出口业务与报关 [M]. 5 版. 广州：中山大学出版社，2003.
[10] 李权. 国际贸易实务 [M]. 北京：北京大学出版社，2000.
[11] 余世明，丛凤英. 国际商务单证 [M]. 广州：暨南大学出版社，2001.
[12] 余世明. 国际贸易实务 [M]. 广州：暨南大学出版社，2005.
[13] 吴百福. 进出口贸易实务教程 [M]. 4 版. 上海：上海人民出版社，2005.
[14] 石玉川，张家瑾. 国际贸易实务 [M]. 北京：对外经济贸易大学出版社，2005.
[15] 徐景霖. 国际贸易实务 [M]. 7 版. 大连：东北财经大学出版社，2006.
[16] 黎孝先. 国际贸易实务 [M]. 北京：对外经济贸易大学出版社，2007.
[17] 袁建新. 国际贸易实务 [M]. 上海：复旦大学出版社，2006.
[18] 华欣，张雪莹. 新编国际贸易实务 [M]. 北京：清华大学出版社，2006.
[19] 盛洪昌. 国际贸易实务 [M]. 北京：清华大学出版社，2006.
[20] 王晓明，孙韶华. 国际贸易实务 [M]. 北京：中国人民大学出版社，2006.
[21] 韩玉军. 国际贸易实务 [M]. 北京：中国人民大学出版社，2007.
[22] 林俐. 国际贸易实务 [M]. 上海：立信会计出版社，2007.
[23] 胡丹婷. 国际贸易实务 [M]. 北京：机械工业出版社，2007.
[24] 余世明. 国际贸易实务练习题及分析解答 [M]. 广州：暨南大学出版社，2004.
[25] 徐景霖. 国际贸易实务讲授与学习指导 [M]. 大连：东北财经大学出版社，2006.
[26] 国际商会中国国家委员会. 国际贸易术语解释通则：英汉对照 [M]. 北京：中国民主法制出版社，2011.
[27] 吴百福，徐小薇. 进出口贸易实务教程 [M]. 6 版. 上海：上海人民出版社，2011.
[28] 徐景霖. 国际贸易实务 [M]. 9 版. 大连：东北财经大学出版社，2011.
[29] 冷柏军. 国际贸易实务 [M]. 北京：中国人民大学出版社，2008.
[30] 王捷. 进出口贸易实务 [M]. 上海：上海人民出版社，2011.
[31] 高运胜. 国际贸易实务 [M]. 上海：华东师范大学出版社，2011.
[32] 黎孝先，王健. 国际贸易实务 [M]. 7 版. 北京：对外经济贸易大学出版社，2021.
[33] 吴百福，徐小薇，聂清. 进出口贸易实务教程 [M]. 8 版. 上海：格致出版社；上海人民出版社，2020.
[34] 余庆瑜. 国际贸易实务：原理与案例 [M]. 3 版. 北京：中国人民大学出版社，2021.